文旅产业研究院

宗旨：以研究为引擎，打造文旅IP；引领文旅产业新模式，为用户持续创造价值。

目标：以中国文旅产业发展为己任，以研究-设计-运营为核心，为行业打造最具权威的数据库，为企业设计最前瞻性的业务方案，为项目提供最具价值的落地运营。

主要业务：

1.研究与探索

中国文旅产业数据库

文旅产业研究报告

主题文旅大讲坛

2.规划与设计

文旅产业规划

概念/规划设计

文旅项目营销

3.资本与运营

文旅产业资本服务

文旅项目销售代理

文旅项目产业运营

文旅产业研究院微信

联系方式：18620888499

中国特色小镇研究报告（2019）

Annual Research Report on Unique Towns in China(2019)

曾国军　陈　旭　余构雄 / 主编

本书出版得到广东省省级科技计划项目“广东特色小（城）镇竞争力评价及提升对策研究”（项目编号：2018A070712015）、广州易度文化旅游发展有限公司“特色小镇与文旅产业发展研究”经费资助。

特色小镇蓝皮书编委会

顾　问　（按姓氏笔画为序）

王永贵　对外经济贸易大学科研处处长，教育部长江学者特聘教授

毛蕴诗　中山大学管理学院教授

朱　竑　广州大学华南人文地理与城市发展中心教授

朱桂龙　华南理工大学工商管理学院教授

刘沛林　长沙学院党委书记、教授，湖南省特色旅游小镇建设首席专家

吴必虎　北京大学城市与环境学院教授

张光宇　广东工业大学副校长、教授

陈向宏　乌镇景区和古北水镇（北京）景区总规划师、设计师、总裁

周尚意　北京师范大学地理学与遥感科学学院教授

保继刚　中山大学旅游学院教授，教育部长江学者特聘教授

夏杰长　中国社会科学院财经战略研究院副院长、研究员

柴彦威　北京大学城市与环境学院教授

主　编　曾国军　中山大学旅游学院教授

陈　旭　广东省发展和改革委员会区域经济处处长

余构雄　中山大学旅游学院博士后

编　委　（按姓氏笔画为序）

马本江　中南大学商学院教授

王　河　广州大学建筑设计研究院副院长、教授
王德刚　山东大学旅游产业研究院院长、教授
文　吉　暨南大学管理学院教授
孔　翔　华东师范大学城市与区域科学学院副院长、教授
向晓梅　广东省社会科学院产业经济研究所所长、研究员
庄伟光　广东省社会科学院旅游研究所所长、研究员
刘　俊　华南师范大学旅游管理学院院长、教授
江金波　华南理工大学经济与贸易学院副院长、教授
李志刚　武汉大学城市设计学院院长、教授
李曲柳　广州励丰文化科技股份有限公司副总裁
张广海　中国海洋大学管理学院副院长、教授
张河清　广州大学旅游学院院长、教授
张勇男　广东省特色小镇发展促进会秘书长
陈红林　广东省正研智库中心主任
陈　晔　南开大学旅游与服务学院副院长、教授
林泰松　国信信扬律师事务所主任
林德荣　厦门大学管理学院教授
林　璠　文旅产业研究院执行院长
郑国坚　中山大学管理学院副院长、教授
柳立子　广州市社会科学院广州城市战略研究院副院长
徐志科　文旅产业研究院特聘专家
黄雪亮　广东慈元堂健康产业发展有限公司董事、副总裁
曾惟靖　深圳东方小镇建设股份有限公司董事长
戴光全　华南理工大学经济与贸易学院教授

主要编撰者简介

曾国军，湖南华容人，管理学博士，中山大学旅游学院教授、博士生导师。入选国家旅游局旅游业青年专家、广东省发改委专家库、广东省海外高层次留学人才、广东省高等学校“千百十工程”、广州市重大行政决策专家库。主要研究方向为旅游投融资管理、酒店管理与饮食地理。主持（中方负责人）英国经济和社会研究委员会基金（Economic and Social Research Council，ESRC）国际合作项目；主持国家自然科学基金课题3项，省部级课题5项。在*International Journal of Hospitality Management*，*Cornell Hospitality Quarterly*，*Sustainability*，*Tourism Economic*，《中国工业经济》、《南开管理评论》、《管理科学》、《管理学报》、《地理学报》、《地理研究》、《地理科学》、《旅游学刊》等国内外重要期刊上发表论文60多篇。出版了《原真性与标准化悖论》、*Hospitality Development under Globalization*、《收益管理与定价战略》、《旅游企业战略管理》、《跨国公司在华子公司战略角色及其演变》等专著。

陈旭，江苏如皋人，广东省发展和改革委员会区域经济处处长，中山大学旅游学院校外硕士导师。《广东区域经济发展报告（2015）》、《广东区域经济发展报告（2016）》、《广东区域经济发展报告（2017）》、《广东区域经济发展报告（2018）》副主编。牵头起草了广东省区域发展战略和相关政策文件，主持制订了《关于加快特色小（城）镇建设的指导意见》、《广东省特色小镇创建导则》等特色小镇政策文件。作为规划起草组重要成员，参与了《珠江三角洲地区改革发展规划纲要》、《广东省主体功能区规划》、《广东省国民经济和社会发展规划纲要》等重要规划的编制工作。牵头编制了《广东省开发区发展总体规划》、《海陆丰革命老区振兴发展规划》，并组织编制了揭阳滨海新区、汕潮揭临港空铁经济合作区、惠州潼湖生态智慧区等重大区域发展平台总体规划。

余构雄，广东饶平人，管理学博士，中山大学旅游学院科研博士后，主要研究方向为文旅小镇创建与发展、旅游空间生产、节事旅游与会展管理。主持2015年国家旅游局万名英才之研究型英才项目，在《旅游学刊》、《经济管理》、《人文地理》、《国际经贸探索》、《华东经济管理》、《城市发展研究》、《现代城市研究》、《兰州学刊》、《当代经济管理》、《热带地理》等核心刊物发表论文20多篇。

摘 要

《中国特色小镇研究报告（2019）》分为总报告、基础理论篇、政策研究篇、专题研究篇和典型案例篇共五个部分。

总报告：全面回顾和分析中国特色小镇发展情况，重点论述特色小镇专项政策、国级特色小镇发展、省级特色小镇发展、特色小镇综合实力、特色小镇热度指数、特色小镇区域影响力、特色小镇主要类型、特色小镇发展主要问题及特色小镇发展主要对策。基础理论篇：主要探讨特色小镇概念体系、特色小镇理论逻辑、特色小镇发展逻辑、特色小镇运营模式及特色小镇研究述评。政策研究篇：从专家组评审视角，中国特色小镇创建机制由科学可实施的规划机制、价值链提升的竞争机制、复合动力的保障机制和多重目标的平衡机制四个维度所组成；研究特色小镇专项政策的整体结构与传递流变，发现专项政策从国家层面向省级层面的整体传递效果较优但再创造性明显不足；基于政策工具视角，发现特色小镇专项政策涵盖了供给型、环境型和需求型三类基本政策工具。专题研究篇：从重要意义、发展目标、特色培育、区域创新和机制创新等八个方面探讨广东特色小镇的发展理念与模式创新；松山湖“互联网+”小镇的创建路径，由明确清晰的创建目的、科学合理的规划引领、丰富高效的互联网生态体系、完备有力的组织保障、创新多元的文旅氛围和细致入微的设施建设所组成。典型案例篇：以龙潭水乡、无锡荡口古镇、龙泉铺古镇和杨桥古镇四个具有典型性的特色小（城）镇为案例，剖析其相应的发展困境及提升策略；以东莞市长安智能手机小镇、佛山市禅城陶谷小镇和潮州市潮安太安堂医养小镇三个具有典型性的广东特色小镇为案例，探讨其相应的创建成效及发展策略；以德清县地理信息小镇、诸暨市袜艺小镇和余杭区梦想小镇三

个具有典型性的浙江特色小镇为案例，探讨其相应创建成效及发展策略

此外，本报告在附录部分列出《国家新型城镇化规划（2014～2020年）》、《关于开展特色小镇培育工作的通知》、《关于加快美丽特色小（城）镇建设的指导意见》等规划文件和政策文件，以供读者参考。

Abstract

Annual Research Report on Unique Towns in China (2019) is divided into five parts: General report, basic theory, policy research, special topic research and typical case study. General Report: A comprehensive review and analysis of the development of Unique Towns of China, it is focusing on the special policies of Unique Towns, the development of national Unique Towns, the development of provincial Unique Towns, the comprehensive strength of Unique Towns, the heat indexes of Unique Towns, the regional influence of Unique Towns, the main types of Unique Towns, and the main questions about the development of Unique Towns, the main problems and development strategies of Unique Towns. Basic theory: This paper mainly discusses the concept system of Unique Towns, the theoretical logic of Unique Towns, the development logic of Unique Towns, the operation mode and the research review of Unique Towns. Policy research: From the review perspective of the expert group, the establishment mechanism of Unique Towns in China is composed of four dimensions: scientific and implementable planning mechanism, value chain promotion competition mechanism, compound power guarantee mechanism and multi-objective balance mechanism. Study the overall structure and transmission rheology of the special policies, the special policies of characteristics small Towns have a good overall transmission effect from the national level to the provincial level, but its recreation is obviously insufficient. Based on the perspective of policy tools, it shows that the special policies cover three basic policy tools: supply types, environmental types and demand types. Special topic research: From eight aspects: significance, development goal, characteristic cultivation, regional innovation and mechanism innovation, this paper explores the development concept and mode innovation of Guangdong characteristic towns. The creation path of Songshan Lake "Internet +" small town is composed of clear objectives, scientific and rational planning guidance, rich and efficient Internet Ecosystem, complete and effective organizational guarantee, innovative and diversified cultural tourism atmosphere and meticulous facilities. Typical case study: Taking Longtan Shuixiang, Wuxi Dangkou, Longquanpu and Yangqiao as examples to analyze their corresponding development dilemmas and upgrading strategies. Taking Chang'an Smart Phone Town in Dongguan, Taogu Town in Chancheng in Foshan and Tai'an Tang Medical Town in Chaozhou as examples, this paper explores the corresponding creation effects and developing strategies.

In addition, the appendix of this report partly lists the national new urbanization plan (2014 - 2020), the announcement on the cultivation of Unique towns, and the planning documents and policy documents on speeding up the construction of beautiful Unique towns, for readers'reference.

序

习近平总书记等国家领导多次就特色小镇建设做出重要指示。2016 年 7 月，住房城乡建设部、国家发展改革委和财政部联合发布《关于开展特色小镇培育工作的通知》（建村〔2016〕147 号），这是首份国家部委颁发的有关特色小镇专项政策文件。此后，截至 2018 年 11 月，国家相关部委局针对特色小镇专项政策发文多达 18 份，这表明国家对特色小镇的重视程度。有关特色小镇的研究可追溯至 20 世纪 80 年代，那时人们已经意识到中国城市化进程中，必须讨论小城镇的发展。

地理学分析特色小镇的相关理论是关于城镇体系的理论，最基本的是中心地理论，它是分析不同层级城镇数量关系和空间关系的基本出发点。我曾与学生联合发表过一篇文章，分析中国不同规模城市数量的比例关系及其变化原因，发现非市场因素在 1949 年后起着重要作用，如三线建设等。尽管改革开放以来，市场机制对城镇地域等级结构起的作用越来越大，但是我们依然可以看到政府的作用，其中不再仅仅是行政命令，还有宏观经济手段。如今特色小镇的建设，也能看得到政府的作用。中心地理论基本上是效率优先的原则，例如 K3 体系是市场效率，K4 体系是交通效率，K7 体系是行政管理效率。如今，中国特色小镇的建设目标是中国城镇体系建设目标的一部分，如何将多元目标，分解到特色小镇中，是一个地理学需要探讨的问题。

在特色小镇发展过程中，出现了不少值得警惕的问题，如概念不清、定位不准、急于求成、盲目发展、市场化不足、政府债务风险加剧和房地产化苗头等问题。导致这些问题出现的原因是复杂的，需要通过研究来加强理性思考、引导合理发展。然而，迄今鲜有文献从理论层面探讨特色小镇的相关理论问题，也少有报告对特色小镇的发展现状、过程和案例进行实践刻画。由曾国军教授等主编的《中国特色小镇研究报告（2019）》，一定程度上提供了当前特色小镇的前沿思考。概括起来，该报告具有以下特点。

视角多元。本报告既有介绍中国特色小镇整体发展状况的总报告，探讨特色小镇概念体系、理论逻辑和发展逻辑的基础理论篇，基于专家组评审、政策传递流变和政策工具不同视角的政策研究篇，“互联网+”特色小镇创建路径的专题研究篇，还有知名特色小镇成败剖析的典型案例篇，体现了该报告研究视角多元。

素材丰富。本报告收集了大量详实的研究资料，对国级与省级特色小镇分布的梳理、特色小镇类型的划分、国家部委和省级特色小镇专项政策的剖析等，能够从评选、创建、运营、管理、考核全周期指引特色小镇的实践活动。

可读性强。本报告作者主要来源于高校研究人员和特色小镇主管部门领导，视野开阔、结构合理、用词凝练。考虑到受众来源及需求的广泛性，报告既注重对特色小镇经验的总结，提炼出理论，也采用朴实的语言对相关理论进行大众化解读，将抽象理论具象化，适合于对特色小镇研究有兴趣的高校师生、政府管理人员和咨询规划人员。

总结而言，特色小镇涉及国家战略和民生大计，是一个兼具理论贡献和实践价值的重要话题。《中国特色小镇研究报告（2019）》以及将连续出版的特色小镇蓝皮书系列，不仅能够从理论视角弥补经验认知不足、为特色小镇实践活动的开展提供理论指导，还能对新型城镇化实践类型研究的有效补充、进一步丰富与新型城镇化相关的研究体系，且能为后期政府相关部门规范特色小镇的政策制定提供参考。

因此，期待特色小镇蓝皮书付梓面世！

是为序。

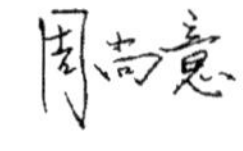

2018 年 12 月 10 日

理解好发挥好特色小镇在经济高质量发展中的功能作用

刘春雨*

特色小镇和特色小城镇对助力经济高质量发展具有积极作用。特色小镇和特色小城镇作为中国城镇体系的重要组成，是新型城镇化与乡村振兴的重要结合点，是经济高质量发展和供给侧结构性改革的重要载体，也是贯彻落实新发展理念的重要平台。理解好其内涵本质，发挥好其积极作用，引导特色小镇和特色小城镇实现高质量发展，有利于加快释放城乡融合发展和内需增长新空间，助推经济转型升级和发展动能转换。

2016 年以来，特色小镇和特色小城镇建设积累了一些经验。为充分发挥特色小镇和特色小城镇的积极作用，2016 年 10 月，国家发改委出台《关于加快美丽特色小（城）镇建设的指导意见》。各地区认真贯彻落实，26 个省区市成立了部门联合推进机制。两年多来，涌现出一批产业特色鲜明、要素集聚、宜居宜业、富有活力的特色小镇，一定程度上促进了经济高质量发展，并呈现多样化发展态势。一是空间区位差异化。特色小镇涌现出“市郊镇”、“市中镇”、“园中镇”、“镇中镇”四种形态，特色小城镇涌现出近郊镇、远郊镇、特色资源镇三种形态。二是主导产业多样化。特色小镇涌现出先进制造类、农业田园类，以及信息、科创、金融、教育、商贸、文旅、体育等现代服务类业态。三是创建主体多元化。很多地区注重引入央企、地方国企和大中型民企等作为特色小镇主要投资运营商，尽可能避免政府举债建设进而加重债务包袱。

2018 年以来，特色小镇和特色小城镇建设逐步驶入规范发展轨道。两

* 刘春雨，国家发展改革委规划司城镇化推进处处长。

年多来，在建设过程中出现了不少问题。一是广泛存在概念错误现象。特别是混淆特色小镇与特色小城镇的概念，错误认为特色小镇是行政建制镇、小城镇，进而把企业和资金引入到现阶段不具备发展空间的偏远小城镇，违背了经济规律。二是部分存在地方政府债务风险。少数自身债务率很高、依靠上级财政转移支付维持运转的市县政府，不注重依靠招商引资来发展特色小镇，却依托政府下属的融资平台公司举债建设，可能放大金融风险。三是部分存在地产化苗头。一些特色小镇的住宅用地占比过高，产业用地明显不足。为切实解决这些问题，2017 年 12 月，国家发改委、住建部等四部委联合出台《关于规范推进特色小镇和特色小城镇建设的若干意见》，开展规范纠偏，划定红线底线。各地区认真贯彻落实，持续纠正发展偏差，不断改进机制与政策。文件出台后，特色小镇建设逐步回归理性，从盲目发展期开始进入规范发展期。

为进一步对标对表党的十九大精神，巩固纠偏成果、有力有序有效推动高质量发展，2018 年 8 月，国家发改委出台《关于建立特色小镇和特色小城镇高质量发展机制的通知》。文件主要提出：一是建立规范纠偏机制。以正确把握、合理布局、防范变形走样为导向，统筹调整优化有关部门和省级现有创建机制，强化年度监测评估和动态调整，确保数量服从于质量，坚决淘汰一批缺乏产业前景、变形走样异化的小镇和小城镇。二是建立典型引路机制。以正面引领高质量发展为导向，从 2018 年开始逐年组织各地区挖掘并推荐模式先进、成效突出、经验普适的特色小镇和特色小城镇，按少而精原则从中分批选择典型案例，总结提炼、树立标杆、推广经验、发挥引领示范带动作用。三是建立服务支撑机制。以政府引导、企业主体、市场化运作为导向，搭建政银对接服务平台，从 2018 年开始逐年引导国家开发银行、中国农业发展银行、中国光大银行为符合高质量发展要求的特色小镇，在债务风险可控前提下提供长周期低成本融资服务，鼓励地方优化服务、开放资源，使特色小镇和特色小城镇建设成为市场主导、自然发展的过程，成为政府引导、高质量发展的过程。

文件出台后，各地区认真贯彻落实，正在加紧推进各项工作。但社会上也出现了少数错误解读。一是错误认为第三批国家特色小镇申报开始了。实际上，在2017年12月国家发改委等四部委《关于规范推进特色小镇和特色小城镇建设的若干意见》中，2016年和2017年分别创建的第一批127个、第二批276个镇，已被明确定位为全国特色小城镇，不是国家级特色小镇。没有前两批，何来第三批？这次让各地区推荐的是第一批特色小镇典型案例，以后还会逐年组织各地区推荐。二是错误认为特色小镇被叫停了。特色小镇在促进经济高质量发展中具有积极的作用，在新型城镇化与乡村振兴中也具有独特的作用。发展得当，就会大有好处；发展不当，就会造成败笔和遗憾，对此要辩证地理解。文件不是叫停特色小镇建设，而是以有保有压为基本方法，支持先进典型，淘汰害群之马。三是错误认为房地产的春天到了。实际上，文件明确提出，在特色小镇建设中要严格防范房地产化倾向，合理确定住宅用地比例。

下一步，国家发改委将继续发挥推进新型城镇化工作部际联席会议机制的作用，强化统筹协调和跟踪督导，引导各有关部门统一行动、合理参与、把握节奏、精益求精，并加强对各地区的监督检查评估。同时，还将加强宣传引导，逐年组织现场经验交流会，引导社会各界学习典型、防范风险，并发挥主流媒体舆论导向作用，持续报道建设进展，形成良好舆论氛围。

目　录

总报告

基础理论篇

政策研究篇

专题研究篇

典型案例篇

附　录

总报告

中国特色小镇发展现状、问题及对策

曾国军　余构雄*

摘　要： 本文从特色小镇专项政策、国级特色小镇发展、省级特色小镇发展、特色小镇综合实力、特色小镇热度指数、特色小镇影响力指数、特色小镇主要类型共七个方面较为全面回顾和分析特色小镇发展情况，发现特色小镇发展存在政策文件牵头机构较多且部分标准不统一、省（自治区、直辖市）未形成特色小镇专项政策体系、省（自治区、直辖市）对特色小镇创建理解不透彻、省（自治区、直辖市）级特色小镇组织机构不完善、缺乏科学合理的规划编制等问题，认为未来应通过完善相关政策法规、形成专项政策体系，逐级强化对特色小镇创建的理解，提升规划编制质量、科学指导小镇建设，因地制宜、体现区域差异性，正确处理政府和市场的关系共

* 曾国军，管理学博士，中山大学旅游学院教授、博士生导师，主要研究方向为旅游投融资管理、酒店管理与饮食地理；余构雄，管理学博士，中山大学旅游学院科研博士后，主要研究方向为文旅小镇创建与发展、旅游空间生产、节事旅游与会展管理。

五个方面规范特色小镇发展。

关键词： 特色小镇 专项政策体系 区域差异性

一 特色小镇发展现状

（一）特色小镇政策概况

1. 国家部委局行针对特色小镇专项政策

国家历来十分重视小城镇建设，新中国成立初期已开始围绕小城镇制定政策文件，系列代表性政策文件如下。

（1）1955 年，国务院颁布了《中华人民共和国关于设置市镇建制的决定和标准》。主要内容：建制镇被规定为经省自治区直辖市批准的镇，其常住人口在 2000 人以上，其中非农业人口占 50%。重要影响：新中国成立以后首部建制镇设置专项政策，为建制镇的设置制定了标准，对规范城镇的设立有重大意义。

（2）1963 年，国务院颁布了《关于调整镇建制、缩小城市郊区的指示》。主要内容：a. 工商业和手工业相当集中、聚居人口在 3000 人以上，其中非农业人口占 70% 以上，或者聚居人口在 2500 人以上不足 3000 人，其中非农业人口占 85% 以上，确有必要由县级国家机关领导的地方，可以设置镇的建制。b. 少数民族地区的工商业和手工业集中地，聚居人口虽然不足 3000 人，或者非农业人口不足 70%，但是确有必要由县级国家机关领导的，也可以设置镇的建制。c. 现有的镇建制，凡是不符合上述条件的，或者虽然符合上述人口条件，但是以改归乡村人民公社领导为有利的，都应该撤销；即使是县级或者县级以上地方国家机关所在地，也应该撤销。重要影响：从人口数量、人口从业类型等方面规划建制镇设置，进一步提高镇设置标准。

（3）1984 年，国务院批转民政部颁布了《关于调整建制镇标准的报告》。主要内容：a. 凡县级地方国家机关所在地，均应设置镇的建制。b. 总人口在 20000 人以下的乡，乡政府驻地非农业人口超过 2000 人的，可以建镇；总人口在 20000 人以上的乡，乡政府驻地非农业人口占全乡人口 10% 以上的，也可以建镇。c. 少数民族地区、人口稀少的边远地区、山区和小型工矿区、小港口、风景旅游、边境口岸等地，非农业人口虽不足 2000 人，如确有必要，也可设置镇的建制。d. 凡具备建镇条件的乡，撤乡建镇后，实行镇管村的体制；暂时不具备设镇条件的集镇，应在乡人民政府中配备专人加以管理。重要影响：对建制镇的标准重新进行了修订，修订体现出对建制镇设置的灵活性与因地制宜，这也成为目前对建制镇设置标准最重要的专项政策与指导文件。

（4）1997 年，中国共产党第十五次全国代表大会报告。主要内容：在第五专题“经济体制改革和经济发展战略”中，指出要“搞好小城镇规划建设”。重要影响：十五大对建设有中国特色的社会主义事业的跨世纪发展做出全面部署，首次将小城镇规划建设列入其中，对 21 世纪小城镇发展具有奠基性意义。

（5）2000 年，国务院颁布了《关于促进小城镇健康发展的若干意见》。主要内容：认为发展小城镇，是带动农村经济和社会发展的一个大战略，从统一规划合理布局、积极培育经济基础、改革户籍管理制度和充分运用市场机制等方面阐述小城镇发展路径。重要影响：对后续各省陆续出台相应的小城镇发展指导性意见提供整体性指引。

（6）2006 年，全国人民代表大会通过《十一五规划纲要》。主要内容：要以农村人口进城就业并逐步定居为核心推进城镇化；要形成合理的城镇化空间格局，以城市群为主体形态推进城镇化；要以加强规划建设管理和健全体制机制为重点推进城镇化。重要影响：我国《十一五规划纲要》首次指明促进城镇化健康发展的方向和重点。

（7）2014 年，国务院颁布了《国家新型城镇化规划（2014 ~ 2020 年）》。主要内容：指出城镇化是现代化的必由之路，是解决农业农村农民问题的重要途径，是推动区域协调发展的有力支撑，是扩大内需和促进产业升级的重要抓手。重要影响：分 31 章全面系统地介绍城镇化发展，首部国家层面的城镇化发展规划政策，顶层设计具有很强的权威性和指导性。

（8）2016 年，国务院颁布了《关于深入推进新型城镇化建设的若干意见》。主要内容：强调要加快特色小镇发展，发展具有特色优势的休闲旅游、商贸物流、信息产业、先进制造、民俗文化传承、科技教育等魅力小镇，带动农业现代化和农民就近城镇化。重要影响：分 9 个专题 36 条具体措施介绍新型城镇化建设，将特色小城镇建设单独为第 4 专题，凸显特色小城镇建设的重要地位。

应该指出，以往政策文件主要针对小城镇、建制镇的设置与建设而制定，2016 年 7 月，由住建部、发改委和财政部联合发布的《关于开展特色小镇培育工作的通知》，则是首个国家层面的特色小镇专项政策。此后，国家相关部委局行针对特色小镇专项发文十几项，所发文件数量之多之密前所未有，对特色小镇重视程度可见一斑（见表 1）。

表 1　国家层面特色小镇专项政策

时间	政策名称	颁布机构	主要内容
2016 年 7 月	关于开展特色小镇培育工作的通知（建村〔2016〕147 号）	住建部、发改委、财政部	决定在全国范围开展特色小镇培育工作，到 2020 年，培育 1000 个左右各具特色、富有活力的休闲旅游、商贸物流、现代制造、教育科技、传统文化、美丽宜居等特色小镇
2016 年 8 月	关于做好 2016 年特色小镇推荐工作的通知（建村建函〔2016〕71 号）	住建部村镇建设司	确定 2016 年各省特色小镇推荐数量、推荐材料和推荐程序
2016 年 10 月	关于加快美丽特色小（城）镇建设的指导意见（发改规划〔2016〕2125 号）	发改委	区分了特色小镇和特色小城镇两种形态。鼓励有条件的小城镇按照不低于 3A 级景区的标准规划建设特色旅游景区，将美丽资源转化为“美丽经济”
2016 年 10 月	关于推进政策性金融支持小城镇建设的通知（建村〔2016〕220 号）	住建部、中农行	加大小城镇建设的信贷支持力度，推进政策性金融资金支持特色小镇、小城镇建设
2016 年 10 月	关于公布第一批中国特色小镇名单的通知（建村〔2016〕221 号）	住建部	认定 127 个镇为第一批中国特色小镇

续表

时间	政策名称	颁布机构	主要内容
2016年12月	关于实施“千企千镇工程”推进美丽特色小（城）镇建设的通知（发改规划〔2016〕2604号）	发改委等6部门	6部门共同搭建小（城）镇与企业主体有效对接平台，引导社会资本参与美丽特色小（城）镇建设，促进镇企融合发展、共同成长
2017年1月	关于开发性金融支持特色小（城）镇建设促进脱贫攻坚的意见（发改规划〔2017〕102号）	发改委、国开行	对试点单位优先编制融资规划，优先安排贷款规模，优先给予政策、资金等方面的支持，鼓励各地先行先试
2017年1月	关于推进开发性金融支持小城镇建设的通知（建村〔2017〕27号）	住建部、国开行	住房城乡建设部和国家开发银行签署《共同推进小城镇建设战略合作框架协议》，建立部行工作会商制度。及时共享小城镇建设信息，协调解决项目融资、建设中存在的问题和困难
2017年5月	关于推动运动休闲特色小镇建设工作的通知（体群字〔2017〕73号）	体总局办	组织开展运动休闲特色小镇示范试点。到2020年，在全国扶持建设一批体育特征鲜明、文化气息浓厚、产业集聚融合、生态环境良好、惠及人民健康的运动休闲特色小镇
2017年5月	关于做好第二批全国特色小镇推荐工作的通知（建办村函〔2017〕357号）	住建部办	确定第二批全国特色小镇推荐要求、推荐程序和材料要求
2017年6月	关于组织开展农业特色互联网小镇建设试点工作的通知（农市便函〔2017〕114号）	农业部市	力争在2020年试点结束以前，原则上以县（市、区）或垦区为单位，在全国建设、运营100个农业特色优势明显、产业基础好、发展潜力大、带动能力强的农业特色互联网小镇
2017年7月	关于开展森林特色小镇建设试点工作的通知（办场字〔2017〕110号）	林业局办	在全国国有林场和国有林区林业局范围内选择30个左右作为首批国家建设试点
2017年7月	关于保持和彰显特色小镇特色若干问题的通知（建村〔2017〕144号）	住建部	要求各地要坚持按照绿色发展的要求，尊重小镇现有格局、不盲目拆老街区，保持小镇宜居尺度、不盲目盖高楼，传承小镇传统文化、不盲目搬袭外来文化
2017年8月	关于公布第一批运动休闲特色小镇试点项目名单的通知（体群字〔2017〕149号）	体总局办	认定96个项目为第一批运动休闲特色小镇试点项目
2017年8月	关于公布第二批全国特色小镇名单的通知（建村〔2017〕178号）	住建部	认定276个镇为第二批全国特色小镇

续表

时间	政策名称	颁布机构	主要内容
2017 年 10 月	关于开展农业特色互联网小镇建设试点的指导意见（农办市〔2017〕27 号）	农业部办	建设一批农业特色互联网小镇、探索一批农业农村数字经济发展的新业态新模式、培育一批绿色生态优质安全的农业品牌、建立一套可持续发展机制
2017 年 12 月	关于规范推进特色小镇和特色小城镇建设的若干意见（发改规划〔2017〕2084 号）	发改委等 4 部门	准确把握特色小镇内涵、遵循城镇化发展规律、注重打造鲜明特色、有效推进“三生融合”、厘清政府与市场边界、实行创建达标制度、严防政府债务风险、严控房地产化倾向、严格节约集约用地、严守生态保护红线
2018 年 8 月	国家发展改革委办公厅关于建立特色小镇和特色小城镇高质量发展机制的通知（发改办规划〔2018〕1041 号）	发改委办公厅	建立规范纠偏机制、建立典型引路机制（典型经验推广机制、典型特色小镇基本条件、典型特色小城镇基本条件、差异化多样化经验）、建立服务支撑机制等

资料来源：据住建部、发改委等国家相关部委局行网站整理汇编。

2. 省级层面针对特色小镇专项政策

通过对法律之星、北大法宝等政策文献数据库进行检索，同时查阅全国 31 个省、自治区、直辖市（不含中国香港、中国澳门和中国台湾地区）相关政府部门公开的政策文件，共获得 93 份省级层面的特色小镇专项政策（见图 1）。省级层面特色小镇专项政策较早可追溯至针对旅游小镇的专项政策。2005 年，云南省政府颁布《关于加快旅游小镇开发建设的指导意见》，确定了云南省首批旅游小镇分类开发建设名单，包括 11 个保护提升型旅游小镇、22 个开发建设型旅游小镇、27 个规划准备型旅游小镇。2011 年，云南省政府出台的《关于加快推进特色小镇建设的意见》，明确要采取省级重点开发建设 210 个特色小镇，包括现代农业小镇、工业小镇、旅游小镇、商贸小镇、边境口岸小镇和生态园林小镇 6 大类型。此后，2015 年浙江省政府出台的《关于加快特色小镇规划建设的指导意见》及 2016 年国家层面的建村〔2016〕147 号文件，则催生了各省陆续出台相应的特色小镇专项政策文件。其中，除山西省和新疆维吾尔自治区尚未公开发布特色小镇专项政策外，其余省、自治区、直辖市均已发布了特色小镇专项政策，浙江省发布数量最多，占比总量达 19.35%，发布数量排名前 5 的分别是浙江省（18 份）、山东省（7份）、河北省（6份）、广东省（6份）和江苏省（5份）。

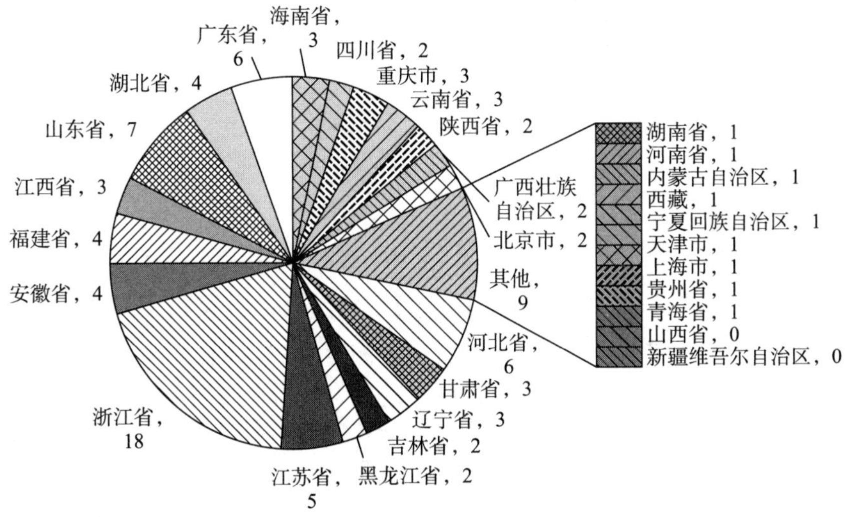

图1　省级层面特色小镇专项政策分布

资料来源：法律之星、北大法宝等数据库及各省相关政府部门网站整理汇编。

（二）特色小镇发展概况

1. 国级特色小镇发展

2016年7月，建村〔2016〕147号文件，决定在全国范围开展特色小镇培育工作，计划到2020年，培育约1000个各具特色、富有活力的休闲旅游、商贸物流、现代制造、教育科技、传统文化、美丽宜居等特色小镇，引领带动全国小城镇建设，不断提高建设水平和发展质量。2016年10月，建村〔2016〕221号文件，公布第一批中国特色小镇名单，共127个。2017年8月，建村〔2017〕178号文件，公布第二批中国特色小镇名单，共276个。自此，两批中国特色小镇共403个（见表2）。①

从中国特色小镇在全国31个省、自治区、直辖市分布来看，数量由多至少排序依次为，浙江（23个）>［江苏（22个）= 山东（22个）］>［广东（20

① 实质为特色小城镇，在发改规划〔2017〕2084号文件已纠正。

个）= 四川（20个）]>[湖北（16个）= 湖南（16个）]>[安徽（15个）= 河南（15个）= 贵州（15个）]>[福建（14个）= 陕西（14个）= 广西（14个）= 新疆（14个）]>[云南（13个）= 辽宁（13个）= 重庆（13个）]>[河北（12个）= 山西（12个）= 江西（12个）= 内蒙古（12个）]>黑龙江（11个）>[吉林（9个）= 上海（9个）]>甘肃（8个）>[海南（7个）= 西藏（7个）= 宁夏（7个）= 北京（7个）]>青海（6个）>天津（5个）（见图 2）。其中，不少于 20 个特色小镇的有 5 个省，分别是浙江、江苏、山东、广东和四川，整体上与这些省份的经济实力相匹配。从增长速度来看，中国特色小镇发展速度较快，第二批中国特色小镇比第一批增长了 117%，而增长速度超过 150% 的有云南、山西、内蒙古、河南和黑龙江，分别增长了 233%、200%、200%、175%、167%。

表 2　中国特色小镇名单

单位：个

序号	省（自治区、直辖市）	第一批		第二批		总计
		名称	数量	名称	数量	
1	河北省	秦皇岛市卢龙县石门镇、邢台市隆尧县莲子镇、保定市高阳县庞口镇、衡水市武强县周窝镇	4	衡水市枣强县大营镇、石家庄市鹿泉区铜冶镇、保定市曲阳县羊平镇、邢台市柏乡县龙华镇、承德市宽城满族自治县化皮溜子镇、邢台市清河县王官庄镇、邯郸市肥乡区天台山镇、保定市徐水区大王店镇	8	12
2	山西省	晋城市阳城县润城镇、晋中市昔阳县大寨镇、吕梁市汾阳市杏花村镇	3	运城市稷山县翟店镇、晋中市灵石县静升镇、晋城市高平市神农镇、晋城市泽州县巴公镇、朔州市怀仁县金沙滩镇、朔州市右玉县右卫镇、吕梁市汾阳市贾家庄镇、临汾市曲沃县曲村镇、吕梁市离石区信义镇	9	12
3	辽宁省	大连市瓦房店市谢屯镇、丹东市东港市孤山镇、辽阳市弓长岭区汤河镇、盘锦市大洼区赵圈河镇	4	沈阳市法库县十间房镇、营口市鲅鱼圈区熊岳镇、阜新市阜蒙县十家子镇、辽阳市灯塔市佟二堡镇、锦州市北镇市沟帮子镇、大连市庄河市王家镇、盘锦市盘山县胡家镇、本溪市桓仁县二棚甸子镇、鞍山市海城市西柳镇	9	13

续表

序号	省（自治区、直辖市）	第一批		第二批		总计
		名称	数量	名称	数量	
4	吉林省	辽源市东辽县辽河源镇、通化市辉南县金川镇、延边朝鲜族自治州龙井市东盛涌镇	3	延边州安图县二道白河镇、长春市绿园区合心镇、白山市抚松县松江河镇、四平市铁东区叶赫满族镇、吉林市龙潭区乌拉街满族镇、通化市集安市清河镇	6	9
5	黑龙江省	齐齐哈尔市甘南县兴十四镇、牡丹江市宁安市渤海镇、大兴安岭地区漠河县北极镇	3	绥芬河市阜宁镇、黑河市五大连池市五大连池镇、牡丹江市穆棱市下城子镇、佳木斯市汤原县香兰镇、哈尔滨市尚志市一面坡镇、鹤岗市萝北县名山镇、大庆市肇源县新站镇、黑河市北安市赵光镇	8	11
6	江苏省	南京市高淳区桠溪镇、无锡市宜兴市丁蜀镇、徐州市邳州市碾庄镇、苏州市吴中区角直镇、苏州市吴江区震泽镇、盐城市东台市安丰镇、泰州市姜堰区溱潼镇	7	无锡市江阴市新桥镇、徐州市邳州市铁富镇、扬州市广陵区杭集镇、苏州市昆山市陆家镇、镇江市扬中市新坝镇、盐城市盐都区大纵湖镇、苏州市常熟市海虞镇、无锡市惠山区阳山镇、南通市如东县栟茶镇、泰州市兴化市戴南镇、泰州市泰兴市黄桥镇、常州市新北区孟河镇、南通市如皋市搬经镇、无锡市锡山区东港镇、苏州市吴江区七都镇	15	22
7	浙江省	杭州市桐庐县分水镇、温州市乐清市柳市镇、嘉兴市桐乡市濮院镇、湖州市德清县莫干山镇、绍兴市诸暨市大唐镇、金华市东阳市横店镇、丽水市莲都区大港头镇、丽水市龙泉市上垟镇	8	嘉兴市嘉善县西塘镇、宁波市江北区慈城镇、湖州市安吉县孝丰镇、绍兴市越城区东浦镇、宁波市宁海县西店镇、宁波市余姚市梁弄镇、金华市义乌市佛堂镇、衢州市衢江区莲花镇、杭州市桐庐县富春江镇、嘉兴市秀洲区王店镇、金华市浦江县郑宅镇、杭州市建德市寿昌镇、台州市仙居县白塔镇、衢州市江山市廿八都镇、台州市三门县健跳镇	15	23
8	安徽省	铜陵市郊区大通镇、安庆市岳西县温泉镇、黄山市黟县宏村镇、六安市裕安区独山镇、宣城市旌德县白地镇	5	六安市金安区毛坦厂镇、芜湖市繁昌县孙村镇、合肥市肥西县三河镇、马鞍山市当涂县黄池镇、安庆市怀宁县石牌镇、滁州市来安县汊河镇、铜陵市义安区钟鸣镇、阜阳市界首市光武镇、宣城市宁国市港口镇、黄山市休宁县齐云山镇	10	15

续表

序号	省（自治区、直辖市）	第一批		第二批		总计
		名称	数量	名称	数量	
9	福建省	福州市永泰县嵩口镇、厦门市同安区汀溪镇、泉州市安溪县湖头镇、南平市邵武市和平镇、龙岩市上杭县古田镇	5	泉州市石狮市蚶江镇、福州市福清市龙田镇、泉州市晋江市金井镇、莆田市涵江区三江口镇、龙岩市永定区湖坑镇、宁德市福鼎市点头镇、漳州市南靖县书洋镇、南平市武夷山市五夫镇、宁德市福安市穆阳镇	9	14
10	江西省	南昌市进贤县文港镇、鹰潭市龙虎山风景名胜区上清镇、宜春市明月山温泉风景名胜区温汤镇、上饶市婺源县江湾镇	4	赣州市全南县南迳镇、吉安市吉安县永和镇、抚州市广昌县驿前镇、景德镇市浮梁县瑶里镇、赣州市宁都县小布镇、九江市庐山市海会镇、南昌市湾里区太平镇、宜春市樟树市阁山镇	8	12
11	山东省	青岛市胶州市李哥庄镇、淄博市淄川区昆仑镇、烟台市蓬莱市刘家沟镇、潍坊市寿光市羊口镇、泰安市新泰市西张庄镇、威海市经济技术开发区崮山镇、临沂市费县探沂镇	7	聊城市东阿县陈集镇、滨州市博兴县吕艺镇、菏泽市郓城县张营镇、烟台市招远市玲珑镇、济宁市曲阜市尼山镇、泰安市岱岳区满庄镇、济南市商河县玉皇庙镇、青岛市平度市南村镇、德州市庆云县尚堂镇、淄博市桓台县起凤镇、日照市岚山区巨峰镇、威海市荣成市虎山镇、莱芜市莱城区雪野镇、临沂市蒙阴县岱崮镇、枣庄市滕州市西岗镇	15	22
12	河南省	焦作市温县赵堡镇、许昌市禹州市神垕镇、南阳市西峡县太平镇、驻马店市确山县竹沟镇	4	汝州市蟒川镇、南阳市镇平县石佛寺镇、洛阳市孟津县朝阳镇、濮阳市华龙区岳村镇、周口市商水县邓城镇、巩义市竹林镇、长垣县恼里镇、安阳市林州市石板岩镇、永城市芒山镇、三门峡市灵宝市函谷关镇、邓州市穰东镇	11	15
13	湖北省	宜昌市夷陵区龙泉镇、襄阳市枣阳市吴店镇、荆门市东宝区漳河镇、黄冈市红安县七里坪镇、随州市随县长岗镇	5	荆州市松滋市洈水镇、宜昌市兴山县昭君镇、潜江市熊口镇、仙桃市彭场镇、襄阳市老河口市仙人渡镇、十堰市竹溪县汇湾镇、咸宁市嘉鱼县官桥镇、神农架林区红坪镇、武汉市蔡甸区玉贤镇、天门市岳口镇、恩施州利川市谋道镇	11	16

续表

序号	省（自治区、直辖市）	第一批		第二批		总计
		名称	数量	名称	数量	
14	湖南省	长沙市浏阳市大瑶镇、邵阳市邵东县廉桥镇、郴州市汝城县热水镇、娄底市双峰县荷叶镇、湘西土家族苗族自治州花垣县边城镇	5	常德市临澧县新安镇、邵阳市邵阳县下花桥镇、娄底市冷水江市禾青镇、长沙市望城区乔口镇、湘西土家族苗族自治州龙山县里耶镇、永州市宁远县湾井镇、株洲市攸县皇图岭镇、湘潭市湘潭县花石镇、岳阳市华容县东山镇、长沙市宁乡县灰汤镇、衡阳市珠晖区茶山坳镇	11	16
15	广东省	佛山市顺德区北滘镇、江门市开平市赤坎镇、肇庆市高要区回龙镇、梅州市梅县区雁洋镇、河源市江东新区古竹镇、中山市古镇	6	佛山市南海区西樵镇、广州市番禺区沙湾镇、佛山市顺德区乐从镇、珠海市斗门区斗门镇、江门市蓬江区棠下镇、梅州市丰顺县留隍镇、揭阳市揭东区埔田镇、中山市大涌镇、茂名市电白区沙琅镇、汕头市潮阳区海门镇、湛江市廉江市安铺镇、肇庆市鼎湖区凤凰镇、潮州市湘桥区意溪镇、清远市英德市连江口镇	14	20
16	海南省	海口市云龙镇、琼海市潭门镇	2	澄迈县福山镇、琼海市博鳌镇、海口市石山镇、琼海市中原镇、文昌市会文镇	5	7
17	四川省	成都市郫县德源镇、成都市大邑县安仁镇、攀枝花市盐边县红格镇、泸州市纳溪区大渡口镇、南充市西充县多扶镇、宜宾市翠屏区李庄镇、达州市宣汉县南坝镇	7	成都市郫都区三道堰镇、自贡市自流井区仲权镇、广元市昭化区昭化镇、成都市龙泉驿区洛带镇、眉山市洪雅县柳江镇、甘孜州稻城县香格里拉镇、绵阳市江油市青莲镇、雅安市雨城区多营镇、阿坝州汶川县水磨镇、遂宁市安居区拦江镇、德阳市罗江县金山镇、资阳市安岳县龙台镇、巴中市平昌县驷马镇	13	20
18	贵州省	贵阳市花溪区青岩镇、六盘水市六枝特区郎岱镇、遵义市仁怀市茅台镇、安顺市西秀区旧州镇、黔东南州雷山县西江镇	5	黔西南州贞丰县者相镇、黔东南州黎平县肇兴镇、贵安新区高峰镇、六盘水市水城县玉舍镇、安顺市镇宁县黄果树镇、铜仁市万山区万山镇、贵阳市开阳县龙岗镇、遵义市播州区鸭溪镇、遵义市湄潭县永兴镇、黔南州瓮安县猴场镇	10	15

续表

序号	省（自治区、直辖市）	第一批		第二批		总计
		名称	数量	名称	数量	
19	云南省	红河州建水县西庄镇、大理州大理市喜洲镇、德宏州瑞丽市畹町镇	3	楚雄州姚安县光禄镇 、大理州剑川县沙溪镇、玉溪市新平县戛洒镇、西双版纳州勐腊县勐仑镇、保山市隆阳区潞江镇、临沧市双江县勐库镇、昭通市彝良县小草坝镇、保山市腾冲市和顺镇、昆明市嵩明县杨林镇、普洱市孟连县勐马镇	10	13
20	陕西省	西安市蓝田县汤峪镇、铜川市耀州区照金镇、宝鸡市眉县汤峪镇、汉中市宁强县青木川镇、杨陵区五泉镇	5	汉中市勉县武侯镇、安康市平利县长安镇、商洛市山阳县漫川关镇、咸阳市长武县亭口镇、宝鸡市扶风县法门镇、宝鸡市凤翔县柳林镇、商洛市镇安县云盖寺镇、延安市黄陵县店头镇、延安市延川县文安驿镇	9	14
21	甘肃省	兰州市榆中县青城镇、武威市凉州区清源镇、临夏州和政县松鸣镇	3	庆阳市华池县南梁镇、天水市麦积区甘泉镇、兰州市永登县苦水镇、嘉峪关市峪泉镇、定西市陇西县首阳镇	5	8
22	青海省	海东市化隆回族自治县群科镇、海西蒙古族藏族自治州乌兰县茶卡镇	2	海西州德令哈市柯鲁柯镇、海南州共和县龙羊峡镇、西宁市湟源县日月乡、海东市民和县官亭镇	4	6
23	内蒙古	赤峰市宁城县八里罕镇、通辽市科尔沁左翼中旗舍伯吐镇、呼伦贝尔市额尔古纳市莫尔道嘎镇	3	赤峰市敖汉旗下洼镇、鄂尔多斯市东胜区罕台镇、乌兰察布市凉城县岱海镇、鄂尔多斯市鄂托克前旗城川镇、兴安盟阿尔山市白狼镇、呼伦贝尔市扎兰屯市柴河镇、乌兰察布市察哈尔右翼后旗土牧尔台镇、通辽市开鲁县东风镇、赤峰市林西县新城子镇	9	12
24	广西	柳州市鹿寨县中渡镇、桂林市恭城瑶族自治县莲花镇、北海市铁山港区南康镇、贺州市八步区贺街镇	4	河池市宜州市刘三姐镇、贵港市港南区桥圩镇、贵港市桂平市木乐镇、南宁市横县校椅镇、北海市银海区侨港镇、桂林市兴安县溶江镇、崇左市江州区新和镇、贺州市昭平县黄姚镇、梧州市苍梧县六堡镇、钦州市灵山县陆屋镇	10	14
25	西藏	拉萨市尼木县吞巴乡、山南市扎囊县桑耶镇	2	阿里地区普兰县巴嘎乡、昌都市芒康县曲孜卡乡、日喀则市吉隆县吉隆镇、拉萨市当雄县羊八井镇、山南市贡嘎县杰德秀镇	5	7

续表

序号	省（自治区、直辖市）	第一批		第二批		总计
		名称	数量	名称	数量	
26	宁夏	银川市西夏区镇北堡镇、固原市泾源县泾河源镇	2	银川市兴庆区掌政镇、银川市永宁县闽宁镇、吴忠市利通区金银滩镇、石嘴山市惠农区红果子镇、吴忠市同心县韦州镇	5	7
27	新疆	喀什地区巴楚县色力布亚镇、塔城地区沙湾县乌兰乌苏镇、阿勒泰地区富蕴县可可托海镇、第八师石河子市北泉镇	4	克拉玛依市乌尔禾区乌尔禾镇、吐鲁番市高昌区亚尔镇、伊犁州新源县那拉提镇、博州精河县托里镇、巴州焉耆县七个星镇、昌吉州吉木萨尔县北庭镇、阿克苏地区沙雅县古勒巴格镇、阿拉尔市沙河镇、图木舒克市草湖镇、铁门关市博古其镇	10	14
28	北京	房山区长沟镇、昌平区小汤山镇、密云区古北口镇	3	怀柔区雁栖镇、大兴区魏善庄镇、顺义区龙湾屯镇、延庆区康庄镇	4	7
29	天津	武清区崔黄口镇、滨海新区中塘镇	2	津南区葛沽镇、蓟州区下营镇、武清区大王古庄镇	3	5
30	上海	金山区枫泾镇、松江区车墩镇、青浦区朱家角镇	3	浦东新区新场镇、闵行区吴泾镇、崇明区东平镇、嘉定区安亭镇、宝山区罗泾镇、奉贤区庄行镇	6	9
31	重庆	万州区武陵镇、涪陵区蔺市镇、黔江区濯水镇、潼南区双江镇	4	铜梁区安居镇、江津区白沙镇、合川区涞滩镇、南川区大观镇、长寿区长寿湖镇、永川区朱沱镇、垫江县高安镇、酉阳县龙潭镇、大足区龙水镇	9	13

资料来源：据住建部网站整理汇编。

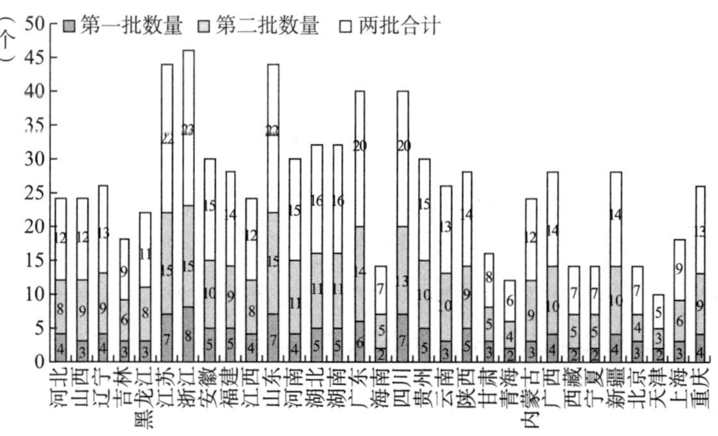

图 2　中国特色小镇数量

资料来源：据住建部网站整理汇编。

从七大地理区域分布来看，华东地区中国特色小镇数量最多，有 117 个，其次是西南地区，有 68 个，西北、华中、华南、东北和华北地区的特色小镇数量较为接近（见图 3）。

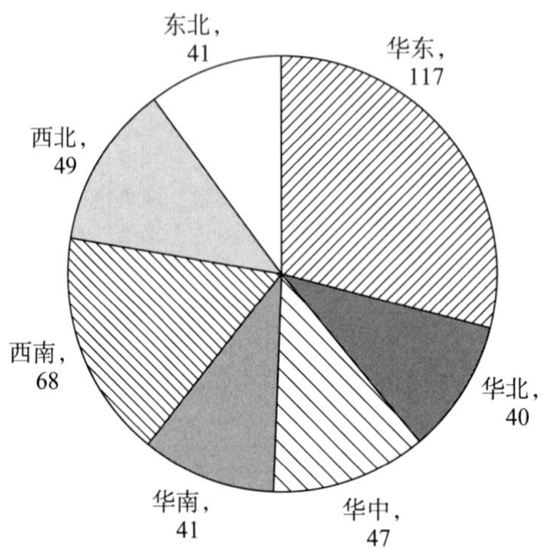

图 3　中国特色小镇的区域分布

说明：内蒙古分别属于东北、华北和西北地区，按特色小镇所处地理位置进行归属。

2. 省级特色小镇发展

在建村〔2016〕147 号文件的引导下，全国各地积极开展了省级特色小镇创建培育工作，并将列入创建或培育名单的省级特色小镇进行优选，推荐参评下一批次的国家级特色小镇。全国 31 个省、自治区、直辖市的省级特色小镇数量共 1055 个，除山西、河南、湖南、贵州、陕西、青海、内蒙古、新疆、北京和上海尚未公开发布省级特色小镇创建或培育名单外，其余省、自治区、直辖市均已发布了省级特色小镇名单，不少于 100 个省级特色小镇的有 4 个省，分别是浙江（114 个）、山东（109 个）、云南（105 个）和海南（100 个）（见图 4）。其中，浙江对特色小镇的创建与培育最为重视亦最为迅速，分别于 2015 年 6 月、2016 年 1 月和 2017 年 8 月公布了三批省级特色小镇，是唯一一个公布了三批次特色小镇的省份。

从七大地理区域分布来看，华东地区省级特色小镇数量最多，有 425

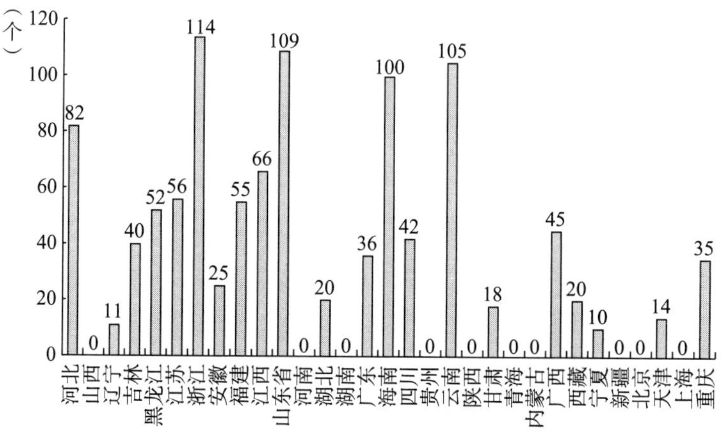

图 4　省级特色小镇数量

说明：仅统计有正式公布名单通知的省级特色小镇，包括创建和培育。

个，其次是西南地区与华南地区，分别有 202 个和 181 个，西北、华中地区的省级特色小镇数量较少（见图 5）。

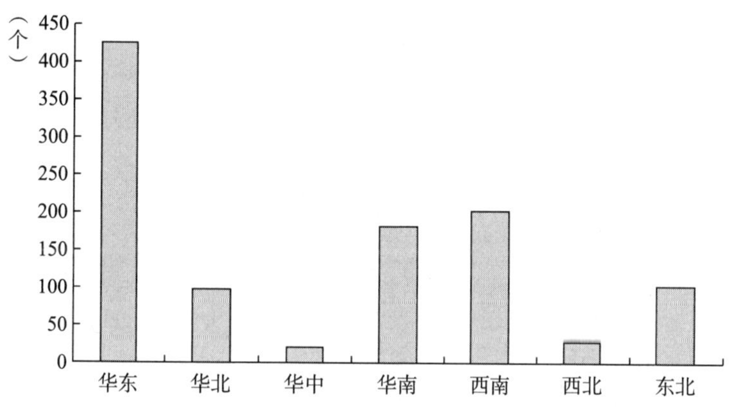

图 5　省级特色小镇的区域分布

（三）特色小镇综合实力

发改规划〔2017〕2084 号文件指出，特色小镇是在几平方公里土地上集聚特色产业、生产生活生态空间相融合、不同于行政建制镇和产业园区的创新创业平台。特色小城镇是拥有几十平方公里以上土地和一定人口经济规模、特色产业鲜明的行政建制镇。事实上，两批中国特色小镇共403个主要是行政建制镇。《2017中国中小城市发展报告·绿皮书》发布了全国综合实力千强镇（行政建制镇，研究范围是全国27个省和自治区，不包括4个直辖市、港澳台地区），千强镇的排名是通过计算地区生产总值、城乡居民人均可支配收入和镇本级可支配财政收入3个指标的综合得分。测评千强镇排名的3个关键指标适合衡量特色小镇综合实力，同时，中国特色小镇与千强镇均为建制镇，两者具有可比性。因此，通过对比中国特色小镇在千强镇中的情况，可以了解目前中国特色小镇综合实力。系统收集千强镇的名单及排名，在此基础上，逐个检索中国特色小镇在千强镇的分布及排名，最终得到千强镇中的特色小镇（见表3）。

表3　千强镇中的特色小镇

序号	省、自治区	特色小镇名称（千强镇排名）	数量
1	河北	秦皇岛市卢龙县石门镇（763）、石家庄市鹿泉区铜冶镇（250）、邢台市清河县王官庄镇（689）	3
2	山西	晋城市泽州县巴公镇（553）、朔州市怀仁县金沙滩镇（757）	2
3	辽宁	丹东市东港市孤山镇（762）、营口市鲅鱼圈区熊岳镇（310）、鞍山市海城市西柳镇（84）	3
4	吉林	延边州安图县二道白河镇（940）	1
5	黑龙江	大庆市肇源县新站镇（968）	1
6	江苏	南京市高淳区桠溪镇（319）、无锡市宜兴市丁蜀镇（114）、徐州市邳州市碾庄镇（222）、苏州市吴中区甪直镇（98）、苏州市吴江区震泽镇（215）、盐城市东台市安丰镇（749）、无锡市江阴市新桥镇（546）、徐州市邳州市铁富镇（300）、苏州市昆山市陆家镇（77）、江市扬中市新坝镇（68）、苏州市常熟市海虞镇（174）、无锡市惠山区阳山镇（778）、泰州市兴化市戴南镇（121）、泰州市泰兴市黄桥镇（262）、常州市新北区孟河镇（383）、南通市如皋市搬经镇（630）、无锡市锡山区东港镇（57）、苏州市吴江区七都镇（281）	18
7	浙江	杭州市桐庐县分水镇（963）、温州市乐清市柳市镇（15）、嘉兴市桐乡市濮院镇（217）、绍兴市诸暨市大唐镇（245）、金华市东阳市横店镇（26）、嘉兴市嘉善县西塘镇（247）、宁波市江北区慈城镇（201）、宁波市宁海县西店镇（267）、金华市义乌市佛堂镇（152）、嘉兴市秀洲区王店镇（606）	10

续表

序号	省、自治区	特色小镇名称（千强镇排名）	数量
8	安徽	芜湖市繁昌县孙村镇（393）、安庆市怀宁县石牌镇（960）、宣城市宁国市港口镇（456）	3
9	福建	泉州市安溪县湖头镇（257）、泉州市石狮市蚶江镇（540）、福州市福清市龙田镇（408）、泉州市晋江市金井镇（107）	4
10	江西	南昌市进贤县文港镇（949）、宜春市明月山温泉风景名胜区温汤镇（852）	2
11	山东	青岛市胶州市李哥庄镇（193）、淄博市淄川区昆仑镇（958）、潍坊市寿光市羊口镇（202）、泰安市新泰市西张庄镇（474）、烟台市招远市玲珑镇（671）、泰安市岱岳区满庄镇（735）、岛市平度市南村镇（269）、淄博市桓台县起凤镇（880）、日照市岚山区巨峰镇（964）、莱芜市莱城区雪野镇（906）、枣庄市滕州市西岗镇（150）	11
12	河南	许昌市禹州市神垕镇（812）、巩义市竹林镇（677）、永城市芒山镇（995）	3
13	湖北	宜昌市夷陵区龙泉镇（297）、荆州市松滋市沲水镇（884）、仙桃市彭场镇（838）	3
14	湖南	长沙市浏阳市大瑶镇（573）、常德市临澧县新安镇（944）	2
15	广东	佛山市顺德区北滘镇（8）、中山市古镇（71）、佛山市南海区西樵镇（28）、佛山市顺德区乐从镇（52）、珠海市斗门区斗门镇（592）、江门市蓬江区棠下镇（422）、湛江市廉江市安铺镇（629）	7
16	海南	琼海市潭门镇（705）、琼海市博鳌镇（256）	2
17	贵州	遵义市仁怀市茅台镇（83）、遵义市播州区鸭溪镇（475）	2
18	内蒙古	鄂尔多斯市东胜区罕台镇（748）	1
19	广西	北海市铁山港区南康镇（871）、贵港市港南区桥圩镇（791）	2
20	新疆	第八师石河子市北泉镇（277）	1

从表 3 可知，四川、云南、陕西、甘肃、青海、西藏和宁夏没有中国特色小镇属于千强镇，余下的 20 个省（自治区）共有 81 个中国特色小镇为千强镇，在中国特色小镇总量中占比 20.1%，在全国千强镇中占比 8.1%；仅有 12 个中国特色小镇为百强镇，在中国特色小镇总量中占比 1.28%，在全国百强镇中占比 12%。其中，江苏（18 个）、山东（11 个）、浙江（10 个）位列千强镇中的特色小镇数量前 3 名。从区域分布来看，千强镇中的特色小镇主要集中在胡焕庸线以东，尤其是沿海发达地区，中西部地区也

有不同程度数量分布，但东北地区千强镇中的特色小镇数量少。该结论与冯新刚对国家特色小城镇发展潜力百强评估的区域分布情况高度一致，整体反映出中国特色小镇的综合实力不强。这种现象的出现，一定程度与建村〔2016〕220号文件的“以贫困地区小城镇建设作为优先支持对象”，与建村〔2017〕27号文件的“优先支持贫困地区基本人居卫生条件改善和建档立卡贫困户的危房改造”，与建办村函〔2017〕357号文件的“县政府驻地镇不推荐”，与发改规划〔2017〕102号文件的“开发性金融支持贫困地区特色小（城）镇建设”等政策的引导有关。企业申报特色小镇，可重点参考上述政策文件指引，关注经济欠发达地区，但该地区产业具有特色、环境优美、资源丰富且设施设备有一定基础。

（四）特色小镇热度指数

百度是全球最大的中文搜索引擎，通过百度搜索指数，可以掌握特色小镇在百度的搜索规模有多大，一段时间内的涨跌态势及相关的新闻舆论变化，借此了解各个区域特色小镇的热度，有助于掌握市场对不同区域特色小镇的关注程度及偏好程度，为特色小镇的区域选址提供启示。百度搜索指数最早检索时间为2011年1月，以“特色小镇”为检索词，通过预搜索进行对比，发现在2015年以前，各省份特色小镇的搜索指数几乎为0，因此，将检索时间设定为2015年1月至2018年7月，重新进行检索，得到图6至图12（百度规定每次最多只能5个检索词）的全国31个省（自治区、直辖市）的特色小镇百度搜索指数。

图6显示，北京针对特色小镇的百度搜索量最大，且明显领先于其他省（自治区、直辖市），其峰值主要出现于2017年7～9月。北京、广东、安徽、重庆和福建针对特色小镇的百度搜索趋势在各个阶段具有较好一致性，整体呈现同增同减的趋势。

图7显示，河北针对特色小镇的百度搜索量较大，其最显著的特点为在多个阶段出现了峰值，2016年7～9月开始至2018年4～6月，峰值较为平缓交替出现，整体反映出河北针对特色小镇的百度搜索量最为均匀。

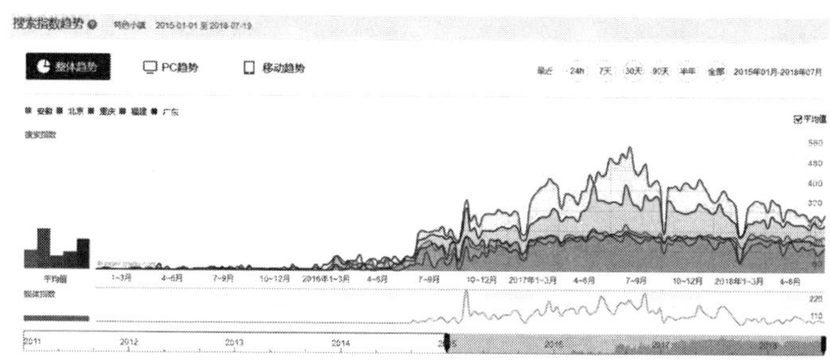

图 6　安徽 - 北京 - 重庆 - 福建 - 广东百度搜索指数

资料来源：百度搜索指数。

图 8 显示，除海南外，河南、湖南、湖北和吉林针对特色小镇的百度搜索量较为接近，各个省份的峰值主要出现在 2017 年 6 ~ 8 月，反映出这个阶段各省特色小镇搜索热度最高。

图 9 显示，江苏针对特色小镇的百度搜索量较大，但各阶段的波动较为明显，宁夏的百度搜索量较小，在各阶段的表现并不突出。

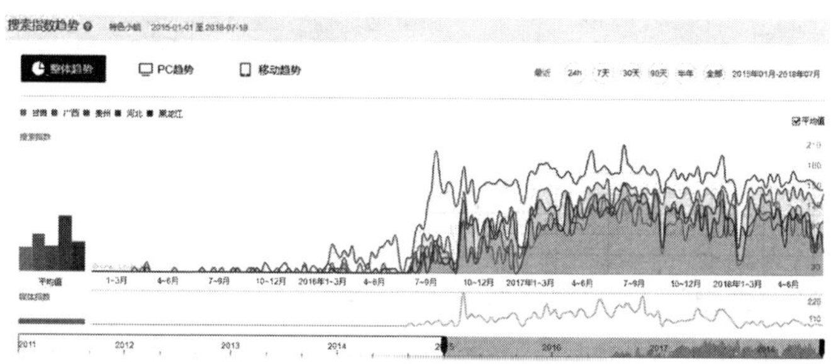

图 7　甘肃 - 广西 - 贵州 - 河北 - 黑龙江百度搜索指数

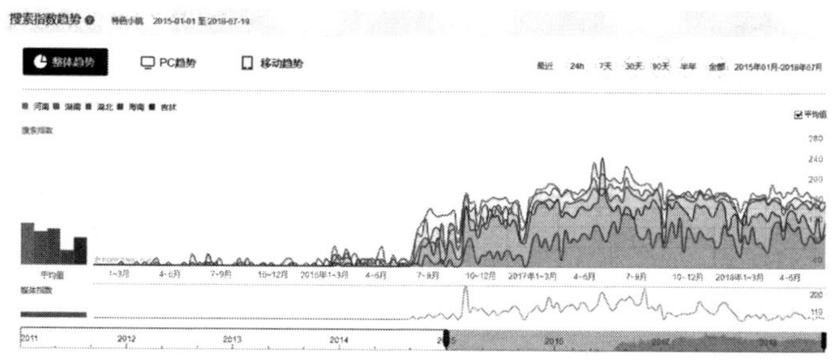

图 8　河南 - 湖南 - 湖北 - 海南 - 吉林百度搜索指数

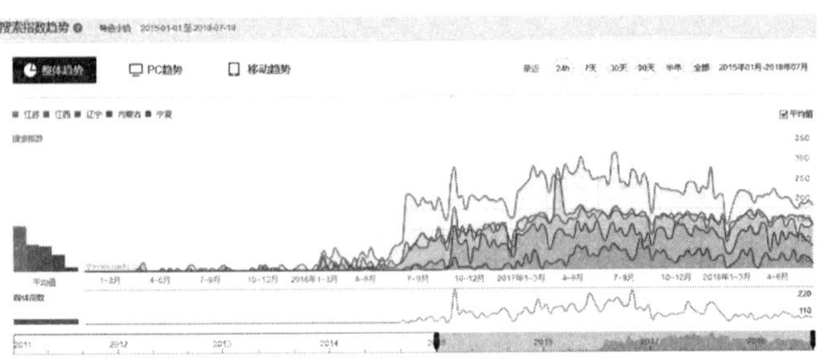

图 9　江苏－江西－辽宁－内蒙古－宁夏百度搜索指数

图 10 显示，除青海外，上海、四川、山东和山西针对特色小镇的百度搜索量较为接近，并且图形直观显示，这四个地区针对特色小镇的百度搜索变化趋势基本一致。

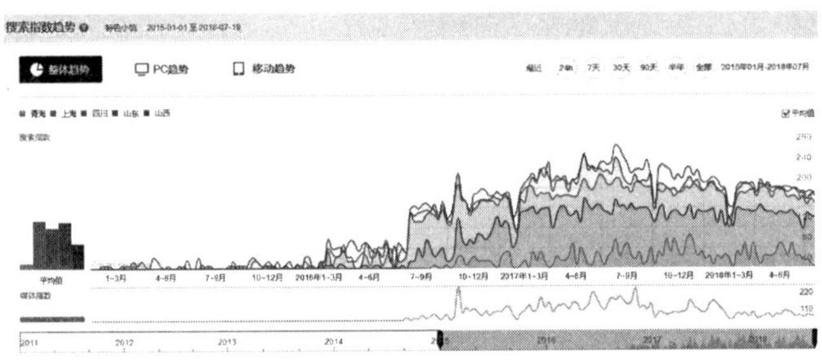

图 10　青海－上海－四川－山东－山西百度搜索指数

图 11 显示，陕西、天津、新疆和云南针对特色小镇的百度搜索量在各个阶段的变化较大，尤其是陕西的起伏较为明显，体现出对这几个地区特色小镇的关注度不稳定。西藏针对特色小镇的百度搜索量最小，很少有对西

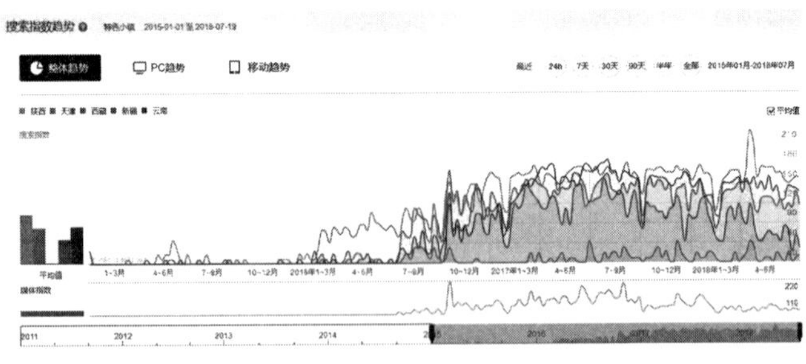

图 11　陕西－天津－西藏－新疆－云南百度搜索指数

藏特色小镇的关注。

图 12 显示，浙江针对特色小镇的百度搜索量呈较为平稳地增长态势，从 2016 年 7 月起基本趋于稳定，其峰值主要出现在 2017 年 6 月。

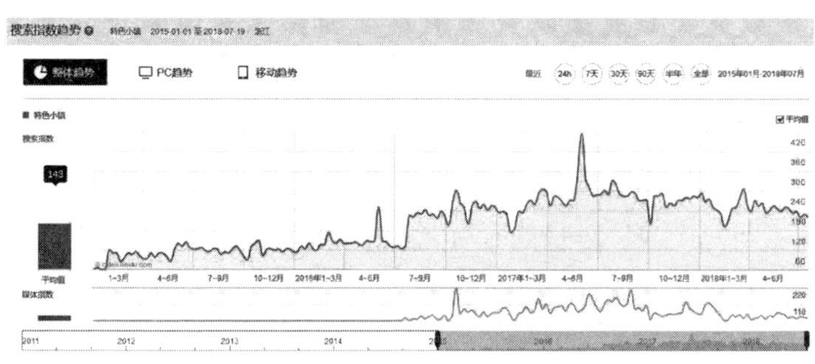

图 12　浙江百度搜索指数

对比图 6 至图 12 可知：首先，仅有浙江从 2015 年开始针对特色小镇有较为明显的搜索量，其余省（自治区、直辖市）均不明显，这种现象的出现，与浙江针对特色小镇的发文较早且较密集有关。2015 年，浙江已发布了 5 个省级层面的特色小镇专项政策，如《浙江省人民政府关于加快特色小镇规划建设的指导意见》（浙政发〔2015〕8 号）、《关于推进电子商务特色小镇创建工作的通知》（浙电商办〔2015〕6 号）、《关于开展特色小镇规划建设统计监测工作的通知》（浙特镇办〔2015〕7 号）、《关于金融支持浙江省特色小镇建设的指导意见》（杭银发〔2015〕207 号）和《浙江省特色小镇建成旅游景区的指导意见》（浙旅政法〔2015〕216 号）。不仅如此，浙江还在 2015 年率先公布第一批省级特色小镇创建名单，共 37 个，指出在今后工作中分期分批公布省级特色小镇创建对象、省级特色小镇培育对象、市级特色小镇创建对象三个层次的名单，在全省形成梯度培育、上下联动、滚动推进的特色小镇创建格局。其余省（自治区、直辖市）的特色小镇专项政策和省级特色小镇名单，基本是在住建部、发改委和财政部三部委联合下发的建村〔2016〕147 号文件之后才陆续发布。其次，从 2015 年开始，各省（自治区、直辖市）针对特色小镇的搜索量整体呈现动态的 M 型增长态势，多数峰值出现在2017年，2018年开始逐渐趋于稳定。

进一步地，统计全国31个省（自治区、直辖市）百度搜索指数平均值，其搜索指数均值由高至低分别为：北京（163）、浙江（143）、广东（126）、江苏（116）、上海（98）、山东（95）、河北（84）、河南（84）、四川（84）、陕西（77）、安徽（76）、湖北（74）、福建（73）、江西（70）、湖南（68）、辽宁（67）、云南（58）、广西（58）、天津（57）、重庆（57）、吉林（56）、山西（54）、黑龙江（46）、内蒙古（44）、贵州（40）、新疆（39）、甘肃（37）海南（29）、宁夏（14）、青海（12）、西藏（3）（见图13）。

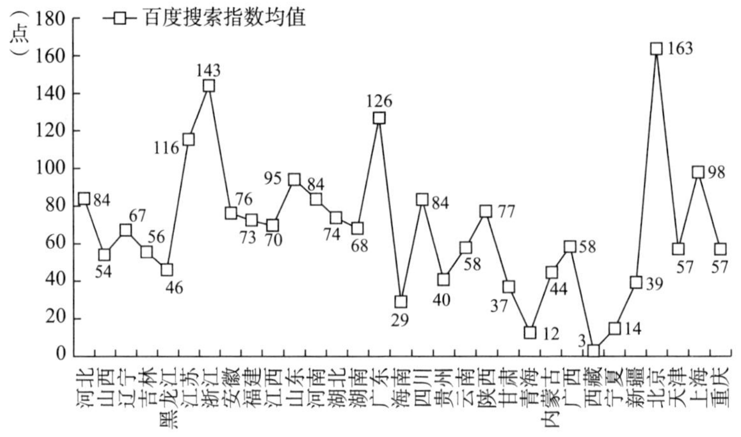

图13　百度搜索指数均值

31个省（自治区、直辖市）百度搜索指数均值结果整体反映出：市场对不同区域特色小镇的关注程度及偏好程度，基本与区域经济发达程度、特色小镇数量及发展程度呈正相关关系。

（五）特色小镇影响力指数

特色小镇影响力主要指媒体对特色小镇传播的广度与深度，而报纸是特色小镇传播的一种重要载体，是人们了解与接受特色小镇相关信息的主要媒体，具有传递及时、信息量大、发行面广、覆盖面宽等特点，新闻报道为特色小镇影响力的分析提供了信息源，研究重要报纸媒体有关特色小镇新闻报道数量（篇数）及内容量（字数），可以测评特色小镇影响力。一般来说，特色小镇影响力与报道数量和内容量呈正向关系，即篇数和字数越多，则影响力越大。具体而言：对特色小镇某一时间段 t 的报道文本篇数 Nr 和字数 Wr 为衡量因子，衡量其在该时间段的影响力。其计算公式为：

$$Iii_t = (Nr_t / Nr_a + Wr_t / Wr_a) / 2 \quad (1.1)$$

说明：Iii_t为任一时间段 t 的影响力，Nr_t为 t 时段各省（自治区、直辖市）的报道篇数，Nr_t为 t 时段的全部报道篇数，Wr_t为 t 时段各省（自治区、直辖市）的报道字数，Wr_a为 t 时段的全部报道字数。

INFOBANK 数据库群拥有 14 个专业数据库，资讯总量超过 100 亿汉字，已经成为全球最大的中文商业数据库之一，而使用量最高的两大数据库分别为中国经济新闻库和中国商业报告数据库。其中，中国经济新闻库，由中国内地权威平面媒体和互联网网站等近千家新闻机构发布的各类新闻报道组成，以消息报道为主；中国商业报告数据库，收录了经济专家及学者关于中国宏观经济、金融、市场、行业等的分析研究文献及政府部门颁布的各项年度报告全文，为用户的商业研究提供宝贵意见。对这两大数据库所收录的所有媒体报道等文章进行统计，以“特色小镇”为标题检索词，逻辑关系选择“全部字词命中”，其他选项默认，进行检索，剔除重复报道的文章，得到特色小镇新闻报道文本篇数和字数（见表 4）。从表 4 可知，中国经济新闻库直接以“特色小镇”为标题的新闻报道文本共 808 篇，字数共 691843 字，中国商业报告数据库的新闻报道文本共 145 篇，字数共 422478 字，两大数据库的新闻报道文本共 953 篇，字数共 1114321 字。最早的一篇文本为 2003 年 7 月 10 日，来自中国经济新闻库的《青海日报》“青海化隆县出台优惠政策利用社会闲散资金建成特色小镇——公伯峡集镇”，在 2015 年以前，以“特色小镇”为标题的新闻报道文本极少，仅 10 篇，2015 年开始迅速增长，至 2017 年达到峰值（见图 14），两大数据库的新闻报道文本高达 570 篇，其增长趋势与百度搜索指数的“多数峰值出现在 2017 年，2018 年开始逐渐趋于稳定”明显吻合。

表 4　两大数据库特色小镇文本篇数和字数

个＼篇	中国经济新闻库	中国商业报告数据库	合计
篇数（Nr_a）	808	145	953
字数（Wr_a）	691843	422478	1114321

资料来源：根据 INFOBANK 高校财经（http://www.bjinfobank.com/）整理计算。

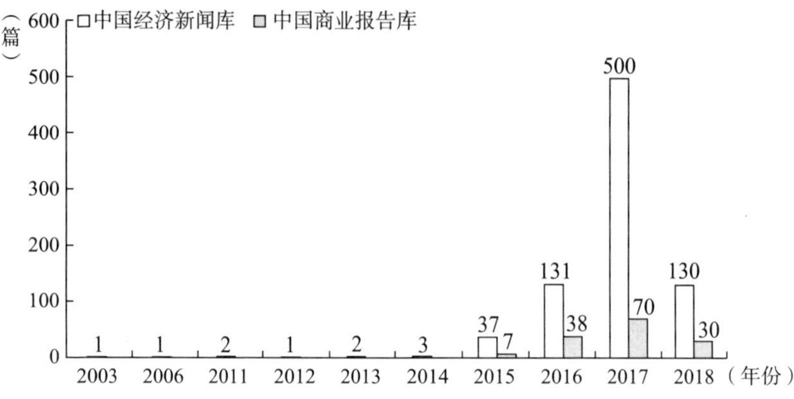

图 14　两大数据库特色小镇的文本分布

说明：检索时间为 2018 年 9 月 4 日，因此 2018 年的特色小镇文本数量不全。

在上述查询结果中进一步检索全国 31 个省（自治区、直辖市）的文本篇数和字数，运用公式（1.1），分别计算 31 个省（自治区、直辖市）特色小镇的影响力指数 Iii_t（见表 5）。

表 5　各省（自治区、直辖市）特色小镇的影响力指数

省（区、市）	篇数（Nr_t）	字数（wr_t）	影响力（Iii_t）	排名	省（区、市）	篇数（Nr_t）	字数（wr_t）	影响力（Iii_t）	排名
河北	32	32983	0.03159	5	四川	13	12099	0.01225	14
山西	3	2610	0.00275	26	贵州	2	3161	0.00247	27
辽宁	13	14927	0.01352	12	云南	20	14275	0.01690	8
吉林	6	5491	0.00561	21	陕西	2	2733	0.00228	28
黑龙江	2	557	0.00130	31	甘肃	4	2383	0.00317	22
江苏	79	64439	0.07036	3	青海	2	1480	0.00171	29

续表

省（区、市）	篇数（Nr_t）	字数（wr_t）	影响力（Iii_t）	排名	省（区、市）	篇数（Nr_t）	字数（wr_t）	影响力（Iii_t）	排名
浙江	163	191366	0.17139	1	内蒙古	3	2779	0.00282	25
安徽	9	9431	0.00895	18	广西	15	11336	0.01296	13
福建	18	14579	0.01599	10	西藏	3	3138	0.00298	24
江西	16	15393	0.01530	11	宁夏	2	988	0.00149	30
山东	31	42569	0.03537	4	新疆	7	6364	0.00653	20
河南	10	9455	0.00949	17	北京	28	26583	0.02662	6
湖北	18	17334	0.01722	7	天津	4	2040	0.00301	23
湖南	11	9605	0.01008	16	上海	13	22047	0.01671	9
广东	78	87492	0.08018	2	重庆	7	6833	0.00674	19
海南	13	10848	0.01169	15					

测评结果显示，特色小镇影响力由大到小依次为：浙江、广东、江苏、山东、河北、北京、湖北、云南、上海、福建、江西、辽宁、广西、四川、海南、湖南、河南、安徽、重庆、新疆、吉林、甘肃、天津、西藏、内蒙古、山西、贵州、陕西、青海、宁夏、黑龙江。其中，浙江特色小镇的影响力具有极大的领先优势，其新闻报道篇数及字数均遥遥领先于其他省（自治区、直辖市），其影响力指数亦高达 0.17139，与排名第二位的广东（0.08018）拉开明显差距。对比发现，特色小镇影响力排名前 10 的省（自治区、直辖市），除湖北、云南和福建外，其余省（自治区、直辖市）都位于百度搜索指数前 10 中，两者具有较好一致性。

（六）特色小镇主要类型

特色小镇的类型主要根据小镇主导产业进行分类，此外，极少数特色小镇通过小镇地理位置、资源特色、历史文化风貌等进行分类。通过收集全国 31 个省（自治区、直辖市）所公开发布的省级特色小镇，共 1055 个，进一步分析可知，除吉林、四川、西藏和黑龙江为行政建制镇外，余下的 27 个省（自治区、直辖市）并非行政建制镇，而是依据小镇主导产业进行命名的真正意义上的“特色小镇”。如浙江的上城玉皇山南基金小镇、江干丁兰智慧小镇、桐庐健康小镇、临安云制造小镇、梅山海洋金融小镇；安徽的合巢经开区三瓜公社电商小镇、包河区滨湖金融小镇、无为县高沟电缆小镇、徽州区西溪南创意小镇、霍山县上土市温泉小镇；广东的龙华大浪时尚创意小镇、平沙影视文化小镇、龙湖外砂潮织小镇、阳东新洲地热小镇、饶平钱东潮商文化小镇等。将上述27个省（自治区、直辖市）所公布的省级特色小镇名称进行汇总，并转化为文本文档格式，共8611字。通过ROST CM 6.0进行分词，过滤与研究目的关联较小的高频特征词，将冠词、代词、介词等无关词汇置于过滤词表filter. txt中，紧接着进行词频分析，提取词频不小于3的高频特征词，最终获得特色小镇高频特征词表（见表6）。

表6　“特色小镇”高频特征词

高频词	词频	高频词	词频	高频词	词频	高频词	词频	高频词	词频	高频词	词频
小镇	890	智慧	14	金融	10	能源	6	滨江	4	创业	3
旅游	86	智造	13	艺术	9	基金	6	康养	4	创新	3
文化	46	生态	13	度假	9	生态旅游	6	冰雪	4	田园	3
特色	39	温泉	12	航空	8	绿色	5	养老	4	牡丹	3
农业	38	互联网	12	滨海	8	陶瓷	5	环保	4	眼镜	3
热带	28	运动	11	古城	7	水乡	5	食品	4	普洱茶	3
休闲	23	汽车	11	黎苗	7	影视	5	经济	4	生命	3
健康	20	物流	11	渔业	7	海洋	5	足球	4	芳香	3
风情	19	时尚	10	制造	7	红色	5	动力	3	光伏	3
古镇	18	创意	10	商贸	7	平湖	5	甜蜜	3	丝路	3
智能	18	科技	10	家居	6	装备	5	玩具	3	民俗	3
养生	14	文化旅游	10	现代	6	工业	5	森林	3	红木	3

从表6可知，除“小镇”、“古镇”和“特色”这3个高频词外，其余的词均可以直接或间接地反映小镇主导产业。其中，“旅游”词频高达86个，在词频上远高于其他高频词，体现出特色小镇中以旅游为主导产业的小镇居多。进一步地，基于“特色小镇”高频特征词自身语义，结合这些

词所在特色小镇主要特征，深入分析这些词内在联系，通过代表性高频词归纳出8大类特色小镇，分别为文化旅游类特色小镇、历史民俗类特色小镇、农林渔业类特色小镇、休闲度养类特色小镇、高端制造类特色小镇、商贸信息类特色小镇、创意创新类特色小镇和体育竞技类特色小镇（见表7）。

表7　特色小镇主要类型

特色小镇类型	代表性高频词	类型简介	代表性特色小镇
文化旅游类特色小镇	旅游、文化、文化旅游、红色、生态旅游	文化旅游类特色小镇的核心是以旅游者的需求而进行文化创意体验开发。文化是旅游产业的灵魂，是旅游产业发展的重要资本，旅游产业是文化传播的重要载体	平山县西柏坡红色旅游小镇、山海关古御道明清文化旅游小镇、梅县雁洋文化旅游小镇、历城区西营生态旅游小镇、开平赤坎华侨文化旅游小镇
历史民俗类特色小镇	风情、艺术、黎苗、古城、水乡、丝路、民俗	历史民俗类特色小镇以历史传统和民俗风情为独特卖点，往往位于少数民族地区、偏远山区，是保护民族文化遗产、保持民族文化传承与延续、推进民族地区脱贫的重要发展模式	陇川民族风情小镇、麦积区甘泉民俗风情小镇、橄榄坝傣族水乡、黎苗文化小镇、武清区东浦洼欧式风情小镇
农林渔业类特色小镇	农业、热带、渔业、海洋、平湖、牡丹、普洱茶、芳香、森林	农林渔业类特色小镇植根自然资源，尤其适合中西部经济欠发达地区，以农、林、渔业为本，具有独特的功能表现和形成机理，是推动区域第一、第二、第三产业融合发展、促进农、林、渔业现代化发展的最佳选择	曲周循环农业示范小镇、热带特色农业旅游小镇、定海远洋渔业小镇、弥勒太平湖森林小镇、思茅普洱茶小镇
休闲度养类特色小镇	休闲、健康、养生、生态、温泉、度假、滨海、绿色、滨江、康养、冰雪、养老、甜蜜、田园、生命	休闲度养类小镇主要是将休闲、度假、养生养老相结合的一种高品质的产品，特别适合当前年轻人生活节奏快和环境污染明显所造成的亚健康身体和精神状态，也满足时下中国老龄化社会发展形势，通过健康、休闲养生、中医疗养来达到身体、心理和工作、生活的平衡	莆田妈祖国际医疗健康小镇、康县阳坝生态度假小镇、临邑县德平孝德康养古镇、健康养老休闲小镇、瓯海生命健康小镇
高端制造类特色小镇	智能、智慧、科技、智造、汽车、航空、现代、环保、制造、能源、装备、工业、动力、光伏	高端制造类特色小镇主要依托高新技术产业园区，以高端产业为主导，以项目为载体，以高科技技术为支撑，形成产业基础好、技术水平高、产业功能全、生活配套佳的特色小镇，是中国实现产业结构升级、空间结构优化的重要抓手	宁海智能汽车小镇、海陵智慧动力小镇、智能环保装备制造小镇、台州无人机航空小镇、平湖光机电智造小镇

续表

特色小镇类型	代表性高频词	类型简介	代表性特色小镇
商贸信息类特色小镇	互联网、金融、商贸、家居、物流、基金、陶瓷、经济、食品、眼镜、红木、玩具	商贸信息类特色小镇主要是以城乡一商贸一体化发展为目标，以现代流通技术为手段，尤其是依托互联网信息科学技术，通过商业贸易流通与当地特色产业、传统产业、优势产业和特色文化的融合发展，打造以贸促产、产贸结合的特色小镇	西湖西溪谷互联网金融小镇、商贸物流小镇、上城玉皇山南基金小镇、萧山信息港小镇、白沟特色商贸小镇
创意创新类特色小镇	时尚、创意、影视、创业、创新	创意创新类特色小镇以现代化的创意创新为指引，结合现代城镇的时尚特点、流行思潮、文艺氛围、小资情结，注重特色文化、创新产品、创新产业、创意景观、创造品牌于一体的创新创意空间	余杭艺尚小镇、滨江创意小镇、闽侯海丝时尚居艺小镇、龙华大浪时尚创意小镇、东平县老湖水浒影视小镇
体育竞技类特色小镇	运动、足球	体育竞技类特色小镇以全民运动、全民健身的时代需求为背景，以特色体育竞技文化为灵魂，注重体育用品制造业、体育旅游业以及体育其他产业协同发展，将当地的体育特色融入小镇的建设中去	晋江深沪体育小镇、大余县丫山运动小镇、昭通大山包极限运动小镇、霸州市足球运动小镇、沾化区富国国际足球运动小镇

二　特色小镇发展主要问题

（一）国家部委局行政策文件牵头机构较多，部分标准不统一

国家部委局有关特色小镇的专项政策，涉及国家发展和改革委员会、财政部、住房和城乡建设部、中国农业发展银行、国家开发银行、中国光大银行、中国企业联合会、中国企业家协会、中国城镇化促进会、国家体育总局、农业部、国家林业局、国土资源部、环境保护部等单位，尤其是部分政策由多单位联合发文，容易出现主管主体不清晰、权责不明确等问题。在实际申报过程中，有的省（自治区、直辖市）是发展和改革委员会（局）进行牵头，有的是住房和城乡建设厅（局）在牵头，还有旅游委（局）、体育委（局）、林业委（局）等不同单位各自牵头。此外，部分政

策前后界定不清晰，容易引发歧义，存在的主要问题如表8所示。

表8　部分政策存在的主要问题

<table>
<tr><th>序号</th><th>文号</th><th>文件表述</th><th>存在的主要问题</th></tr>
<tr><td>1</td><td>建村〔2016〕147号</td><td>到2020年，培育1000个左右各具特色、富有活力的休闲旅游、商贸物流、现代制造、教育科技、传统文化、美丽宜居等的特色小镇</td><td>前半部分的“休闲旅游、商贸物流、现代制造”主要是对所创建小镇主导产业的引导，而后半部分的“教育科技、传统文化、美丽宜居”主要针对所创建小镇的整体要求，将两者并行一起，在逻辑结构上并不是很合理。此外，还容易引发各省（自治区、直辖市）误以为所上报的特色小镇应以这几种类型为主，导致一些战略新兴产业、传统产业及具有其他特色资源优势和发展潜力的小镇无法入选，实际上，第一批和第二批中国特色小镇亦以休闲旅游类型居多</td></tr>
<tr><td rowspan="2">2</td><td>发改规划〔2016〕2125号</td><td>鼓励有条件的小城镇按照不低于3A级景区的标准规划建设特色旅游景区，将美丽资源转化为“美丽经济”</td><td rowspan="2">前后两份文件对旅游在特色小镇中的地位与作用界定不够清晰</td></tr>
<tr><td>建办村函〔2017〕357号</td><td>以旅游文化产业为主导的特色小镇推荐比例不超过1/3”</td></tr>
<tr><td rowspan="2">3</td><td>建村〔2016〕147号</td><td>特色小镇原则上为建制镇（县城关镇除外）</td><td rowspan="2">前一份文件要求所推荐的特色小镇为建制镇，而后份文件则指出特色小镇不同于行政建制镇。实际上，除推荐上来的第一批和第二批中国特色小镇为建制镇外，省（自治区、直辖市）级的特色小镇多数为非建制镇</td></tr>
<tr><td>发改规划〔2016〕2125号</td><td>“特色小（城）镇包括特色小镇、小城镇两种形态。特色小镇主要指聚焦特色产业和新兴产业，集聚发展要素，不同于行政建制镇和产业园区的创新创业平台</td></tr>
<tr><td rowspan="4">4</td><td>建村〔2016〕147号</td><td>优先选择全国重点镇</td><td rowspan="4">建村〔2016〕147号作为首份国家层面的特色小镇专项政策，要求优先选择全国重点镇。全国重点镇是镇域规模较大、人口较多、经济较发达、配套设施较完善的镇。然而县政府驻地镇往往为全国重点镇，且接下来的三份政策文件，尤其在专项资金的支持上，偏向于经济欠发达的特色小镇。第一份政策与后三份政策在指导上存在矛盾</td></tr>
<tr><td>建办村函〔2017〕357号</td><td>县政府驻地镇不推荐</td></tr>
<tr><td>建村〔2016〕220号</td><td>优先支持贫困地区</td></tr>
<tr><td>发改规划〔2017〕102号</td><td>支持特色小（城）镇脱贫攻坚</td></tr>
</table>

（二）省（自治区、直辖市）未形成特色小镇专项政策体系

对各省（自治区、直辖市）级特色小镇专项政策分析可知，个别省十分重视特色小镇的创建与培育，如浙江分门别类地制定各项政策支持与指导特色小镇发展，除了常规性地制定特色小镇规划建设的指导意见和公布特色小镇创建名单外，还分别制定了“电子商务特色小镇创建工作的通知”、“特色小镇建成旅游景区的指导意见”、“高新技术主导特色小镇的实施意见”、“推进特色小镇文化建设的若干意见”等专项规划，形成相对具体详细的系列政策体系。在思想认识上，能够将特色小镇的建设作为浙江省委省政府的“重大决策”，既是谋划重大项目、招商引资与扩大投资的重要手段，也是促使传统产业转型升级、形成区域新经济增长点的重要抓手。然而多数省（自治区、直辖市）对特色小镇的创建与培育重视程度较为一般，突出表现在仅发布了特色小镇建设的指导意见及公布特色小镇创建名单，如新疆、山西、吉林、黑龙江、江西、河南、湖南、四川、贵州、陕西、青海、内蒙古、西藏等，所发布的指导意见主要是对国家层面指导意见的要点复述，未能够针对本省（自治区、直辖市）的发展情况，有针对性地在建设目标、实施步骤、建设时序、创建要求、成果效益、保障措施等方面予以指引，部分省（自治区、直辖市）所上报的特色小镇主要依靠行政命令，由政府提名安排，发布相关政策，规定特色小镇创建时间、数量及规模等硬性规定与表层要求，缺乏内在的创建评选标准。特别是至今尚未有省（自治区、直辖市）制定特色小镇监督考核机制与动态淘汰机制，导致个别地方出现特色小镇的“运动化”评选、“任务式”推广与“粗放式”发展，容易出现特色小镇无特色或夸大与伪造特色等不良现象。

（三）省（自治区、直辖市）对特色小镇创建理解不透彻

在国家层面针对特色小镇专项政策推出以后，各省（自治区、直辖市）在创建特色小镇进程中，取得了一些成效，积累了一定的经验，涌现出一批产业特色鲜明、要素集聚、宜居宜业、富有活力的特色小镇。但在推进

过程中，也出现了诸多问题，如由于未能透彻理解特色小镇的内涵与创建要求，部分地区把特色小镇等同于一般的小城镇建设，在几十至上百平方公里的空间范围内推进建设，造成资源浪费、特色不显、盲目扩张等问题；部分地区则把特色小镇等同于综合性项目，只注重单一功能、关注单一目的，而忽视了“城”、“居”、“游”等综合功能。正是认识到这些问题的存在，国家层面先后发布发改规划〔2016〕2125 号文件和发改规划〔2017〕2084 号文件，这两份文件都是指导意见，均开门见山地指出特色小镇与特色小城镇的区别，特别是发改规划〔2017〕2084 号文件，除再次重申特色小镇的意义外，还进一步明确特色小镇的内涵，即要立足产业“特而强”、功能“聚而合”、形态“小而美”、机制“新而活”，提出不能把特色小镇当成“筐”，什么都往里装，不能盲目把产业园区、旅游景区、体育基地、美丽乡村、田园综合体以及行政建制镇戴上特色小镇“帽子”。

（四）省（自治区、直辖市）级特色小镇组织机构不完善

特色小镇的申报、实施、创建、考核等工作，需要有一套强有力的组织机构体系。从目前各省（自治区、直辖市）实施历程来看，主要存在以下四种形式。第一，在省发改委下成立特色小镇办公室，如浙江省特色小镇规划建设工作联席会议办公室、安徽省特色小镇建设领导小组办公室、云南省特色小镇建设协调领导小组办公室等。第二，实行特色小镇规划创建工作联席会议制度，如广东省特色小镇建设工作联席会议制度、河北省特色小镇规划创建工作联席会议制度、海南特色产业小镇产业发展和建设工作联席会议制度。第三，两种形式的结合，如浙江不仅成立了特色小镇规划建设工作联席会议办公室，还建立了特色小镇规划建设工作联席会议制度。第四，无正式的与特色小镇直接相关的组织机构。四种形式在实际实施过程中，以第二种形式居多，其次是第一种形式，继而是第四和第三种形式。而联席会议制度形式通常是由各级联席会议安排一名党政领导，作为联席会议正副召集人，其他相关部门作为组成单位，由发改部门办公室统筹，负责日常组织协调工作，但并非专门的政府常设机构编制，也没

有安排一套专职管理人员，由于组织与人员均为临时兼管兼职，联席会议议事完后缺少专门机构、专职人员全身心地监督管理。如河北省建立省级特色小镇规划建设工作联席会议制度，省委副书记担任召集人，省政府常务副省长担任副召集人，省委宣传部、省农工办、省发展改革委、省科技厅、省财政厅、省国土资源厅、省环境保护厅、省住房城乡建设厅、省交通运输厅、省工业和信息化厅、省林业厅、省商务厅、省文化厅、省旅游发展委、省金融办、省统计局、省通信管理局等单位负责同志为成员，联席会议办公室设在省发展改革委，负责联席会议日常工作。这种兼而不专的组织形式及运作模式，在一定程度上不利于特色小镇规划、创建、运营管理工作的有效开展，往往成效并不明显。

（五）缺乏科学合理的规划编制

在专家组对第二批全国特色小镇的评审意见中，意见最为集中的是规划编制问题，如尽快修编规划，提升编制质量；尽快修编小镇规划，统筹规划产业发展和小镇建设；尽快修编规划，科学指导特色小镇发展；提高规划编制质量，避免照搬城市模式；加强规划引导，提升小镇空间特色和整体风貌，等等。各个省（自治区、直辖市）在要求参评特色小镇所提交的申报材料中，主要有两种情况：第一，仅要求特色小镇的规划方案（总体发展思路）；第二，不仅要求特色小镇的规划方案，还要提供主导产业研究报告。这两种情况存在的问题突出表现为：第一种情况主要是建制镇的规划思路，只见镇不见特色产业；第二种情况往往是镇的创建与主导产业的发展没能够衔接好。同时，两种情况共同的问题是规划方案为概念性规划，注重宏观上的全局性谋划与设想，在微观层面（具体操作层面）具有不确定性和模糊性。此外，在规划方案的评选上，采取流于形式的规划评审会，没能够合理地监管与评价规划方案的合理性与科学性，导致不少规划含金量不高，规划无法指导小镇的后续建设。

（六）脱离地方实际的盲目跟风

一方面，近三年内，国家相关部委局行针对特色小镇专项发文十几项，对特色小镇创建极为重视，特别是建村〔2016〕147 号文件，指出到 2020 年，培育 1000 个左右国家级特色小镇，相当于在中国 661 个城市中，平均每个城市要建 1.5 个国家级特色小镇。另一方面，以浙江云栖小镇、梦想小镇、乌镇互联网小镇、越城黄酒小镇等为代表的一批特色小镇，已成为各地产业结构升级，城、镇、乡融合发展的仿效范例，成为发改规划〔2016〕2125 号文件所着力推崇的浙江特色小镇发展模式与发改规划〔2017〕2084 号文件所渲染的浙江特色小镇经验。在国家政策指引及浙江特色小镇示范下，一些产业基础较薄弱、产业特色不突出的省（自治区、直辖市）也掀起特色小镇申报创建与模仿热潮，不少省份纷纷规定培育特色小镇的数量。如有的省份提出通过 3 年左右的时间培育 30 个左右国级特色小镇，建设 100 个左右省级特色小镇，建设 200 个左右市级特色小镇。这些省份往往未能充分认识到不同区域的现实基础及发展水平差异较大，出现了“一哄而上”的特色小镇热，使不同区域热衷于在攀比特色小镇发展数量、追求获得各类政策红利、短时制造轰动效应上做文章，少数地方甚至演变成为新时期“面子工程”的苗头与隐患。有的省份提出要建 100 个特色小镇、100 个文化小镇与 100 个旅游小镇。这些不同类型的小镇往往存在交叉重叠、重复申报与同质化现象比较严重。

（七）地方政府建设动机不纯不正

国家对特色小镇创建的初衷，是将特色小镇作为推进供给侧结构性改革的重要平台、深入推进新型城镇化的重要抓手，从而实现推动经济转型升级和发展动能转换、促进大中小城市和小城镇协调发展、促进城乡发展一体化。对特色小镇创建的设想，是基于已有一定根基沉淀、资源依托、发展潜力、能形成一定产业规模的小镇，通过政府职能部门的适当引导与优化，建成可持续发展的特色小镇。然而，部分地方政府将特色小镇作为融资平台，通过获得特色小镇称号，获取政策基金支持小镇基础设施建设，能够招商引资获得外来资本投资，从而扩大当地固定资产规模，提升当地GDP增长速率，在地方政绩考核中脱颖而出。部分地方政府未能立足当地实际而因地制宜，在未充分调研小镇资源、未明确小镇发展方向的情况下，采取先建设好小镇再发展产业的“筑巢引凤”思想，尤其是部分房地产商以“筑巢”为名大兴房地产开发，不仅无法确保能够成功“引凤”，还容易出现“假小镇真地产”的现象。

（八）传统文化与遗产保护不够

特色小镇的特色，一方面体现在特色产业上，另一方面凸显在镇区风貌上。在专家组对第二批全国特色小镇的评审意见中，意见比较突出的是传统文化遗产保护问题，如加强传统文化保护，打造特色文化的空间载体；镇区风貌整治应延续传统风格；注重传统文化保护和传承，弘扬中国文化和江南水乡文化；建筑风格应保持和延续本土文化传统，不盲目搬袭外来文化；挖掘地方传统文化元素，塑造镇区风貌特色，等等。各个省（自治区、直辖市）在要求参评特色小镇所提交的申报材料中，部分小镇在规划时未能与地形地貌有机结合，未能保持原有肌理、延续传统小镇风貌，未能顺应当地人口集聚和生产生活需要，而是采取对老镇区、老街区、老民居进行大拆大建，将原有居民整体迁出，进而兴建高楼大厦，导致小镇原本具有历史特色的城镇风貌逐渐遗失。特别在一些历史文化名镇古镇上，有些原本是拥有江南水乡、田园风光特色的江南小镇，有些原本是充满大气威严、历史古韵的北方古镇，却搬来外国洋房别墅的建筑风格与装饰外观，整体建筑式样与镇区风貌格格不入。

三　特色小镇发展主要对策

（一）完善相关政策法规，形成专项政策体系

特色小镇创建内容多、涉及面广，各级政府部门除常规性发布特色小

镇建设的指导意见及公布特色小镇创建名单外，还应该逐步制定专项政策，配套实施方案或实施细则，形成完整的政策体系，确保特色小镇从评选、运作、实施、保障、奖惩、退出等一系列环节中有文件可指引、有政策可支持、有法规可保障、有制度可规范。如制定保护历史文化名镇古镇的政策法规，为传承地方历史记忆、传播特定传统文化、保护古镇独特地域风貌等建立保障机制；制订主导产业发展的专项政策，从而规范招商引资，吸引私营企业投资，通过融资、税收等多方面完善政策规定，激发、鼓励企业进行自主创新、加大技术创新方面的投入，为发展该主导产业提供支持；制定特色小镇发展的金融专项政策，从而健全投资、融资和筹资机制，为当地政府、银行、企业、个人等特色小镇创建主体提供支持，特别是通过风险补偿政策、信用担保政策、PPP融资政策等创新金融政策体系，为企业融筹资提供便利，降低各方主体参与特色小镇建设的风险与顾虑；制订创建某一类型特色小镇的政策方案，如文旅特色小镇建设方案、历史民俗特色小镇建设方案、休闲度养特色小镇建设方案、高端制造特色小镇建设方案、体育竞技特色小镇建设方案等；制订特色小镇评选方案，提供特色小镇评价参考标准，规范参评小镇所提交的资料文件；制订特色小镇监督考核与动态淘汰政策方案，分期如季度考核与年度考核相结合，分级别如警告、降格和淘汰等不同类型，从而取消一次性命名制，实现特色小镇优胜劣汰。

（二）逐级强化对特色小镇创建的理解

国家部委局对应省（自治区、直辖市）级相关政府职能部门、省（自治区、直辖市）级对应市级相关政府职能部门、市级对应县级相关政府职能部门、县级对应镇级相关政府职能部门，环环相扣，逐级开展特色小镇创建相关政策的解读与培训，注重对特色小镇创建的指导思想、基本原则、培育要求、目的意义、组织领导、支持政策等方面的传播，特别是对目前容易将特色小镇与特色小城镇、产业园区、旅游景区、美丽乡村、田园综合体等混淆的相关概念进行剖析，让各级政府相关职能部门深刻把握特色小镇内涵特质，认识到特色小镇是“非镇（行政建制镇）非区（产业园区）”的“产城人文深度融合”的创新创业平台，把握特色小镇的创建要立足产业“特而强”、功能“聚而合”、形态“小而美”、机制“新而活”的本质要求。强化对相关政策理解的测评与考核，落实责任制，避免走过场及形式主义，确保各级政府职能部门能“吃透”政策，从而用好政策指导特色小镇的实践活动。

（三）提升规划编制质量，科学指导小镇建设

一是确保参评的小镇所提交的材料至少有两份文件：小镇主导产业整体规划和小镇创建方案。其中，产业整体规划侧重从产业发展现状、问题、趋势、总体要求、主要任务、空间主要布局、分区设计、近期发展重点、各期投资估算、发展策略和保障措施等方面开展；创建方案注重从小镇总体概况、基础条件、发展定位与目标、总体空间布局、特色产业发展、基础设施建设、宜居环境营造、体制机制创新、项目投资和建设计划等方面进行。二是注重规划的有序衔接。既包括小镇主导产业整体规划与小镇创建方案的衔接，发挥规划协同效应，也应注重创建方案与城镇总体规划、土地利用总体规划的衔接，以“多规融一”的思想，全方位、立体化及高标准谋划小镇的发展。三是规划编制要正确处理好短期和长期的关系、局部和整体的关系、宏观和微观的关系，注重深入调查研究，凸显重点任务，聚焦重大项目，合理确定各个项目的建设时序。四是规划必须具有科学性、前瞻性、约束性和可操作性，特别要注重传统文化遗产和自然景观资源的保护，强化小镇文脉的发掘和延续，加强小镇特色风貌塑造。五是规划应彰显“特色”，深挖小镇的地域特色、资源特色、文化特色和产业特色，尤其要能够挖掘最有基础、最具潜力、最能成长的特色产业，将原来没有特色的区域改造为新的有产业、有特色的小镇。六是引导多方参与规划、进行全面论证。特色小镇创建涉及主体较多，规划应广泛体现政府、企业、当地居民、规划师的共同意志，汲取多方意见，采取政府组织、专家领衔、多部门合作、社会参与、科学引领的方式，集思广益，完善规划听证制度、

公示制度，力求有效监管与评价规划方案的合理性与科学性，提升规划含金量。

（四）因地制宜，体现区域差异性

特色小镇的发展需要立足自身实际、遵循客观规律、挖掘特色优势、杜绝盲目模仿、因地制宜，体现区域差异性。由于中国幅员辽阔，地域特点差异明显，不同区域的特色小镇发展倾向应有所不同：在东部地区，由于经济实力较突出、交通较便利、产业基础较雄厚、人口较密集、基础配套设施设备及服务理念较完善与先进，可着重引导高端产业、新兴产业、商贸产业、创意创新产业、现代服务产业、信息科技产业等为主导产业的特色小镇发展；在中西部地区，高端与新兴产业基础较薄弱，缺乏相应的产业支撑，产业链不够完备，可依托丰富的自然资源、秀丽的山水田园、厚重的历史沉淀，着重引导文化旅游产业、休闲康养产业、农林渔业产业和历史民俗风情等为主导产业的特色小镇发展。

（五）正确处理政府和市场的关系

特色小镇的创建是一个长期的系统工程，需要政府与企业的深度合作，坚持政府引导、企业主体、市场化运作的创建模式和管理方式。一方面，各级政府应着眼于全局，负责宏观指导和引导，通过在发改委（局）下成立特色小镇办公室，设置专门的管理机构、落实专业的工作人员，将工作重心放在组织规划开展、促使规划引导、强化规划执行，出台促进特色小镇发展的政策体系，营造良好的制度环境，以及加快基础设施与公共服务的完善等方面。特别是要创新投融资体制机制，探索产业基金、PPP（社会资本与政府合作）等投融资模式，活化民间资本以解决特色小镇资金不足的难题，保障小镇建设工作有序推进。另一方面，在发挥政府引导职能的同时，必须充分发挥市场在资源配置中的决定性作用，发挥企业作为特色小镇建设的主力军作用，凸显企业主体地位。每个特色小镇要明确投资建设主体，可以是国有投资公司、民营企业、外资企业或混合所有制企业，充分引导企业有效投资、对标一流、扩大高端供给，激发企业家创造力和人民消费需求，注重国内外行业领先的大企业、大集团的引入，建立重点客商联络机制，以大企业、大集团为核心推进项目建设，鼓励龙头企业独立或牵头打造特色小镇，鼓励采取企业统一规划、统一招商、统一建设的发展模式。

参考文献

戴光全：《重大事件对城市发展及城市旅游的影响研究——以'99 昆明世界园艺博览会为例》，中国旅游出版社，2005。

冯新刚：《国家特色小城镇发展潜力百强评估研究》，《旅游学刊》2018 年第 5 期。

基础理论篇

中国特色小镇研究述评

余构雄*

摘　要： 针对特色小镇的相关文献主要集中于近3年，然鲜见对特色小镇的研究展开述评。文章以来源于核心期刊或CSSCI来源期刊的262篇特色小镇目标文献的关键词为研究对象，采用文献计量法及内容分析法，通过可视化软件引文空间分析（CiteSpace）进行分析，借此展开特色小镇研究述评。结果显示：（1）特色小镇研究热点主要包括基本概念界定、类型划分、特色产业、产生背景、创建周期、典型区域和研究主要目的共7方面；（2）特色小镇现有研究存在重应用研究、轻理论研究，关注研究现象、寻究本质不足，研究内容单薄、未能形成研究体系的问题；（3）未来应着重从加强理论研究、夯实研究基础，重视实证研究、强化研究深度，形成研究体系、丰富研究成果等方面开展研究。

* 余构雄，管理学博士，中山大学旅游学院科研博士后，主要研究方向为文旅小镇创建与发展、旅游空间生产、节事旅游与会展管理。

关键词： 特色小镇 特色小城镇 特色小镇研究

一 引言

20 世纪 80 年代，小城镇发展战略在中国城市建设化中的作用及地位日益凸显，成为中国推进城镇化发展的重要抓手，但当时的重心主要在城市化的研究，较为忽略小城镇。进入 21 世纪初期，以小城镇发展战略为代表的传统城镇化日渐暴露出公共设施不全、公共服务供给不足、吸纳就业能力不强、人居环境不好、生态环境不美和农村“空心化”等问题。迫使由城市化中的小城镇发展战略过渡到关注城镇化中的小城镇合理发展问题，而 2015 年国家新型城镇化中的特色小镇，由于其能够解决好小城镇合理发展问题，对优化中国城镇体系和推进中国城镇化健康发展具有重要的战略意义，迅速获得社会各界的广泛关注。特色小镇概念产生于 2014 年浙江省经济实践，2015 年浙江省已发布了浙政发〔2015〕8 号、浙电商办〔2015〕6 号、浙特镇办〔2015〕7 号和浙旅政法〔2015〕216 号 4 份特色小镇专项政策，而 2016 年由住建部、发改委和财政部联合发布了首个国家层面的特色小镇专项政策《关于开展特色小镇培育工作的通知》（建村〔2016〕147 号），决定在全国范围开展特色小镇培育工作，计划到 2020 年培育 1000 个左右特色小镇，这迅速推动了全国小城镇向特色小（城）镇的转型与创建热潮。不到 3 年时间，已公布了 403 个中国特色小镇，1055 个省级特色小镇，相当于在中国 661 个城市中，平均每个城市已获批 2.2 个国家级和省级特色小镇称号。

与全国各地特色小镇的迅猛创建势头较为一致，学界亦掀起特色小镇研究热潮。基于中国知网（CNKI）对“特色小镇”进行主题检索，获得文献 3274 篇，其中来自核心期刊或 CSSCI 来源期刊的研究文献 262 篇，相关文献主要集中于近 3 年（见表 1）。无疑，针对特色小镇的研究文献，在数量及内容上已形成了较为丰富的研究素材。然而，一方面鲜有梳理特色小镇研究成果的文献，另一方面特色小镇研究成果存在碎片化、系统化不足等问题。因此，有必要对特色小镇研究成果进行系统整理与述评，从而客观呈现特色小镇研究主要热点领域，围绕现有研究成果展开述评，进而提出研究展望，以期为未来特色小镇研究和特色小镇创建的健康发展提供理论参考和实践指引。

二　研究方法及资料来源与处理

（一）研究方法

关键词是能够表征文献主题内容的具有实质意义的词语，是对研究内容、研究视角的高度概括和凝练，对共现关键词的分析能够直观呈现出研究对象的热点领域。对学术论文关键词、共现关键词等的研究来推演学科的热点领域、前沿问题乃至知识体系是近几年来研究工作的常见方法，已应用于各个学科研究中。其中，CiteSpace 软件由于能够对特定数据库中的文献数据进行作者关键词共现分析、标题特征词共现分析等，已在众多研究领域有较多的应用。因此，本文以 CiteSpace 为研究工具，聚焦于共现关键词，结合内容分析，借此探讨特色小镇研究的热点领域。

（二）资料来源

通过中国知网（CNKI），文献类型选择期刊，来源类别选择全部期刊，以“特色小镇”为检索词，进行主题检索，共得到文献 3274 篇，为提高研究文献的学术质量，将来源期刊类别更改为核心期刊或 CSSCI 来源期刊（以下简称 C 刊），进行二次检索，最终得到目标文献 262 篇（见表 1）。

表 1　特色小镇期刊文献分布

全部期刊	年份	2006	2007	2008	2009	2010	2011	2012	2013	2014	2015	2016	2017	2018
	数量	3	3	1	0	5	3	2	11	9	141	494	1561	1041
核心期刊或 C 刊	年份	2006	2007	2008	2009	2010	2011	2012	2013	2014	2015	2016	2017	2018
	数量	0	0	0	0	1	0	0	1	1	1	38	92	128

说明：特色小镇研究文献收集截至 2018 年 9 月 8 日，因此，2018 年文献数量不齐全。

（三）资料处理

通过 CiteSpace 5.3 将所下载目标文献的 Refworks 格式全部进行格式转化，研究对象为 2016～2018 年 258 篇（鉴于软件以年为时间片段，2016 年以前仅 4 篇文献，不纳入分析）特色小镇研究的文献，进行相关参数设置，时区 2016～2018 年，时间跨度 1 年（即每 1 年为一个时间片段），节点类型选择“Keyword”，词源选择“Author Keywords”，数据抽取为 50，选择 Minimum Spanning Tree 算法进行网络修剪，其他选项保持不变。运行后，得到基于关键词所呈现的特色小镇研究热点图谱（见图 1）。其中圆形节点表示所检测到的关键词，节点半径对应该点总出现数，节点年轮颜色表示出现年份，年轮的颜色越偏向暖色，表明其出现的年份越近，年轮厚度与出现频次成正比，节点间连线颜色和粗细表示关联年份及关联度。进一步地，通过软件生成的 network-summary 文件，获得特色小镇研究热点图谱所呈现的共现关键词及词频，共 69 个（见表 2）。

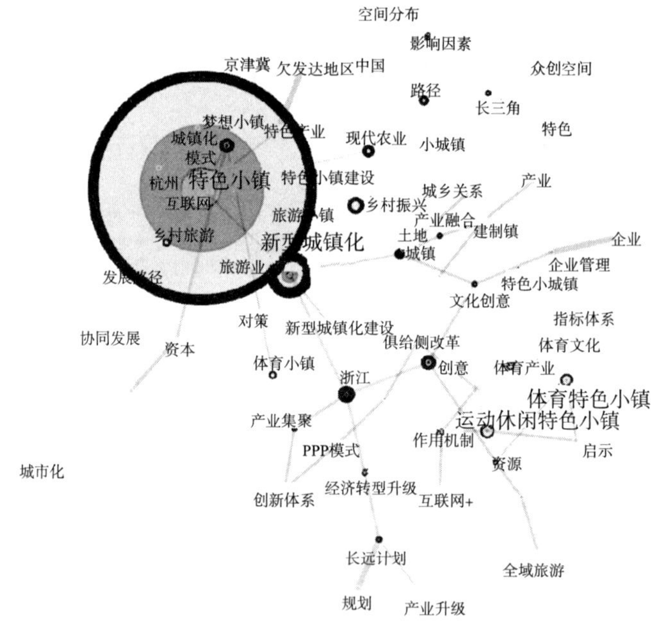

图 1　特色小镇研究热点图谱

表 2　特色小镇研究共现关键词及词频

单位：个

共现关键词	词频	共现关键词	词频	共现关键词	词频
特色小镇	168	规划	3	农业特色小镇	2
新型城镇化	23	路径	3	农村	2
运动休闲特色小镇	10	小城镇	3	长江经济带	2
体育特色小镇	9	资本	3	策略	2
体育经济	8	模式	2	路径选择	2
乡村振兴	7	旅游小镇	2	产业集群	2
城镇化	7	特色小镇建设	2	社会资本	2
创新	7	体育文化	2	互联网 +	2
浙江	7	京津冀	2	经济转型升级	2
产业	5	长三角	2	资源	2
乡村旅游	4	影响因素	2	作用机制	2
体育产业	4	特色	2	企业管理	2
现代农业	4	发展路径	2	城乡关系	2
产业融合	4	杭州	2	创新体系	2
启示	4	空间分布	2	文化创意	2
体育小镇	4	产业集聚	2	梦想小镇	2
PPP 模式	3	建制镇	2	旅游业	2
全域旅游	3	协同发展	2	供给侧改革	2
特色小城镇	3	众创空间	2	对策	2
欠发达地区	3	新型城镇化建设	2	城市化	2
产业升级	3	企业	2	中国	2
长远计划	3	城镇	2	土地	2
特色产业	3	互联网	2	指标体系	2

三　中国特色小镇研究述评

（一）研究主要内容

特色小镇研究热点图谱，其本质是通过共现的关键词，呈现特色小镇在中国的研究热点，进一步地，研究共现关键词自身词义、关键词连线情况、回溯关键词所在载文的具体研究等，认为特色小镇研究热点主要包括七方面。

1. 基本概念界定

基本概念由关键词组“特色小镇、特色小城镇、小城镇、建制镇、城镇”构成。“特色小镇”词频最多，高达 168 个，与其他关键词拉开明显差距，是排名第二关键词词频的 7.3 倍，在 258 篇目标文献中，占篇比高达 65.12%。上述关键词之间具有内在联系：从时间维度来看，小城镇、建制镇和城镇的概念由来已久，其中，建制镇是一个技术性（操作性）定义，主要目的是用于行政等级划分，在没有特别说明的情况下，小城镇和城镇指的是建制镇。建制镇的技术性定义，最早可追溯至 1955 年国务院颁发的《中华人民共和国关于设置市镇建制的决定和标准》，而 1984 年国务院批转民政部《关于调整建制镇标准的报告》，则成为目前对建制镇设置标准最重要的指导文件。小城镇是一个具有学科性的专业术语，较早追溯至 1983 年费孝通先生从社会学视角指出小城镇是一种社会实体，这种社会实体“是以一批不从事农业生产劳动的人口为主体组成的社区，比农村社区高一层次，无论从地域、人口、经济、环境等因素看，它们都既具有与农村社区相异的特点，又都与周围的农村保持着不可缺少的联系”。特色小镇和特色小城镇的概念历史很短，这两个概念几乎同时出现，早期偶尔见于北京、天津、黑龙江、云南等省（市）政策文件提出建设特色（小）城镇，而赋予明确定义的则是 2015 年的浙政发〔2015〕8 号文件和 2016 年的发改规划〔2016〕2125 号文件，将特色小镇视为“聚焦特色产业和新兴产业，集聚发展要素，不同于行政建制镇和产业园区的创新创业平台”，而特色小城镇则是“以传统行政区划为单元，特色产业鲜明、具有一定人口和经济规模的建制镇”，两个概念具有明显的区别。目前这两份文件对特色小镇和特色小城镇的定义，不仅广泛用于业界指导实践活动，也频繁出现于学界开展学术研究。

2. 类型划分研究

类型划分由关键词组“运动休闲特色小镇、体育特色小镇、体育小镇、旅游小镇、农业特色小镇”构成。从现有文献来看，对特色小镇类型划分标准不一，较有代表性的有三种分类方式。一是将特色小镇划分为旅游发展型、历史文化型、工业发展型、农业服务型、民族聚居型和商贸流通型六种类型，其分类主要来源于住建部发布的第一批中国特色小镇名单及住建部特色小镇推荐工作的通知。二是将特色小镇划分为信息经济类、高端装备制造类、金融产业类、时尚产业类、健康产业类、环保产业类、旅游产业类和历史经典产业类八种类型，其分类直接依据浙政发〔2015〕8号文件所指出的特色小镇聚焦信息经济、环保、健康、旅游、时尚、金融、高端装备制造七大产业，兼顾历史经典产业（即“7+1”产业），是一种典型的以小镇主导产业为划分标准。三是将特色小镇划分为历史文化型、城郊休闲型、特色产业型、新兴产业型、交通区位型、资源禀赋型、金融创新型、生态旅游型、高端制造型、时尚创意型，其分类依据综合了小镇主导产业与地理位置。

对上述关键词组进一步分析，体育特色小镇和体育小镇隶属于运动休闲特色小镇，因此，针对特色小镇类型的主要研究热点为运动休闲、农业和旅游。值得思考的是，这三种类型小镇为何成为学术研究热点。在国家部委局针对特色小镇的17份专项政策中，《体育总局办公厅关于推动运动休闲特色小镇建设工作的通知》（体群字〔2017〕73号）、《体育总局办公厅关于公布第一批运动休闲特色小镇试点项目名单的通知》（体群字〔2017〕149号），《农业部关于组织开展农业特色互联网小镇建设试点工作的通知》（农市便函〔2017〕114号）、《农业部办公厅关于开展农业特色互联网小镇建设试点的指导意见》（农办市〔2017〕27号），这四份政策是针对运动休闲特色小镇与农业特色小镇的专项政策。而从已经发布的两批中国特色小镇名单来看，第一批旅游小镇占到70%之多，第二批旅游型和历史文化型的旅游小镇占到50%之多，即已发布的403个特色小镇，以旅游为核心的小镇占到了半数以上，旅游小镇成为特色小镇的主体。由此不难发现，运动休闲、农业和旅游特色小镇之所以是学术研究热点，整体上反映出由政策热、实践热催生研究热。

3. 特色产业研究

特色产业由关键词组“产业、特色产业、产业升级、体育经济、体育产业、现代农业、产业融合、空间分布、产业集聚、互联网、互联网 +、产业集群、文化创意、旅游业”构成。国家部委层面的首份特色小镇专项政策建村〔2016〕147 号文件，着重论述“特色鲜明的产业形态”是特色小镇培育的五大要求之一，而现有文献对特色产业研究的覆盖范围较广。既包括基于传统产业改造升级而形成小镇特色产业，如以传统农业为例，通过对农业布局、农产品产业链延伸、农业功能组合、农业形态加工等方面改造升级而使传统农业成为现代农业的特色产业。依托地方历史经典产业提升创新而形成小镇特色产业，如研究浙江省如何围绕红木、丝绸、青瓷和黄酒等传统经典产业的创新升级而打造特色产业。以创意创新产业为依托而形成小镇特色产业，尤以关键词组中的“文化创意”产业为研究热点，如通过艺尚小镇的时尚产业、梦想小镇的互联网创业、良渚文化村的良渚文化、巧克力甜蜜小镇的巧克力产业等为例，研究文化创意产业如何成为小镇主导产业，在这些产业转型中，文化的创新和再造置于前所未有的重要地位。引入战略性新兴产业而形成小镇特色产业，如研究长兴县新能源小镇如何凭借新型电池、新能源汽车、太阳能光热光伏、LED 新光源、新能源材料等塑造特色产业。对以传统产业、历史经典产业、文化创意产业和战略性新兴产业为特色小镇主导产业的研究，主要聚焦于对关键词组中的“产业融合、产业升级、空间分布、产业集聚、产业集群”的研究，如以全产业链的思路推动产业的纵向融合、提升农业特色小镇产业融合的宽度和深度，注重“3D 导向”总体选址与空间尺度强度管控、“3S 融合”分区空间组织与特色产业空间供给、“3F 定制”微观特色空间序列组织与环境营造，认为特色小镇是在原有传统产业集群模式基础上的创新和升级，是区域产业集聚的 3.0。

4. 产生背景研究

产业背景由关键词组“城镇化、新型城镇化、新型城镇化建设、城市化、经济转型升级、供给侧改革、乡村振兴、全域旅游”构成。现有针对特色小镇研究，不少文献深究其产生背景，甚至直接将产生背景做为主标题或副标题予以呈现。结合文献内容，将上述8个关键词进一步细分为三类背景，“城镇化”、“新型城镇化”、“新型城镇化建设”、“城市化”主要体现出特色小镇的城镇历史发展背景，“经济转型升级”、“供给侧改革”为特色小镇产生的时下经济发展背景，“乡村振兴”、“全域旅游”则是与特色小镇产生相关的热点领域融合背景。城镇历史发展背景：直接针对特色小镇的研究历史极短，但应该认识到将特色小镇上升到理论层面的相关研究可追溯至20世纪80年代小城镇在中国城市建设化中的作用及问题，21世纪初期逐渐过渡到小城镇合理发展问题，至2015年国家新型城镇化中特色小镇，由此可知，特色小镇城镇历史发展背景脱胎于城镇化、国家新型城镇化战略，成为新型城镇化的重要载体和发展模式。时下经济发展背景：理解特色小镇实践热，需要将其置身于新常态下区域经济转型升级和供给侧结构性改革重大战略举措的情境。一方面，以往传统工业化模式形成的“一镇一品”块状经济模式，面临着创新动力不足、创新资源不足、生产效率不高等弊端，而特色小镇作为集产业链运营平台、产业集群平台和创新创业平台于一体的新型功能平台，成为中国经济转型升级的重要手段和措施。另一方面，特色小镇亦是“一镇一品”的延续和进化，契合供给侧改革所要求的“抓好宏观布局，放活微观创新”，成为应和国家供给侧改革铺开的关键一笔。热点领域融合背景：乡村振兴与全域旅游，均为当前国家全面建设社会主义现代化征程的热点领域。特色小镇是中国农村改革以来“小城镇”建设的延续和新形式，更是乡村振兴的重要载体和平台，成为推进中国乡村振兴进入地域空间重构和综合价值追求的新阶段。特色小镇与旅游关系极为紧密，国家部委层面的发改规划〔2016〕2125号文件鼓励有条件的小城镇按照不低于3A级景区的标准规划建设特色旅游景区，省级层面的浙政发〔2015〕8号文件要求所有特色小镇要建设成为3A级以上景

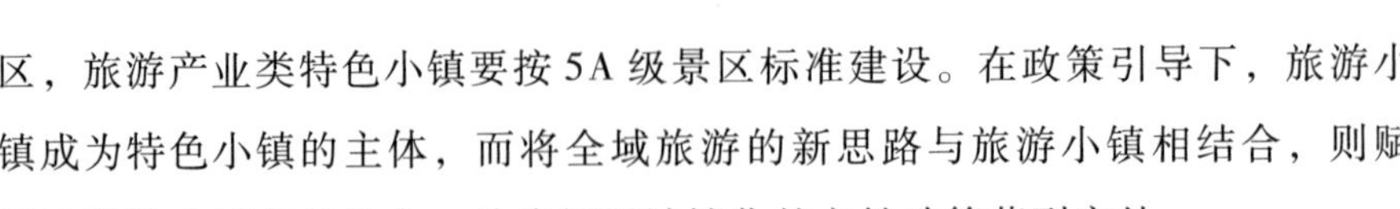

区，旅游产业类特色小镇要按5A级景区标准建设。在政策引导下，旅游小镇成为特色小镇的主体，而将全域旅游的新思路与旅游小镇相结合，则赋予了旅游小镇新的生命，并将新型城镇化的方针政策落到实处。

5. 创建周期研究

创建周期由关键词组“长远计划、规划、PPP模式、模式、资本、社会资本、企业、企业管理、作用机制、指标体系”构成。从特色小镇创建周期来看，应包括前期的调研规划、中期的创建运营及后期的考核评估三个阶段。“长远计划”“规划”是对特色小镇创建调研规划的研究，特色小镇是由政府提出并引导的，然其运营主体是企业而非政府，创建过程需要处理好政府与企业的关系，政府除做好基础设施建设与公共服务提供外，针对目前小镇的规划欠缺或规划质量不高等问题，需要政府提升规划修编质量，而鉴于特色小镇的规划、建设、管理和运营周期很长，需要开发商做好长远计划准备。“PPP模式”、“模式”、“资本”、“社会资本”、“企业”、“企业管理”、“作用机制”是对特色小镇创建运营的研究，随着特色小镇由调研规划逐步进入实施建设阶段，大量的资本投资需求问题也逐步产生，需要引入大量的社会资本，PPP模式能够在开发建设与运营管理阶段打破过去政府大量举债的困境。事实上，截至2017年7月，超过50%的特色小镇已开展PPP项目，超过70%的项目已开展政府购买项目。“指标体系”是对特色小镇创建考核评估的研究，如从基本信息统计、发展绩效评价和特色水平评价三个维度共82个具体项目建立指标体系进行考核评估。

6. 典型区域研究

典型区域由关键词组“中国、欠发达地区、农村、长江经济带、长三角、京津冀、浙江、杭州、梦想小镇”构成。从尺度来看，所体现的典型区域研究范围由大至小的顺序为国家（中国）—区域（长江经济带、长三角、京津冀、欠发达地区、农村）—省（浙江）—市（杭州）—镇（梦想小镇）。从目标文献来看，“中国”在针对特色小镇的研究中具有三重性，首先表明是对中国的特色小镇研究，体现研究的地域性，其次作为一个地理区域范围，从宏大国家视角进行探讨，最后还涉及特色小镇的级别，主要是针对两批中国（国家级）特色小镇的研究。从经济发展水平来看，“长江经济带”“京津冀”是国家三大发展战略之其二，连同“长三角”，反映针对特色小镇研究的经济较发达区域，“欠发达地区”、“农村”则体现针对特色小镇研究的经济欠发达地区。浙江省两批国级特色小镇共23个，三批省级特色小镇共114个，无论国级抑或省级，数量在全国31个省（自治区、直辖市）中均居首位。杭州则是浙江省国级与省级特色小镇数量最多的地级市，实际上其数量也是在全国地级市中居首位的城市，而梦想小镇则是位于杭州的典型性省级特色小镇。由此可知，特色小镇实践热的区域也是研究热的区域，这些区域成为学者开展特色小镇研究的典型案例所在地。

7. 研究的主要目的

主要目的由关键词组“启示、策略、对策、路径、发展路径、路径选择”构成。如介绍国外特色小镇建设经验，是为中国特色小镇创建提供启示；通过经验研究，构建包括基于区域经济发展的主导产业选择、以典型示范价值特征的主导产业为特色产业、搭建有机联系健康发展的产业生态圈等特色小镇产业发展策略；认为特色小镇应走产业转型与文化再造的发展路径等。整体反映出，现有特色小镇文献倾向于策论性研究，注重研究的实践价值，以应用研究为主。

（二）研究述评

1. 重应用研究，轻理论研究

基本概念界定和类型划分研究均重政策导向，结合研究的主要目的可知，现有文献重应用研究、轻理论研究。对概念界定要么停留在复述浙政发〔2015〕8号文件和发改规划〔2016〕2125号文件中对特色小镇的定义，要么是在政策文件定义基础上的扩展衍生，要么是结合时代发展背景进行解读；对特色小镇类型划分标准亦主要是源于浙政发〔2015〕8号文件和建村〔2016〕221号文件。政府相关部门所发布的政策文件，主要用于指导实践活动，政策文件中的定义及划分标准，往往是操作性层面，具有明确的指向，但既缺乏内涵介绍，亦使理论张力不足。如特色小镇中的特色，除表现为不同于行政建制镇和产业园区的创新创业平台外，如何从社会、历史、环境、人、产业等不同维度进行理解；“7+1”产业的分类或六种类型划分的依据是什么，如何处理类型划分边界的既定性与模糊性问题等，均需要从理论层面进行深入探讨。此外，从特色小镇城镇历史发展背景来看，特色小镇主要是一种地理现象；从特色小镇产生的时下经济发展背景来看，特色小镇则表现为一种经济现象；从特色小镇产生相关的热点领域融合背景来看，特色小镇主要是一种多学科研究现象。然而，现有地理学期刊、经济学期刊、管理学期刊等各个学科刊物中的顶级期刊，均少有特色小镇研究文献，侧面亦反映出特色小镇理论研究的不足。

2. 关注研究现象，但寻究本质不足

现有针对特色小镇研究的文献，以实证研究（严格意义应称经验研究）居多，较为常见的是以某一地区或某一小镇进行案例分析，同时存在部分文献直接是对特色小镇规划文本的挪用，往往表现为分析特色小镇建设发展的现状与问题，提出特色小镇的定位思考与发展策略，直接反映在部分文献题目出现“经验总结”、“若干思考与建议”、“调研分析”、“思路与方向”、“策略与实践”、“经验借鉴”、“现状与对策研究”、“建设问题初探”、“成功经验与启示”等词。整体而言，拘泥于案例本身、流于表面，停留在对案例现象或问题的总结上，导致所进行的研究只能维持在典型案例的解读上，未能从更宽理论视野“跳出”现象或问题看本质，更无法将典型案例上升到具有一定理论张力的层面。

3. 研究内容单薄，未能形成研究体系

对特色小镇研究的历史短，主要集中于近 3 年，从上述特色小镇研究热点的七方面内容来看，各方面内容均显得单薄，未能形成研究体系。表 2 的特色小镇研究共现关键词及词频中，鲜有体现研究理论的关键词，仅“产业集聚”、“产业集群”主要源于经济地理学的产业区位理论，可知特色小镇理论基础单薄。同时，共现关键词中并没有关键词属于研究方法，仅有“指标体系”可纳入研究技术，针对特色小镇的描述性分析、关联性分析多，但因果性研究、本质性探讨少。此外，对类型划分研究，重点关注运动休闲特色小镇、农业特色小镇和旅游特色小镇；对特色产业研究，较为集中于旅游业、运动休闲业、农业；对典型区域研究，主要围绕江浙一带。这些研究热点均集中于政策热点与实践热点，而针对热点之外的研究并不多见。

四 中国特色小镇研究展望

（一）加强理论研究，夯实研究基础

在特色小镇政策热、实践热的同时，更应该加强理论研究，确保理论研究能够跟上实践发展需求，促使理论研究能够指导实践活动开展。首先，从内涵上深化对特色小镇的理解。即使经过十几年的城镇化相关研究，但对城镇化的含义在理论界依然没有一个统一的体系，研究的视角是多维的。鉴于特色小镇概念的提出及其创建自身就是政府意志的结果，在充分理解政策对其概念定义的前提下，从社会、历史、环境、人、产业等不同维度把握特色小镇内涵。其次，从源头上厘清特色小镇的理论来源。考虑到特色小镇涉及领域广，如产、镇、人、文、投、运、管、评的一体化，培育创建要求高，如注重生产、生活、生态“三生”融合发展，重点可从产业经济学理论（产业组织理论、产业结构理论、产业关联理论和产业布局理论等）、地理学理论（人地关系理论、区域系统理论和区域发展理论等）、管理学理论（人本管理理论、科学管理理论和激励理论等）和生态学理论（可持续发展理论、人居环境科学理论和生态城市理论等）展开研究，为特色小镇的健康发展提供理论指导。此外，注重对特色小镇热点发展领域的理论解释。如针对目前中国特色小镇中旅游小镇数量居多现象，探讨旅游为何会主导着特色小镇的发展，深一层则是旅游小镇的发展逻辑是什么。

（二）重视实证研究，强化研究深度

现有特色小镇实证研究文献，以特色小镇创建案例分析居多，特别是

针对特色小镇特色塑造、规划修编思路、产业空间布局、特色产业选择等方面有较多研究。除此之外，还应进一步重视特色小镇创建影响因素、特色小镇创建机制、特色小镇形成动因、特色小镇发展规律、居民对特色小镇感知价值、居民参与特色小镇建设意愿、特色小镇创建成效测评、特色小镇生态治理、特色小镇社会融合、特色小镇专项政策演变、特色小镇体制机制等方面的实证研究。在研究深度上，以往研究主要是关注了案例现象，未来更应在厘清现象的基础上进行因果关联、内在机理、规律模式等深层次研究，尤其是通过案例发展出具有一定张力的理论，再把理论回到各种案例进行检验及不断修正。

（三）形成研究体系，丰富研究成果

从现有文献来看，针对特色小镇的研究不仅未能成体系，而且很多方面研究仍处于初步探索阶段，甚至有待填补空白。特色小镇主要表现为一种研究现象，未来需要采取多学科和交叉学科的相关理论进行研究，逐渐形成稳定的理论体系；需要结合研究对象的特点及需要选择合适的研究方法与技术，形成丰富的研究方法体系与技术体系；需要对不同类型特色小镇、不同典型区域的特色小镇、不同产业依托的特色产业、不同创建周期的特色小镇等进行研究，形成丰富的研究内容体系。

参考文献

陈前虎、龚强、董翊明等：《浙江特色小镇战略背景与空间组织——以嘉善巧克力甜蜜小镇为例》，《浙江工业大学学报》（社会科学版）2017 年第 1 期。

陈雯：《试论我国城市发展方针》，《地理研究》1996 年第 3 期。

陈宇峰、黄冠：《以特色小镇布局供给侧结构性改革的浙江实践》，《治理研究》2016 年第 5 期。

程国辉、徐晨：《特色小镇产业生态圈构建策略与实践》，《规划师》2018 年第 5 期。

董晓峰、杨春志、刘星光：《中国新型城镇化理论探讨》，《城市发展研究》2017 年第 1 期。

方创琳、鲍超、黄金川等：《中国城镇化发展的地理学贡献与责任使命》，《地理科学》2018 年第 3 期。

费孝通：《论小城镇及其他》，天津人民出版社，1986。

国家发展改革委城市和小城镇改革发展中心：《2018 中国特色小镇发展报告》，中国发展出版社，2018。

胡杰、李庆云、韦颜秋：《我国新型城镇化存在的问题与演进动力研究综述》，《城市发展研究》2014 年第 1 期。

李冬梅、郑林凤、林赛男等：《农业特色小镇形成机理与路径优化——基于成都模式的案例分析》，《中国软科学》2018 年第 5 期。

李金海、李娜、白小虎：《特色小镇建设与浙江传统产业转型升级——以诸暨袜艺小镇为例》，《城市学刊》2017 年第 6 期。

林初昇、润潮：《我国小城镇功能结构初探——以广东省为例》，《地理学报》1990 年第 4 期。

陆大道：《地理学关于城镇化领域的研究内容框架》，《地理科学》2013 年第 8 期。

马斌：《特色小镇：浙江经济转型升级的大战略》，《浙江社会科学》2016 年第 3 期。

盛世豪、张伟明：《特色小镇：一种产业空间组织形式》，《浙江社会科学》2016 年第 3 期。

孙特生：《特色小镇建设的逻辑与脉络——基于对首批特色小镇的思考》，《西北师大学报》（社会科学版）2018 年第 4 期。

檀慧玲、王发明：《教育政策评估研究的关键词共现可视化分析》，《华南师范大学学报》（社会科学版）2017 年第 4 期。

田川：《特色小镇：中国经济转型升级的新阵地》，《社会科学报》2017 年 8 月 9 日，第 6 版。

汪菁：《特色小镇与新型城镇化的协同关系——以浙江湖州长兴县新能源小镇为例》，《城市学刊》2017 年第 5 期。

王国华：《略论文化创意小镇的建设理念与方法》，《北京联合大学学报》（人文社会科学版）2016 年第 4 期。

王景新、支晓娟：《中国乡村振兴及其地域空间重构——特色小镇与美丽乡村同建振兴乡村的案例、经验及未来》，《南京农业大学学报》（社会科学版）2018 年第 2 期。

王礼鹏：《探寻培育特色小镇建设的内外合力——对地方实践的经验总结与理论思考》，《国家治理》2017 年第 15 期。

魏蓉蓉、邹晓勇：《特色小镇发展的 PPP 创新支持模式研究》，《技术经济与管理研究》2017 年第 10 期。

吴一洲、陈前虎、郑晓虹：《特色小镇发展水平指标体系与评估方法》，《规划师》2016 年第 7 期。

武前波、徐伟：《新时期传统小城镇向特色小镇转型的理论逻辑》，《经济地理》2018 年第 2 期。

《小城镇之路在何方？——新型城镇化背景下的小城镇发展学术笔谈会》，《城市规划学刊》2017 年第 2 期。

闫文秀、张倩：《浙江省传统经典产业特色小镇的建设发展与经验借鉴》，《上海城市管理》2017 年第 6 期。

余构雄、戴光全：《基于〈旅游学刊〉关键词计量分析的旅游学科创新力及知识体系构建》，《旅游学刊》2017 年第 1 期。

余构雄：《国外旅游研究知识体系演变与共现》，《经济管理》2016 年第 11 期。

曾江、慈锋：《新型城镇化背景下特色小镇建设》，《宏观经济管理》2016 年第 12 期。

张辉、岳燕祥：《我国旅游小镇发展之思考》，《旅游学刊》2018 年第 5 期。

张蔚文：《政府与创建特色小镇：定位、到位与补位》，《浙江社会科学》2016 年第 3 期。

赵俊利：《全域旅游视角下旅游小镇发展模式研究——以乌镇为例》，上海师范大学硕士学位论文，2017。

赵庆海：《国外特色小镇建设的经验与启示》，《人文天下》2017 年第 11 期。

赵庆海：《国外特色小镇建设的经验与启示》，《人文天下》2017 年第 11 期。

郑浩宇：《后工业视角下浙江省特色小镇的特征分析与产生机制研究》，浙江大学硕士学位论文，2017。

钟娟芳：《特色小镇与全域旅游融合发展探讨》，《开放导报》2017 年第 2 期。

周晓虹：《产业转型与文化再造：特色小镇的创建路径》，《南京社会科学》2017 年第 4 期。

Chen, C. M., "CiteSpace Ⅱ: Detecting and Visualizing Emerging Trends and Transient Patterns in Scientific Literature", *Journal of the American Society for Information Science and Technology*3 (2006): 359 - 377.

Ma, L. J., Hanton, E. W., *Urban Development in Modern China*. Boulder Colo Westview Press, 1981.

特色小镇的概念体系和理论逻辑

曾国军*

摘　要： 研究表明，特色小镇主要是聚焦特色产业和新兴产业的创新创业平台，特色小城镇是特色产业鲜明的建制镇，旅游小镇以旅游为主导产业或以旅游为主要特色或城镇自身功能具有明显旅游属性的小镇，旅游小城镇是旅游产业鲜明的建制镇，上述4个概念主要是在小城镇定义的指导下，各级政府部门通过实践探索逐渐演化而来，可视为由社会实践所催生而来的特定术语。特色小镇的内涵特质中的产业“特而强”、功能“聚而合”的理论逻辑为产业集群理论，形态“小而美”的理论逻辑为田园城市理论，机制“新而活”的理论逻辑为新经济地理学理论。

关键词： 特色小镇　特色产业　小城镇

一　引言

对特色小镇的研究主要起始于浙江经济实践，2015年4月浙江省人民政府率先颁布《浙江省人民政府关于加快特色小镇规划建设的指导意见》（浙政发〔2015〕8号），正式明确了特色小镇的定位和总体要求。2015年

* 曾国军，管理学博士，中山大学旅游学院教授、博士生导师，主要研究方向为旅游投融资管理、酒店管理与饮食地理。

底，习近平总书记在中央财办《浙江特色小镇调研报告》上做出重要批示，强调“抓特色小镇、小城镇建设大有可为，对经济转型升级、新型城镇化建设，都大有重要意义”。此后，国家相关部委陆续出台政策推进特色小镇建设与发展，迅速在大江南北掀起一股特色小镇的实践与研究热潮。2018年8月国家发展和改革委员会颁布了《国家发展改革委办公室关于建立特色小镇和特色小城镇高质量发展机制的通知》（发改办规划〔2018〕1041号），开篇就表明针对特色小镇和特色小城镇概念不清等问题得到一定纠正，后文进一步强调及明确特色小镇和特色小城镇的概念及基本条件。2018年中央经济工作会议上，习近平总书记在部署全年重点工作时要求“引导特色小镇健康发展”，反映出国家既十分重视特色小镇的发展，又非常警惕发展过程中所出现的问题。

在特色小镇的实践中，小城镇、特色小城镇、特色小镇、旅游小城镇和旅游小镇，是一组联系紧密但又有区别的概念体系，在不同的语境及场合下，这些词有着特定的含义，然而目前对这些概念的界定仍模糊不清，往往混淆使用。因此，厘清特色小镇概念体系的起源及异同，有助于指导实践活动的开展，而进一步从源头上厘清特色小镇的理论来源，则能够为特色小镇的健康发展提供理论指导。

二　特色小镇的概念体系

“镇”的名称最早正式出现在公元5～6世纪中国历史上的北魏时期，当时的镇，是国家在北方边境设置的军事要塞，一般又称为“军镇”。“小镇”则特指驻兵镇守的州郡中之较小者，如《南齐书·柳世隆传》中记载“东下之师，久承声闻。郢州小镇，自守而已”。当时许多军镇依水路而建，地处水路要道，交通方便，有利于周围商品交换与贸易活动，随着时间的推移，发展为人口较为密集的商品交换贸易中心，镇也逐渐成为商业发达、人口聚集的代名词，成为向表征人类文明高级形态的城市演化的中间形态，因此出现了“城镇”、“小城镇”一词。

新中国成立以后，对城镇的设置有了明确的制度标准，此时的小城镇是指“建制镇”，国务院分别于1955年、1963年和1984年制定（调整）设镇标准，最新的《国务院批转民政部关于调整建镇标准的报告的通知》（国发〔1984〕165号）规定“凡县级地方国家机关所在地，均应设置镇的建制；总人口在二万以下的乡，乡政府驻地非农业人口超过二千的，可以建镇；总人口在二万以上的乡，乡政府驻地非农业人口占全乡人口10%以上的，也可以建镇；少数民族地区、人口稀少的边远地区、山区和小型工矿区、小港口、风景旅游、边境口岸等地，非农业人口虽不足二千，如确有必要，也可设置镇的建制”。

以往对“城镇”、“小城镇”的认识，要么是长而久之形成的习惯性用词，要么是对一种对象行政划分的“建制镇”标准，并非严格科学意义上的专业术语。从社会学视角，费孝通先生早于1983年就指出小城镇是一种社会实体，这种社会实体“是以一批不从事农业生产劳动的人口为主体组成的社区，比农村社区高一层次，无论从地域、人口、经济、环境等因素看，它们都既具有与农村社区相异的特点，又都与周围的农村保持着不可缺少的联系”。

该视角重点突出两个方面：一方面，以所从事的职业为划分界限，将不从事农业生产劳动的人视为小城镇的主体，区别于从事农业生产劳动的人为主体的农村；另一方面，强调小城镇比农村社区高一层次，这里隐含着国家行政等级划分，认为比农村社区行政等级高且仅高一层次，即为小城镇。可以理解为一种已摆脱农业生产性社会向多种产业并存、显现现代城市雏形且介于城乡之间的中间状态。此后，1984年《瞭望周刊》以“各具特色的吴江小城镇”为篇名刊发了费孝通先生的文章，文章指出吴江市有5种不同类型的小城镇，这些小城镇由于依托不同的地理区位、历史文化、民风民俗等，已发展为各具特色产业的小城镇，由此出现了“特色小（城）镇”。但文章并没有对“特色小（城）镇”予以概念界定，仅通过具体案例举例说明。

通过中国知网，分别以“特色小城镇”和“特色小镇”为检索词，进行主题检索，共得到特色小城镇目标文献1528篇，特色小镇目标文献8681篇（主要是期刊数据库、硕博论文数据库、会议论文数据库和报纸数据库这四大数据库的文献）。从目标文献所出现的年份来看，发现首篇特色小城镇文献出现在1996年，特色小镇文献从2015年起呈现快速增长态势（见图1）。这种现象的出现，有着内在的时代背景，特别是与政府部门的政策导向及重视程度密切相关。

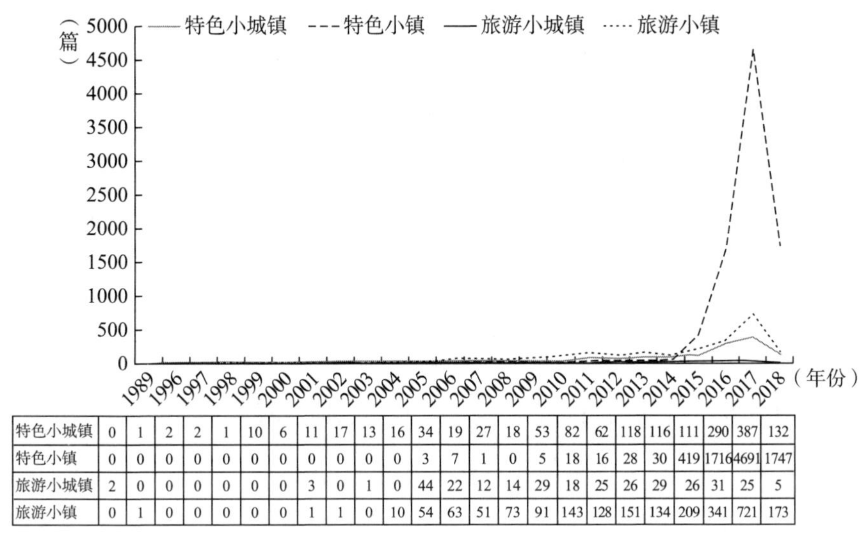

	1989	1996	1997	1998	1999	2000	2001	2002	2003	2004	2005	2006	2007	2008	2009	2010	2011	2012	2013	2014	2015	2016	2017	2018
特色小城镇	0	1	2	2	1	10	6	11	17	13	16	34	19	27	18	53	82	62	118	116	111	290	387	132
特色小镇	0	0	0	0	0	0	0	0	0	0	0	3	7	1	0	5	18	16	28	30	419	1716	4691	1747
旅游小城镇	2	0	0	0	0	0	0	3	0	1	0	44	22	12	14	29	18	25	26	29	26	31	25	5
旅游小镇	0	1	0	0	0	0	0	1	1	0	10	54	63	51	73	91	143	128	151	134	209	341	721	173

图1　文献数量

说明：检索时间为2018年9月28日，因此2018年文献数量不齐全不具参考意义。

1996年，特色小镇开始直接出现在政府政策文件或工作报告中，中共昆山市委、市政府发表《加快新型城镇建设促进经济社会发展》（1996），文中指出“近年来，我们坚持因地制宜、分类指导、确定特色、各展所长的发展要求，从各镇实际出发，积极探索小城镇建设上规模、上档次、健康发展的有效途径，逐步形成了一批功能独特、风格各异的特色小镇”。2015年，浙江省人民政府颁布《关于加快特色小镇规划建设的指导意见》（浙政发〔2015〕8号），认为“特色小镇是相对独立于市区，具有明确产业定位、文化内涵、旅游和一定社区功能的发展空间平台，区别于行政区划单元和产业园区”。2016 年，国家发展改革委发文《关于加快美丽特色小（城）镇建设的指导意见》（发改规划〔2016〕2125 号），明确“特色小（城）镇包括特色小镇、小城镇两种形态。特色小镇主要指聚焦特色产业和新兴产业，集聚发展要素，不同于行政建制镇和产业园区的创新创业平台。特色小城镇是指以传统行政区划为单元，特色产业鲜明、具有一定人口和经济规模的建制镇”。由此可知，时下我们广泛使用的“特色小镇”、“特色小城镇”，主要是在小城镇定义的指导下，各级政府部门通过实践探索逐渐演化而来，可视为由社会实践所催生而来的特定术语。

通过中国知网，分别以“旅游小城镇”和“旅游小镇”为检索词，进行主题检索，共得到旅游小城镇目标文献 312 篇，旅游小镇目标文献 2345 篇（主要是期刊数据库、硕博论文数据库、会议论文数据库和报纸数据库这四大数据库的文献）。从目标文献所出现的年份来看，发现在 2006 年以前，无论是旅游小城镇抑或旅游小镇的文献数量均极少见，2006 年开始才出现一定数量的目标文献，旅游小城镇整体呈平稳发展态势，而旅游小镇在 2015 年起呈现较快增长态势（见图 1）。这种现象的出现，同样与政府部门的政策导向及重视程度密切相关。

2006 年开始，旅游小（城）镇直接出现在政府政策文件或工作报告中，引起社会关注。2006 年 4 月，建设部和科技部出台了《小城镇建设技术政策》（建科〔2006〕76 号），提出加强历史文化名镇、古镇建设，塑造旅游小镇，确定了工业型小镇、农业产业型小城镇、商贸型小城镇和旅游型小城镇四种类型小城镇。紧接着，2006 年 5 月建设部和国家旅游局联合召开“全国旅游小城镇发展工作会”，原建设部部长汪光焘发表题为“加强引导创新机制，促进旅游与小城镇协调发展”讲话，认为旅游小城镇丰富了中国小城镇发展的实践，原国家旅游局局长邵琪伟发表题为“推动全国旅游小城镇健康发展”讲话，指出推动旅游小城镇发展，不仅有利于发挥旅游业的产业联动优势和产业辐射功能，而且是综合发挥旅游产业功能的重要体现。而浙政发〔2015〕8 号文件和发改规划〔2016〕2125 号文件，不仅掀起对特色小镇的关注高潮，同时也使旅游小镇成为研究热点。目前我们使用旅游小（城）镇一词，主要是源于上述发改规划〔2016〕2125号文件文中对特色小（城）镇的定义，由此衍生出旅游小（城）镇应包括旅游小镇（旅游特色小镇）、旅游小城镇（旅游特色小城镇）两种形态。也可以认为，旅游小（城）镇是特色小（城）镇类型中的一种代表性类型。因此，严格意义而言，旅游小镇并非传统意义上的“镇”，既非行政单元，亦不是行政区域，而是以旅游为主导产业（旅游产业或旅游产业＋相关附属产业）或以旅游为主要特色（相关特色产业＋特色产业形成的特色旅游）或城镇自身功能具有明显旅游属性的小镇，不同于行政建制镇。旅游小城镇是指以传统行政区划为单元，旅游产业鲜明、具有一定人口和经济规模的建制镇（见表1）。

表1　特色小镇相关概念体系

名称	行政归属	主要特点	主要功能
小城镇	建制镇，有严格且明确的建镇标准	突出社会实体的非农业性质，主要由政府主导	生活功能为主
特色小城镇	建制镇，有严格且明确的建镇标准	突出特色产业，主要由政府主导	生产、生活功能为主
特色小镇	非建制镇，可不受行政区域限制，范围可大可小	突出特色产业，运作方式多样、以非政府主体为主	兼具生产、生态、生活功能
旅游小城镇	建制镇，有严格且明确的建镇标准	突出旅游产业，企业运作或政府运作	生产、生活功能为主
旅游小镇	非建制镇，可不受行政区域限制，范围可大可小	旅游主导或具有旅游特色，运作方式多样、以非政府主体为主	兼具生产、生态、生活功能，体现生命质量

三　特色小镇的理论逻辑

（一）产业集群理论逻辑

产业集群理论经历了几个重要阶段的演变：较早可追溯至1776年斯密《国富论》中的劳动分工理论，劳动分工是指将一连串复杂工作分解成为具备单一性与可操作性的各个部分，分别投入劳动力专门进行各个部分经济效益的创造，可以减少由于变换工作而损失的时间，可以使劳动简化，使劳动者的注意力集中在一种特定的对象上，有利于创造新工具和改进设备，可以使工人重复完成单项操作，从而提高劳动熟练程度，提高劳动效率。需要认识到，劳动分工协作需以一定规模的批量生产为基础。因此，1890年马歇尔在《经济学原理》论述了内部规模经济和外部规模经济两种形成规模经济的途径，在其他条件相同的情况下，行业规模较大的地区比行业规模较小的地区生产更有效率，指出外部规模经济依赖于多个企业之间因合理的分工与协作、合理的地区布局等形成。之后，1950 年佩鲁提出增长极理论，认为如果把经济空间看作力场，那么力场中推进性单元就可以描述为增长极，即在一定规模的城镇中，要有推进性的主导产业作为增长极。此后，1990 年波特在《国家竞争优势》提出产业集群理论，认为产业集群是在特定区域中，存在竞合关系，且在地理上趋于集中，有关联性的企业、供应商、金融组织、相关产业的厂商及其他相关机构等组成的群体。

《关于规范推进特色小镇和特色小城镇建设的若干意见》（发改规划〔2017〕2084 号），明确了特色小镇的内涵特质是立足“产业‘特而强’、功能‘聚而合’、形态‘小而美’、机制‘新而活’”。产业“特而强”与功能“聚而合”，就是要立足各地区要素禀赋和比较优势，聚焦高端产业和产业高端方向，着力发展优势主导特色产业，延伸产业链、提升价值链、创新供应链，吸引人才、技术、资金等高端要素集聚，打造特色产业集群。实际上，以某一特色产业为主导产业进而集聚最终建镇的思想，在中国历史悠久，这种建镇思想主要是依托先天的区位优势及独特资源，是一个被动或自然而然的过程。

如明代的马坞镇，凭借周围是高山、草场面积宽广、水源充足等利于屯马的先天优势，发展屯马业，使各地马商云集此地进行交易，取名马坞镇。明代的盐镇，依托国家设定的食盐转运站，逐渐带动周边手工业、商贸业等的聚集，发展为较大的集镇，取名盐镇。到了工业化时代，特别是在 20 世纪末新世纪初期，在劳动分工理论、规模经济理论、增长极理论和产业集群理论等的指导下，中国进入人为地、有计划、有步骤、有目标地创建商贸园区与产业园区时期。如广州市增城区新塘镇，在政府主导下，着力打造国际牛仔城，形成以牛仔服装为主导产业，集聚交易中心、信息中心、物流中心、设计中心、创新科技中心为一体的大型商贸园区，成为中国牛仔第一城。诠释了做特做强核心产业，能够加速园区发展；而集聚优势产业的强强联合，则能引发蝶变效应。显然，产业集群理论为实现产业“特而强”与功能“聚而合”的特色小镇，提供了规范的理论依据。

（二）田园城市理论逻辑

1898 年霍华德出版了《明日：一条通向真正改革的和平道路》（1902 年改版为《明日的田园城市》），书中所描绘的田园城市是为安排健康的生活和工业而设计的城镇，其规模要有可能满足各种社会生活需求但不能太大。建议田园城市占地为 6000 英亩，城市居中，占地 1000 英亩，四周的农业用地占 5000 英亩，农业用地是保留的绿带，永远不得改作他用，居住人口 32000 人，其中 30000 人住在城市，2000 人散居乡间。城市人口超过了规定数量，则应建设另一个新的城市。田园城市理论注重城市规划，将物质规划与社会规划结合一起，追求社会公平公正，强调以人为本，实现人类平等生活。

发改规划〔2017〕2084 号文件，提出要合理控制特色小镇四至范围，规划用地面积控制在 3 平方公里左右，其中建设用地面积控制在 1 平方公里左右，旅游、体育和农业类特色小镇可适当放宽。《国家发展改革委关于加快美丽特色小（城）镇建设的指导意见》（发改规划〔2016〕2125 号），认为以镇区常住人口 5 万以上的特大镇、镇区常住人口 3 万以上的专业特色镇为重点，兼顾多类型多形态的特色小镇，因地制宜建设美丽特色小（城）镇。发改办规划〔2018〕1041 号文件明确典型特色小镇基本条件：立足一定资源禀赋或产业基础，区别于行政建制镇和产业园区，利用 3 平方公里左右国土空间（其中建设用地 1 平方公里左右），在差异定位和领域细分中构建小镇大产业，集聚高端要素和特色产业，兼具特色文化、特色生态和特色建筑等鲜明魅力，打造高效创业圈、宜居生活圈、繁荣商业圈、美丽生态圈，形成产业“特而强”、功能“聚而合”、形态“小而美”、机制“新而活”的创新创业平台。

不同于以往重点关注生产集群的产业园区，田园城市理论逻辑下的特色小镇，既要对面积进行制约，还得对人口进行合理管控，既重视城市般的基础设施建设以促进产业经济发展，又强化享有乡村田园风光的清新乐趣，致力于生产、生活和生态的平衡，打造“宜创、宜业、宜居、宜游”的特色小镇。因此，田园城市理论为实现形态“小而美”的特色小镇，提供了科学的解释。

（三）新经济地理学理论逻辑

20 世纪 90 年代以后，以克鲁格曼等为代表的学者开创了新经济地理学，其代表性观点之一，认为很多区域经济带的形成是许多具有不同生产率的企业自发选择的结果，企业的自选择效应会使高生产能力的企业选择在核心区布局，而生成率较低的企业会自动布局在核心区的周围，为高生产率的企业提供配套服务。强调应当在政府引导的基础上，充分发挥市场机制的自选择效应，促进资源的最优化配置，避免政府过度干预市场和企业而出现资源配置的扭曲。

特色小镇机制“新而活”，充分表现在国家各部委针对特色小镇的政策文件上，每份政策文件都提及特色小镇的创建应加大体制机制改革力度，充分发挥市场主体作用，创新发展理念，创新发展模式。特别是发改规划〔2016〕2125 号文件，明确了特色小镇是在几平方公里土地上集聚特色产业、生产生活生态空间相融合、不同于行政建制镇和产业园区的创新创业平台。允许设立美丽特色小（城）镇建设基金，鼓励有条件的小城镇通过发行债券等多种方式拓宽融资渠道，赋予镇区人口 10 万以上的特大镇县级管理职能和权限，推动具备条件的特大镇有序设市等政策举措。强调特色小镇并非行政建制镇，能够从行政体制上给特色小镇的创建“松绑”，减少体制束缚，促进资源优化配置。系列政策举措则是把特色小镇视作一个特殊政策区，充分发挥特色小镇市场机制的自选择作用，致力于将特色小镇打造为改革创新氛围浓厚、体制机制新颖而灵活的综合改革实验区。因此，新经济地理学理论为实现机制“新而活”的特色小镇，提供了理论铺垫。

四 结语

总体而言，特色小镇与旅游小镇有别于特色小城镇与旅游小城镇。突出表现在，首先，特色小镇与旅游小镇是特色产业发展的空间载体，而非行政建制的小城镇；其次，特色小镇与旅游小镇主要聚焦于特定产业，重视产业的集聚发展；再次，特色小镇与旅游小镇要实现生产、生活、生态、文化、旅游的功能叠加；最后，特色小镇与旅游小镇强调机制创新，以市场为主体建设小镇，采取动态的创建制而不是认定命名制。特色小镇的内涵特质是立足“产业‘特而强’、功能‘聚而合’、形态‘小而美’、机制‘新而活’”，其理论逻辑分别依托于产业集群理论、田园城市理论和新经济地理学理论。

参考文献

成海燕：《特色小镇发展机制探讨——基于中国国情的理论与实践分析》，《学术论坛》2018年第1期。

费孝通：《论小城镇及其他》，天津人民出版社，1986。

国家体改委农村司：《全国小城镇试点改革经验文集》，改革出版社，1996。

袁中金：《中国小城镇发展战略研究》，华东师范大学博士学位论文，2006。

旅游小镇的发展逻辑和运营模式

余构雄*

摘　要： 目前，在各种名目的特色小镇建设浪潮下，旅游小镇成为特色小镇建设的主体。本文认为旅游的本质是“人诗意地栖居”，中国特色小镇的创建与发展，最终目的是要服务且提升人的全面发展，使小镇成为体现生命质量的和谐家园，朝着“诗意地栖居”的旅游本质方向前进，将该方向视为旅游小镇的发展逻辑，以此回应旅游为何主导特色小镇的发展。在此基础上，本文探讨特色小镇运营的政府主导模式、企业主体模式、政产学研联动模式、政府和社会资本合作模式，通过对比不同模式的优缺点，以期为特色小镇的创建提供指引。

关键词： 特色小镇　旅游小镇　运营模式

一　引言

2016年7月1日，住房城乡建设部、国家发展改革委和财政部联合发布《关于开展特色小镇培育工作的通知》（建村〔2016〕147号），决定在全国范围开展特色小镇培育工作，目标是到2020年，培育1000个左右各具特色、富有活力的休闲旅游、商贸物流、现代制造、教育科技、传统文化、

* 余构雄，管理学博士，中山大学旅游学院科研博士后，主要研究方向为文旅小镇创建与发展、旅游空间生产、节事旅游与会展管理。

美丽宜居等特色小镇，引领带动全国小城镇建设，不断提高建设水平和发展质量。2016 年 10 月 14 日，住房城乡建设部公布了第一批中国特色小镇名单，共有 127 个特色小镇；2017 年 8 月 22 日，住房城乡建设部公布了第二批中国特色小镇名单，共有 276 个特色小镇；两批中国特色小镇共 403 个。有研究指出，从已经发布的两批特色小镇名单来看，第一批中，旅游小镇占到 70%之多；第二批中，旅游型和历史文化型的旅游小镇占到 50%之多。以旅游为核心的小镇占一半以上，这个数据充分显示，特色小镇以旅游小镇为主体。

中国特色小镇发展兴起于浙江省，2014 年 10 月，时任浙江省省长李强在参观杭州云栖小镇时，提出“让杭州多一个美丽的特色小镇，天上多飘几朵创新‘彩云’”，此后云栖小镇成为特色小镇典型范例。云栖小镇之所以成为特色小镇，依托的是阿里巴巴云公司和转塘科技经济园区共同打造的云计算产业。2015 年 12 月，李强在《特色小镇是浙江创新发展的战略选择》一文中指出，特色小镇必须定位最有基础、最有特色、最具潜力的主导产业，也就是聚焦支撑浙江省长远发展的信息经济、环保、健康、旅游、时尚、金融、高端装备等七大产业，以及茶叶、丝绸、黄酒、中药、木雕、根雕、石刻、文房、青瓷、宝剑等历史经典产业。而国家层面的建村〔2016〕147 号文件对特色小镇培育的首要要求是产业定位精准，特色鲜明，战略新兴产业、传统产业、现代农业等发展良好、前景可观。可见，无论从特色小镇在中国的源起，抑或从地方到国家的政策文件，均并非将旅游产业作为特色小镇构建的核心。然而，实际的旅游小镇成为特色小镇的主体，似乎背离了特色小镇发展初衷。由此，直接引发的问题是，旅游为何会主导着特色小镇的发展，旅游小镇的发展逻辑究竟是什么？同时，在旅游小镇建设（培育）来势汹汹、旅游小镇成为特色小镇建设主体的背景下，不少旅游小镇的发展存在着重概念、重规划、重申报、重立项、重建设，而轻运营、轻管理等现象，容易导致有形式、没实效，不利于旅游小镇的可持续发展。进一步地，探索旅游小镇运营模式显得尤为必要且意义重大。

二　旅游小镇的发展逻辑

对旅游为何主导着特色小镇发展的解释及回应，其核心在于理解旅游的本质是什么，由此衍生出旅游小镇的本质是什么。学界对于旅游的本质是什么尚无定论，其中一种代表性观点认为旅游本质是“人诗意地栖居”。这种观点认为：人类通过旅游，将居住的生活走向遥远，去寻找遥远的自我现身，获得自我。人在旅途，体验到大自然的完美，并因完美而停留，在旅游中，在天空下，大地之上，人类获得光明。这就更揭示了旅游的本质：旅游，虽然是人形式上的空间移动行为，但本质上却是走向遥远生活的居住，是获得自身显现的诗意地居住。人，因此获得存在的意义。旅游也是人存在于世界上的一种方式，由于日常生活已难于寻找到诗意，所以人们要去旅游，所以旅游的本质是“诗意地栖居”。“诗意地栖居”赋予旅游本质的标签包括：美好的环境、美好的事物、异样的体验、丰富的文化、内在的情结、生活的意义，等等，最终使人找回自我、回归本我，发现生活的价值、生命的意义。要想获得诗意，必须通过栖居，诗意是内隐，栖居是外显，外显的对栖居环境的感知，影响到内隐的对诗意心灵的感应。然而，在现代化进程中，在城镇化浪潮下，栖居环境与美好的距离越来越大，正如2013年3月8日，习近平同志来到第十二届全国人大江苏代表团在与代表交谈时指出，“深呼吸这个最基本的需求，倒成了现在老百姓最幸福的追求，很值得我们深思”。中国共产党的十九大报告指出，中国稳定解决了十几亿人的温饱问题，总体上实现小康，不久将全面建成小康社会，人民美好生活需要日益广泛，不仅对物质文化生活提出更高要求，而且在民主、法治、公平、正义、安全、环境等方面的要求日益增长。中国特色社会主义进入新时代，中国社会主要矛盾已经转化为人民日益增长的美好生活需要和不平衡、不充分的发展之间的矛盾。在新时代，旅游正日益成为人民群众美好生活向往的依托，成为提升人民幸福指数的重要途径，成为美丽经济、美好产业、美妙人生之指向。总而言之，旅游业是服务人民美好生活的事业。

对旅游本质的追求及新时代中国社会主要矛盾的认知，回应了旅游为何会主导着特色小镇的发展。在这里，容易出现的一个误区是，将旅游小镇当成以旅游（产）业为主导产业的小镇。实际上，以旅游业为主导产业的小镇，仅是旅游小镇的表现形式之一，其核心思想是“旅游+”，把旅游当成主体地位，除了可以是“旅游+其他产业”外，还可以是“旅游+不同要素”、“旅游+不同领域”，甚至可以是“旅游+不同发展模式”，如“旅游+城镇化”成为当前社会发展的一种模式。此外，从特色小镇设置的初衷及科学合理的发展方向来看，特色小镇应以特色产业的建构为核心。这里的特色产业可以从两个方面来理解：一方面，特色产业有别于一般产业，着重高端产业或新兴产业，如金融、电子信息、智能制造、航空航天、生物医药、生命科学、新材料、新能源、文化创意、现代服务等，形成引入型的高端或新兴特色产业小镇。如杭州萧山信息港小镇，以杭州湾信息港为大本营，依托高新电子信息技术，以“互联网+”为主打招牌，重点引进信息软件和科技服务、互联网及“互联网+产业”，形成了六个与当地传统产业相结合的“互联网+”特色鲜明的智慧谷，以及一个服务“大众创业、万众创新”的联创空间，成为信息技术特色小镇。在做特、做专、做优信息技术产业基础上，通过开发萧山信息港小镇全景导览图，制作景区交通指示牌及游览路线标识，规划景区停车场，配套了集景区讲解、信息咨询、休憩参观、便民服务于一体的小镇游客中心，使信息港小镇成功获批国家3A级旅游景区。另一方面，特色小镇的发展并非盲目引入特色产业、为特色而特色，而应该是奠基于当地历史传统及现有基础，通过思想、科技、技术等方面的创新，将以往一般产业发展为特色产业，形成改进型的本土化或传统化特色产业小镇。如陕西省杨陵区的五泉镇，通过制定“产学研融合、繁育推一体、种加销并重”的发展思路，引入农业新技术、新品种、新理念，创新“龙头企业+合作社+现代农庄+家庭农场”的经营模式，围绕“设施农业、涉农工业、农业科普”三大主导产业建设现代农业示范基地，成功打造农业特色小镇。在完善道路交通设施、完备公用基础设施、健全公共服务配套基础上，依托农业示范基地，发展农家特色旅游，深入挖掘农耕文化、关中民俗文化、商儒文化和隋汉文化，发展文化特色旅游，带动五泉镇旅游业的发展。引入型的高端或新兴特色产业小镇和改进型的本土化或传统化特色产业小镇，是以特色产业建构为核心的特色小镇，这些小镇部分也发展为旅游小镇，这是旅游小镇的另一种表现形式，其核心思想是“+旅游”，即以特色产业为主体地位，形成“特色产业+特色产业形成的特色旅游”。

第一批和第二批中国特色小镇中，旅游小镇数量居多，是因为除了“旅游+”下的旅游小镇还有“+旅游”下的旅游小镇。中国特色小镇的发展，无论是以某一（类/种）产业为特色，抑或走哪一种（类）发展模式，无论是某一（类）特色小镇，还是“旅游+”下的旅游小镇，抑或“+旅游”下的旅游小镇，都必须是以人为本的小镇，经济的增长、产业的发展，从本质上讲都仅是手段是形式，最终目的是要服务于提升人的全面发展，使小镇兼具生产、生态、生活功能，更体现生命质量的和谐家园，朝着“诗意地栖居”方向前进。因此，“诗意地栖居”是旅游小镇的发展逻辑，也应是所有特色小镇的发展逻辑。

三　旅游小镇的运营模式

（一）政府主导模式

在中国，长久以来，政府一直是城镇建设的掌控者，既拥有所有权，又充当经营者，是核心运营主体，政府主导模式有一定的历史基础。政府主导模式下，由政府或代表政府的国资企业为建设运营主体，发挥政府雄厚的财政力量及快速调动资源的能力，依托原有建制镇或产业园区打造旅游小镇。一方面，根据小镇区位条件、现有基础和运营产业的特点，制定并执行相应的产业政策、融资政策、财政政策、招商政策和福利政策，扶植特色产业发展；另一方面，加强基础设施设备建设、完善社会公共配套，提高小镇对人才、资本、项目、科技等生产要素的吸引力，为特色产业发展提供支撑。如扬中新坝镇，政府直接参与投资、建设与运营，撬动社会资本进入小镇，已发展为以输变电设备建造为核心的电气产业小镇，产业规模超过 600 亿元，占据全国 20% 以上的市场份额，成为全国知名的智慧电气小镇。依托新坝镇各家企业的电气资源，建成中国工程电气博物馆，依托当地具有特色的服装制造业，打造了中国职业装博览馆，成功申报国家 3A 级旅游景区，发展为“ + 旅游”下的旅游小镇。

（二）企业主体模式

政府进行前期小镇发展定位、规划引导、资源整合、政策完善、服务优化，通过市场化方式，确立投资主体，可以是国有企业、民营企业或混合所有制企业，以契约方式将经营权在一定时间内交付投资主体运营，可以将该模式进一步分为两种类型。模式一：大企业全面运营模式，以某一个龙头大企业为主要投资主体，由于该企业具有强大的资金实力和成熟的运营能力，能够在一定程度上替代政府，独立运营旅游小镇，企业受政府的管理与监督。如嘉善巧克力甜蜜小镇，通过引入歌斐颂集团，作为巧克力小镇的投资、建设主体，将小镇建设成亚洲最大的巧克力特色旅游风景区，成为浙江省旅游类示范特色小镇，被授予国家 4A 级旅游景区称号。束河古镇在开发过程中，束河镇政府将经营权出让给昆明鼎业集团，确立“一个资源、一个企业、一个特色旅游城镇”的模式，鼎业集团仅一年就投入多达 3 亿元的资金，先后投入了 1.2 亿元加强基础设施建设，完成了包括连接束河古镇与香格里拉大道长 1.1 千米的四车道柏油马路、6 千米五花石古巷道路、7.1 千米“三线两管入地”等基础设施工程的建设，充分解决了小镇政府开发资金来源不足的问题，开发过程中集团可以决定资金支配和开发进程，但必须在政府的引导和监督下进行，使得天独厚的小镇资源得到充分利用，发展成一个具有国际影响力的旅游小镇。模式二：多企业板块运营模式，相对于龙头企业的全面运营，另一种较为常见的模式是多家企业选择不同的模块（项目）共同来运营旅游小镇，有利于降低运营风险及项目多点建设。如浔龙河生态艺术小镇，由湖南浔龙河投资控股有限公司、广东棕榈园林股份有限公司、成都仟坤投资有限公司共同开发建设，形成了由企业为主投资建设、政府主导推动、基层组织参与决策、农民意愿充分表达的“四轮驱动”模式，将小镇打造为以生态旅游为主导产业的田园综合体。

（三）政产学研联动模式

政产学研联动模式，主要是依托小镇内或附近的高校及科研院所的科研资源和学术品牌，促成政府、产业主体、高校和科研院所的联动结合。如西湖艺创小镇，通过西湖区（之江国家旅游度假区）与中国美术学院、浙江音乐学院开展新一轮区校合作，在原中国美术学院国家大学科技（创意）园的基础上，三方合作共同打造一个集文创设计、艺术展演、社群经济、时尚消费和特色旅游五位一体的新型特色小镇。

（四）政府和社会资本合作模式

主要指的是PPP模式，近几年来，国家大力推广PPP模式，鼓励社会资本与政府合作，建立“利益共享、风险共担”的伙伴关系，共同参与公共基础设施建设与运营，而旅游小镇的新型市场化道路发展趋势，使两者结合具有双重优势。旅游小镇PPP运营模式指政府和社会组织通过特许经营协议设立SPV（特殊目的公司，如旅游小镇开发有限公司），由该公司提供建设营运的一体化服务。SPV是由社会资本与政府机构共同成立的组织，借助政府公信力，全权负责旅游小镇的规划、融资、建设、运营、维护、财务管理等；一般而言，SPV中的社会资本可以是一家企业，也可以多家企业组成的联合体，基于旅游小镇子项目的不同类型，选择全资运作、参股运作或外包给其他企业等共同完成小镇建设。政府部门是发起人，主要提供整体方向指引、政策支持、经营权授予和过程监督等。特许经营期满后，社会资本将旅游小镇的相关基建设施设备及经营管理权等移交给政府。如安顺市西秀区大西桥镇政府与社会资本合作（PPP）共同打造生态文化旅游小镇，双方约定由中标资本方及采购人授权的出资主体组建项目公司，所组建的项目公司已于2016年9月18日成立，名称为安顺金西城镇发展有限公司，中标社会资本联合体公司包括新余观悦投资管理有限公司、安徽四建控股集团有限公司，项目公司多渠道开展融资工作，将资金用于大西桥镇农业水利项目建设、交通及市政项目建设、公共服务工程建设、文化旅游项目建设、生态环境项目建设等五大类项目，采购人将按照PPP项目协议的约定及时、足额地向项目公司购买服务。长沙金井茶乡小镇，镇政府通过招投标方式，引入社会资本湖南湘丰茶业有限公司、长沙金龙铸造实业有限公司和湖南洪山建筑有限公司（三家组成联合体项目公司），项目公司负责小镇市政基础设施的维修养护，公共服务和旅游基础设施的运营维护，附属可经营设施的经营，项目合同期限为20年，其中建设期3年，运营期自各子项目验收合格日起计，市政基础设施自合同生效日起第十年移交，公共服务和旅游基础设施于20年合同期满时移交，项目公司按照合同约定通过负责项目的投资、建设、运营、经营、管理维护等向镇政府提供服务，镇政府为此向项目公司支付的服务费用。

表1　旅游小镇运营模式概况

模式	特点	优点	缺点	典型例子
政府主导模式	传统运营模式	能迅速调配各种资源、推动速度快	容易造成资源浪费、财政压力大	扬中新坝镇
企业主体模式	大企业全面运营、多企业板块运营	减轻政府财政压力、激发市场活力	推进速度较慢、企业风险较大、企业短视行为	嘉善巧克力甜蜜小镇、柬河古镇、浔龙河生态艺术小镇
政产学研联动模式	政府引导、产业主体、科研支撑	持续人才保障、创新活力强盛	多方主体利益难协调、联运协调通道不顺畅	西湖艺创小镇
政府和社会资本合作模式	新型高效模式	机制灵活、小政府资本撬动大社会资本、分散风险	考验项目公司运营能力、项目运营边界不清晰	安顺市西秀区生态文化旅游小镇、长沙金井茶乡小镇

四　结语

特色小镇以旅游小镇为主体现象的产生，需要客观辩证地看待。从表层来看，需要认识到现实中数量居多的旅游小镇，包括了“旅游+”下的旅游小镇和“+旅游”下的旅游小镇两种情况。从深层来看，需要认识到旅游的本质是“诗意地栖居”，中国特色小镇的创建与发展，理应朝着“诗意地栖居”方向前进，该方向成为包括旅游小镇在内的特色小镇发展逻辑。针对旅游小镇存在的轻运营、轻管理等现象，需要认识旅游小镇不同运营模式之间的优缺点，结合旅游小镇自身的内外因素，选择匹配其发展的运营模式。

参考文献

李强：《特色小镇是浙江创新发展的战略选择》，《今日浙江（高层声音）》2015年第24期。

杨振之：《论旅游的本质》，《旅游学刊》2014年第3期。

张辉、岳燕祥：《我国旅游小镇发展之思考》，《旅游学刊》2018年第5期。

政策研究篇

中国特色小镇创建机制研究

——基于扎根理论分析

曾国军　余构雄*

摘　要： 在全国各地特色小镇发展热潮下，针对其创建机制的研究显得尤为迫切且意义重大。文章以特色小镇创建为研究对象，以276个中国特色小镇共677条评审意见为研究素材，采用扎根理论研究方法，通过开放性编码、主轴编码和选择性编码，建构了中国特色小镇创建机制模型。研究发现：（1）中国特色小镇的创建重点，从维度、范畴到概念的层级分布，其相应的首位重要性分别为价值链提升的竞争机制、规划修编引导和规划修编。（2）中国特色小镇创建机制，由科学的可实施的规划机制、价值链提升的竞争机制、复合动力的保障机制和多重目标的平衡机制四个维度所组成。（3）认为规

* 曾国军，管理学博士，中山大学旅游学院教授、博士生导师，主要研究方向为旅游投融资管理、酒店管理与饮食地理；余构雄，管理学博士，中山大学旅游学院科研博士后，主要研究方向为文旅小镇创建与发展、旅游空间生产、节事旅游与会展管理。

划机制在特色小镇创建中扮演战略引领的角色，竞争机制确保特色小镇在激烈的创建竞争中脱颖而出，保障机制能够实现特色小镇的可持续发展，平衡机制使特色小镇各方主体利益最大化。本研究能够为完善特色小镇的政策制定提供参考，并为特色小镇创建活动的开展提供理论指导。

关键词： 特色小镇　扎根理论　创建机制

一　引言

2016年7月，住建部、发改委和财政部联合发布《关于开展特色小镇培育工作的通知》（建村〔2016〕147号），决定在全国范围开展特色小镇培育工作，计划到2020年，培育1000个左右各具特色、富有活力的休闲旅游、商贸物流、现代制造、教育科技、传统文化、美丽宜居等特色小镇。自建村〔2016〕147号文件发布之后，不到3年时间，已公布了403个中国特色小镇，1055个省（自治区、直辖市）级特色小镇（见图1），相当于在中国661个城市中，平均每个城市已获批2.2个国家级和省级特色小镇称号，全国各地的特色小镇创建势头极其迅猛。2016年10月，发改委发布《关于加快美丽特色小（城）镇建设的指导意见》（发改规划〔2016〕2125号），明确了特色小镇创建的重大意义，认为发展美丽特色小（城）镇是推进供给侧结构性改革的重要平台，是深入推进新型城镇化的重要抓手，有利于推动经济转型升级和发展动能转换，有利于促进大中小城市和小城镇协调发展，有利于充分发挥城镇化对新农村建设的辐射带动作用。2017年12月，发改委、国土部、环保部和住建部联合发布《关于规范推进特色小镇和特色小城镇建设的若干意见》（发改规划〔2017〕2084号），指出在特色小镇创建推进过程中，出现了概念不清、定位不准、急于求成、盲目发展以及市场化不足等问题，文件就规范推进各地区特色小镇建设提出指导性意见；2018 年中央经济工作会议上，习近平总书记在部署全年重点工作时特别强调要“引导特色小镇健康发展”。侧面反映出国家既十分重视特色小镇的发展，又非常警惕发展过程中所出现的问题。无疑，从哪些方面规范特色小镇的创建是一个值得探讨的话题。

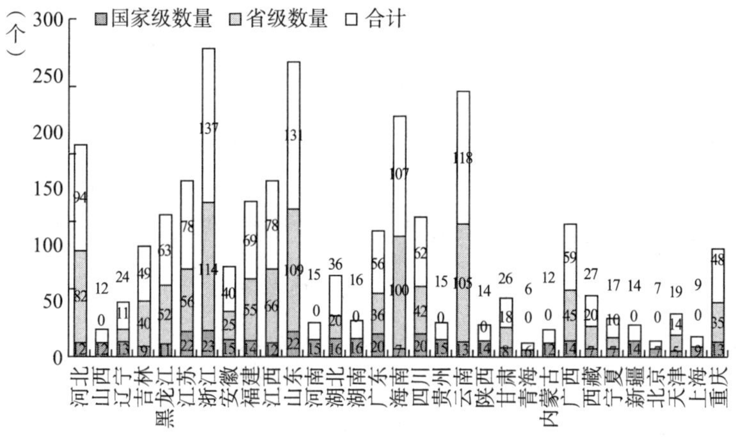

图 1　国家级和省级特色小镇的分布

资料来源：根据国家住建部和全国 31 个省（自治区、直辖市）相关政府部门公布名单整理汇总，截至 2018 年 7 月 1 日。

在中国，特色小镇发展仍属于新鲜事物，近 3 年才兴起并迅速在全国各地扩展，主要是一个实践热点话题。将该话题上升到理论层面的相关研究可追溯至 20 世纪 80 年代小城镇在中国城市建设化中的作用及问题，但当时的重心仍在城市化的研究，较为忽略小城镇，逐渐由城市化中的小城镇过渡到 21 世纪初城镇化中的小城镇合理发展问题，至 2015 年国家新型城镇化中人的城镇化问题。既应该认识到特色小镇相关理论渊源脱胎于城市化、城镇化和新型城镇化，更不应该忽略特色小镇是国家新型城镇化中的“特色担当”。诚然，针对特色小镇的研究理应有别于以往的研究，然而至今仍鲜有文献从理论层面探讨特色小镇的相关问题，直接对特色小镇创建的理论研究更是少之又少。

二　文献综述

国外对小城镇探索较早可追溯至 18 世纪中期，马克思在《政治经济学批判》中提出“乡村城镇化”，认为现代的历史是乡村城镇化，而不是过去的城市乡村化；1898 年，霍华德在《明日：一条通向真正改革的和平道路》（1902 年改版为《明日的田园城市》）描绘的“田园城市”，是为安排健康生活和发展工业而设计的城镇；1975 年，钱纳里等在《工业化和经济增长的比较研究》中提出工业化与城镇化的协同关系模型，认为城镇化创造需求并促使产业结构优化升级；1991 年，麦吉提出“城乡一体化理论”，阐述亚洲发展中地区的城市化进程是通过城乡一体化发展来推动城镇化发展的。在此基础上，国外围绕乡村发展与小城镇建设关系、小城镇发展对环境影响、小城镇可持续发展、传统城镇转型、小镇和城市政府权力影响、城乡二元体系的形成、城乡二元体系的超越、小城镇的复兴等问题开展了与小城镇相关的大量实证研究。西方发达国家的城镇化历史悠久且较成熟，出现了一批产业特色鲜明、知名度大、影响力强的特色小镇，特别是发展旅游往往容易成为小镇振兴的关键因素，成长为小镇的特色产业。不同类型的特色小镇也引起学者的广泛关注，如以旅游为特色产业的英国爱丁堡旅游小镇（Edinburgh）、以图书（书香文化）为特色产业的英国海伊图书小镇（Hay-on-Wye）、以港口资源为特色产业的意大利菲诺海港小镇（Portofino）、以乡村音乐节为特色产业的澳大利亚塔姆沃思音乐小镇（Tamworth）等。

国内对小城镇的研究起步较晚，20 世纪 80 年代，费孝通先生指出小城镇是一种介于城乡之间的社会实体，应以农村工业化和乡镇企业为动力推动小城镇发展，认为小城镇模式以邻近大中城市发展的苏南模式、家庭和联户企业等私营经济为核心的温州模式、邻近香港发展外向型经济的珠三角模式为代表，早期针对小城镇综合效益探讨居多。此后，针对小城镇的类型体系、小城镇发展潜力测评、小城镇发展困境和误区、小城镇规划管理、小城镇特色塑造等方面均有研究。当前，特色小镇有利于克服新型城镇化建设出现的传统小镇发展“瓶颈”和弊端，成为新型城镇化的研究热点。在中国知网的期刊数据库和硕博论文数据库，以“特色小镇”为主题词进行检索，发现相关研究成果主要集中于近 3 年，学者主要从以下三个方面开展研究：一是特色小镇内涵研究，主要源于浙江省特色小镇的实践探索，一般认为特色小镇“非镇非区”，是创新发展平台、是聚焦特色产业、融合文化、旅游、社区功能的创新创业发展平台，该认识基本对应发改规划〔2016〕2125 号文件对特色小镇的定义。二是特色小镇的发展问题研究，如特色小镇在城镇化发展规律认识不够深入、主导产业遴选科学性不够、发展模式同质化、体制机制创新活力不足、政策设计不合理等。三是特色小镇发展路径研究，如以人为本的协调发展理念、具有创新能力的产业生态系统、加大特色产业培育和转型升级、促进多功能的融合发展、提升“优而美”的形态建设品质、强化政策服务与保障、完善工作考核机制等。

综上所述，正是特色小镇在实践中的蓬勃发展及对特色小镇创建重大意义的认识，催生了学界对特色小镇的相关研究，现有文献主要是从经验层面探讨特色小镇的发展问题，以具体的个案（某一特色小镇）或某类特色小镇（旅游特色小镇居多）或某区域特色小镇（江浙特色小镇为主）的研究居多，侧重于将相关经验材料通过总结的方式进行提升，容易出现的不足表现为论据不够充实、过程逻辑演绎不够充分、部分结论有待商榷。在特色小镇创建方面，现存主要是以住建部《关于做好 2016 年特色小镇推荐工作的通知》（建村建函〔2016〕71 号）中的附件 3《小城镇建设工作情况报告编写提纲》，以及住建部办公厅《关于做好第二批全国特色小镇推荐工作的通知》（建办村函〔2017〕357 号）中的推荐要求为指引，缺乏从学理上系统阐述特色小镇创建有哪些内在要素、各要素之间有何关联、内在机制如何。因此，本文以特色小镇创建为研究对象，以 276 个中国特色小镇的评审意见为研究素材，采用扎根理论研究方法，从理论层面研究中国特色小镇创建机制的维度生成，从实践层面探讨中国特色小镇创建机制的模型阐述。

三 研究方法与资料来源

（一）研究方法

扎根理论是自然主义研究范式下的质性研究方法，要求研究者深入特定情境中，对资料中逐渐浮现的概念和范畴进行系统收集，在资料达到饱和状态下，对资料进行分析、归纳和发展出影响研究目标的各种因素，通过不断比较、测试和验证，并对类似情境下的经验实施检验，从而进一步修改和发展理论命题。由 Glaser 和 Strauss 首次提出并系统介绍，属于经典扎根理论学派。在此基础上，Strauss 和 Corbin 发展出程序化扎根理论，Charmaz 提出建构型扎根理论。从认识论视角看：经典扎根理论对应实证主义认识论，实施步骤包括开放性编码、选择性编码与理论性编码；程序化扎根理论体现诠释主义认识论，实施步骤为开放性编码、主轴编码与选择性编码；建构型扎根理论对应建构主义的认识论，实施步骤包括初始编码、聚焦编码、轴心编码与理论编码。由于程序化扎根理论认为一套在关系命题中相互联系的完善概念体系可用来解释和预测客观现象中的问题，且操作原则、分析步骤和评价标准相对成熟，较适合本文研究对象及所收集资料的特点，因此，本文侧重于程序化扎根理论。

（二）资料来源

2017 年 8 月，国家住房和城乡建设部公布了第二批全国特色小镇名单，共计 276 个，每个入选小镇均会获得评审专家的评审意见。笔者通过住建部系统全面地收集了专家组针对 276 个全国特色小镇的评审意见，最终获得 677 条具体意见。这些评审意见涵盖了全国 31 个省（自治区、直辖市）的各种不同类型国家级特色小镇，具有全面性和代表性的特点，资料具有较重大的研究价值。通过反复阅读，发现评审意见均为特色小镇在后期创建时需要注重或整改的方向性指南，也是住建部和财政部等政府部门督促检查特色小镇创建成效的重要衡量标准。评审意见要么是针对目前特色小镇创建存在的主要问题（主要不足），要么是针对未来特色小镇创建容易出现问题的警示（防范于未然），要么是指引特色小镇的整改方向（发展对策），要么是指明优秀特色小镇应体现在哪些方面（提供典范），所有这些均是指向特色小镇创建问题。此外，意见整体还具有权威性、用词具有凝练性、语句具有逻辑性等特点，这些特点适合采用扎根理论的归纳手法对资料进行概念化、抽象化的思考与分析，从而建构与发展理论。

四　中国特色小镇创建机制

（一）开放性编码

开放性编码是将原始资料在其整体语境下进行拆解审视与对比分析，将繁杂化的材料向精练化的语言转变，进而赋予/提取概念，结合概念在研究中所处的语境，分析概念间的联系，把握概念间的逻辑，将概念以新的方式重新组合，形成范畴。本文围绕“特色小镇创建”这一主线，借助 Nvivo 10 质性分析软件，对 677 条具体意见逐条进行概念化编码及范畴提炼。通过将收集和整理好的文字转成合适的格式，导入 Nvivo 10 的项目内存档，然后建立节点，采用浏览编码方式，即一边浏览原始意见，一边将所需要的内容编码到指定节点中。此后，利用 Nvivo 10 的创建模型功能，串连各模块中的相关节点建立模型，呈现出概念、范畴、主轴之间的关系，形成研究的译码模型图，为后续理论的建构与解释做好铺垫。编码过程先由作者对资料进行整理，表 1 列举了几个对原始资料进行概念提炼的示例。在对所有具体意见进行初次提炼后，邀请研究该领域的博士生和实践管理人员各 1 名对编码进行校对，并对存在分歧的概念及范畴进行反复比较、甄别和讨论，最终形成表 2 的范畴与概念化编码结果，共 434 个概念和 22 个范畴。

表 1　概念化编码示例

原始资料	概念提炼
突出特色产业的集聚效应，扩大会展业对经济的拉动作用	集聚效应、会展业、经济拉动
新建区域的高层建筑偏多，应加强规划引导，避免建设与整体环境不协调的高层或大体量建筑，促进新建风貌与传统风貌的协调	规划引导、新老建筑协调
建议以原来的尼山乡孔子湖为依托，发展基于孔圣人、国学相关的特色产业，并把握好商业和学问之间的关系，培育浓郁的治学、求学氛围	国学产业、协调国学与商业关系
尽快修编规划，优化镇区规划方案，按照“镇区景区化”目标进行规划和建设，突出镇区与自然地貌的融合，加强与渠江的联系	规划修编、镇区与自然地貌融合
充分发掘古镇历史文化和客家文化要素，打造区别于其他古镇的旅游发展特色	历史文化、客家文化、旅游发展

说明：鉴于资料特点，初始概念提取秉承贴近资料、注意关联、原词优先的原则，即尽可能提取具体意见的原始概念。

表 2　范畴与概念化编码结果

序号	范畴	概念
1	自然生态环境保护美化	自然资源、自然条件、自然环境、严禁挖山填湖、严禁破坏水系、挖掘地热资源、顺应自然山体、水资源、水治理、水系特色、水环境特色、湿地资源、改善水环境、保护田园风光、保护利用河流水系、保护利用地形地貌、自然灾害、生态资源、山体修复、绿地、控制污染隔离带、环境治理、环境保护、河道整治、海产养殖病害、采石场、避免影响海洋生态、保护生态环境
2	镇区风貌塑造	注重区域形象、镇区与自然地貌融合、镇区与传统地貌融合、镇区风貌与文化衔接、镇区风貌与环境衔接、原生态小镇风貌、新老建筑风貌协调、提升风貌、特色空间营造、探索镇区时尚风格、水镇交融空间格局、控制高层建筑、空间管控、空间格局保护、江南水乡特色、建筑体现时代特色、建筑体现地域特色、建筑设计水平、建筑结合时代要素、建筑风貌整治、海岛特色、传承镇区风貌、避免盲目盖高楼、保护老镇区风貌、保护不同时期建筑特色、保持传统风貌
3	运营管理提升	做好项目落地、自主品牌培育、增强内生动力、引入优质企业、引入龙头企业、引进社会资本、引进民间资本、引进和落实大项目、野果品牌打造和宣传、形成合力、项目建设、挖掘品牌价值、提升游客留宿率、提升社会管理水平、提升承载力、提升产品品质、提高旅游接待能力、探索发展模式、梳理建设项目、实施计划、社会资本参与建设、确保项目资金落实、强化民族风情、培育小镇品牌、落实近期建设项目、落实产业项目、加强组织实施、加强小镇管理、改变产业园模式、发挥名人效应、打造知名品牌、打造精品小镇、错位发展、创新运营模式、差异化竞争、避免同质化竞争

续表

序号	范畴	概念
4	艺术审美熏陶	艺术性、艺术特色、雕刻艺术
5	宜业宜居宜游营造	住宅提供、营造旅游氛围、宜居宜业、宜居小镇、循环经济、修宽路、协调居民与企业关系、协调居民和旅游发展关系、贴近生活、贴近工作、体现童趣、提升居住品质、提升健康品质、提高服务水平、陶瓷与旅游融合发展、生态小镇、商业设施、商业街、人文环境、全域旅游、农民就地城镇化、美丽乡村建设、满足多样化需求、绿色生活、旅游集散地、居住配套、教育配套设施、建楼房、加强镇区旅游功能、改善人居环境、发展旅游
6	土地资源管控	用地规模控制、节约土地、减少工业用地
7	特色产业培育发展	朱砂产业、种植业、中医健康产业、纸制品产业、园林产业、引入乐器制造企业、银杏旅游、音乐产业、艺术产业、养生文化产业、养生产业、养老产业、休闲养生产业、休闲农业、新兴产业、湘莲产业、乡村旅游、硒产业、稳固特色产业、文旅项目、文旅产业、文化旅游业、文化创意、文化产业、文创产业、温泉产业、卫浴产业、土家医药业、体育产业、提升涂装设备产业、特色汽车行业、特色农业、特色产业培育、特色产业发展、陶瓷产业、手工艺加工产业、食品产业、商贸产业、桑蚕养殖业、汽车摩托车配件业、普洱茶产业、葡萄产业、啤酒文化园、皮革行业、农业产业、凝练和强化产业特色、木雕手工业、民俗民宿旅游、米酒产业、绿色农业、旅游产业、龙虾产业、科普产业、康体旅游、咖啡产业、聚焦特色产业、景观陶瓷业、精密机械产业、近郊旅游发展、机电产业、机车产业、会展业、会展产业、黄金产业、户外运动、互联网+、红色文化旅游基地、红色旅游、红豆杉产业、核心产业、航空产业、国学产业、观光农业、工业旅游、钢铁产业、发展通航产业、发展工业旅游、发展阿语（阿拉伯语）、雕刻产业、电子信息产业、创意农业、长寿产业、茶香产业、彩灯产业
8	思想理念先进	一体化发展、可持续发展、坚持社会主义核心价值观、坚持绿色发展
9	人力资源开发	引入人流、人才引进
10	区域功能整合	自然与人文融合、自然历史人文资源整合、资源与产业融合、整合旅游资源、镇区园区协调、镇区与自然环境融合、镇区与乡村融合、镇区与景区融合、镇区融合、镇景村联动、新老镇区协调、协调镇县区发展关系、协调镇区园区高铁站区发展关系、协调镇区关系、协调项目与小镇关系、协调国学与商业关系、三产融合、融入周边旅游线、区域城镇化重要节点、贸易和文化交融、历史与自然协调、带动乡村发展、长白山错位发展、产镇融合、产镇联动、产业与文化结合、产业文化生态结合

续表

序号	范畴	概念
11	历史文化传承发展	注重当地文化、中国文化、彰显文化、杂技文化、严禁破坏历史文物、文化融入小镇建设、文化基础条件、文化多元化、文化传播、外来文化、挖掘历史文化资源、土家族传统文化、突出地域文化、特色文化、陶瓷文化、唐三彩文化、塑造孝文化、塑造地方文化、舜帝文化、秦楚文化、茉莉花文化、民俗及传统文化、麻将文化、历史文化、孔子文化、客家文化、军工文化、金沙滩文化、江南水乡文化、加强文化交流、红色文化、汉文化、佛教文化、非物质文化遗产、地域文化、地方文化特色、传统文化与现代文化、传统文化保护传承、藏传佛教、玻璃文化、本土文化传统、保护文化、保护历史文化资源、保护古建筑群、保护传统村寨
12	空间格局优化	优化功能布局、用地布局、统筹产业空间布局、人口规模、空间格局、空间尺度宜人、街区尺度、产业布局
13	科学技术创新	完善产品研发和销售、提升科研创新能力、提升技术含量、提高智能水平、特色产业科技含量、茉莉花产品研发、利用现代技术、科技研发、科技含量
14	经济效应提升	增收致富、增强产业生命力、形成规模效应、推进小镇经济发展、提升边贸交易额、经济实力、经济拉动、集聚效应、发挥效益、对外贸易、带动农民增收致富、带动产业发展、产业做大做强、产业项目规模、产业带动效应
15	基础设施建设	物流设施建设、设施共享、企业创业基地、交通设施、基础设施、公共设施、公共空间、公共服务设施、服务设施、道路建设
16	机制体制创新	制作行业标准、支持政策、运营模式、完善配套政策、完善考核机制、完善保障措施、体制机制改革与创新、利益共享机制建设、环保措施、管理措施、创新投融资机制体制、创新商业模式、创新管理体制、产业策划
17	规划修编引导	制定历史建筑保护方案、制定专项规划、小镇选址、市场调研和培育、规划引导、规划修编、规划管理、产业调研
18	功能效用提升	镇域带动作用、增强国际竞争力、示范作用、示范基地、示范带动作用、农业农村带动作用、就业带动、竞争优势、功能提升、带动周边乡村发展、带动周边发展、带动乡村发展、产业引领作用
19	风险防范控制	预防机制、提高产业抗风险能力、控制乡镇债务、控制房地产比例、避免职住分离、避免政府过度负债、避免照搬城市模式、避免照搬城市居住模式、避免现有居民整体迁出、避免贪大求快、避免盲目扩张、避免过大过全、避免房地产化
20	发展目标定位	主导产品、确定产业方向、明确主导产业、明确小镇定位、明确特色产业门类、明确产业发展思路、厘清发展方向、发展方向、多元化发展、避免跟风发展、避免产业多而不强

续表

序号	范畴	概念
21	产业链延伸	种植、展览展示、延伸野山参产业链、延伸陶瓷产业链、延伸米酒产业链、延伸旅游产业链、延伸茶叶产业链、销售、拓展硒产业链、拓展旅游产业链、体验、水产养殖、食品加工、农业销售、农业体验观光、农业体验、农业生产、农业加工、农业观光、木家具加工、美食产品、矿泉水生产、开发旅游产品、教育、加工、红干椒品牌观光、多元化旅游项目、雕刻墙、稻蟹种植养殖、促进口岸业务
22	产业结构优化升级	优化产业结构、提升农业附加值、提升附加值、提升产业发展质量、提升产业发展、提高农业附加值、提高产品附加值、淘汰落后产能、传统产业改造升级、丰富产业内涵、产业融合发展、产业提质增效、产业多元

（二）主轴编码

由于开放性编码所得到的概念、范畴和彼此内在关系较为模糊，需要进行第二阶段的主轴编码，将开放式编码的结果，通过意义比较与归纳聚类，在不同范畴之间建立关联。具体而言，对22个范畴进行系统分析，判断不同范畴的关系内涵，厘清线索，分析确定范畴间的关联类属，并在此基础上发现和建立范畴之间的逻辑从属结构，最终获得4个主范畴，分别是科学的可实施的规划机制、价值链提升的竞争机制、复合动力的保障机制和多重目标的平衡机制。进一步，根据Nvivo 10所生成的各个概念参考点及覆盖率，分别统计出不同主范畴及对应范畴的参考点及覆盖率的具体分布（见表3）。某节点编码覆盖率越高，说明所关注的文本信息出现的频率越高，因而该信息既是评审专家的关注热点，也是特色小镇创建的重点。对不同维度、范畴和概念在各节点编码覆盖率的比较分析，可以窥探特色小镇创建的层级特征和重点所在。由表3可知：第一，中国特色小镇创建各维度的重要性由大至小分别为价值链提升的竞争机制（33.71%）、多重目标的平衡机制（33.30%）、科学可实施的规划机制（17.46%）和复合动力的保障机制（15.54%）。第二，中国特色小镇创建的范畴重要性排前5位分别为规划修编引导（15.34%）、特色产业培育发展（12.82%）、自然生态环境保护美化（12.01%）、镇区风貌塑造（8.17%）和历史文化传承发展（6.56%），这5个范畴在22个范畴中覆盖率高达53.07%。第三，进一步对各个概念的覆盖率进行分析，得知中国特色小镇创建的概念重要性排前6位分别为规划修编（14.13%）、环境治理（7.57%）、镇区风貌塑造（4.54%）、产业链延伸（2.12%）、用地规模控制（1.92%）和空间尺度宜人（1.92%），这6个概念在434个概念中覆盖率高达32.2%。

表3 主范畴的形成及各范畴的分布

<table>
<tr><th>主范畴（维度）</th><th>对应范畴</th><th>参考点</th><th>覆盖率（%）</th><th>总参考点</th><th>总覆盖率（%）</th><th>范畴关系内涵</th></tr>
<tr><td rowspan="3">科学可实施的规划机制</td><td>规划修编引导</td><td>152</td><td>15.34</td><td rowspan="3">173</td><td rowspan="3">17.46</td><td>基于市场调研和产业调研，修编规划，加强规划管理与规划引导</td></tr>
<tr><td>发展目标定位</td><td>13</td><td>1.31</td><td>厘清发展方向，确定主导产业，明确小镇定位与产业发展思路</td></tr>
<tr><td>思想理念先进</td><td>8</td><td>0.81</td><td>以社会主义核心价值观为指引，坚持绿色、可持续的发展方向</td></tr>
<tr><td rowspan="7">价值链提升的竞争机制</td><td>产业链延伸</td><td>53</td><td>5.35</td><td rowspan="7">334</td><td rowspan="7">33.71</td><td>拓宽延长产业链，形成上、中、下游全产业链条，提升产业竞争力</td></tr>
<tr><td>产业结构优化升级</td><td>37</td><td>3.73</td><td>传统产业改造升级，优化产业结构，增加产业附加值，促进产业提质增效</td></tr>
<tr><td>特色产业培育发展</td><td>127</td><td>12.82</td><td>凝练和强化产业特色，加强加大特色产业培育与发展力度</td></tr>
<tr><td>区域功能整合</td><td>58</td><td>5.85</td><td>资源整合、产业整合、要素整合、关系整合、功能整合、地貌风貌整合</td></tr>
<tr><td>空间格局优化</td><td>28</td><td>2.83</td><td>优化人口规模、用地布局、产业布局、街区尺度，体现宜人的空间特色</td></tr>
<tr><td>科学技术创新</td><td>12</td><td>1.21</td><td>提升科研创新能力，提高特色产业科技含量，增强竞争优势</td></tr>
<tr><td>功能效用提升</td><td>19</td><td>1.92</td><td>加大特色产业的引领示范带动作用，进而带动周边发展</td></tr>
</table>

续表

主范畴（维度）	对应范畴	参考点	覆盖率（%）	总参考点	总覆盖率（%）	范畴关系内涵
复合动力的保障机制	运营管理提升	38	3.83	154	15.54	做好项目落地，确保资金落实，引入龙头企业，引进社会资本，加强组织实施与小镇管理
	土地资源管控	24	2.42			科学确定规划用地规模，注重土地资源管控，集约节约利用土地资源
	人力资源开发	2	0.20			注重人才引进，用好人、留住人
	基础设施建设	30	3.03			加强公共设施、基础设施建设，提升公共服务水平
	机制体制创新	30	3.03			改革与创新商业模式、运营模式、投融资机制和管理体制，完善行业标准、保障措施和考核机制
	风险防范控制	30	3.03			控制政府负债、房地产比例，避免贪大求快、盲目扩张和过大过全，提高产业抗风险能力
多重目标的平衡机制	自然生态环境保护美化	119	12.01	330	33.30	顺应自然山体，严禁挖山填湖、破坏水系，防范自然灾害，严控污染，保护生态环境，加强环境整治，实现自然资源保护与环境美化
	镇区风貌塑造	81	8.17			建筑体现地域特色、时代特色，注重镇区与自然地貌、传统地貌、文化氛围的衔接融合，塑造独具特色镇区风貌
	艺术审美熏陶	4	0.40			提高产品和产业的艺术性，提升小镇艺术特色，在小镇获得艺术审美熏陶
	宜业宜居宜游营造	40	4.04			营造和谐的多方利益主体关系，建设宜业、宜居、宜游的小镇
	历史文化传承发展	65	6.56			严禁破坏历史古物，挖掘历史文化资源，地域传统文化融入小镇，实现历史文化传承发展
	经济效应提升	21	2.12			推进小镇经济发展，提高经济发展质量，带动人民增收致富

（三）选择性编码

选择性编码是将提取的主范畴统一整合成核心范畴，探讨核心范畴与主范畴及其他范畴的内在逻辑关系，通过故事线概念化的方式将所有材料开发出来的概念、范畴、主范畴进行内在串联。基于本研究的目的，结合从原始资料到主范畴的反复比较、分析和整理，最终将“中国特色小镇创建机制”确定为核心范畴，围绕核心范畴的内在逻辑关系为：中国特色小镇创建机制，以科学可实施的规划机制为前提条件，以价值链提升的竞争机制为关键行动，以复合动力的保障机制为保障策略，以多重目标的平衡机制为预期结果（见图2）。

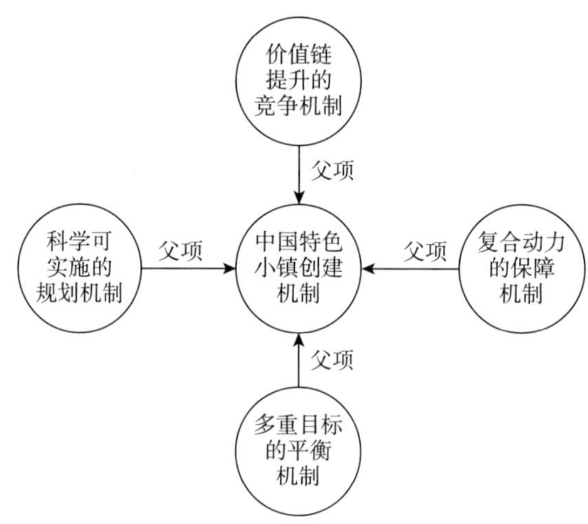

图2　中国特色小镇创建机制模型

为了保证研究信度，需要对研究结论进行理论饱和度检验。一般而言，可通过以下三条准则对理论饱和度进行检验：第一，后续的资料没有发现新的范畴；第二，范畴的属性和维度已经充分开发；第三，范畴之间的关系已经形成，且能予以验证。本文通过收集与特色小镇创建相关的新闻报道作为检验的数据来源。具体而言：通过高校财经数据库，以“特色小镇”为检索标题，逻辑关系选择全部字词命中，对中国经济新闻库、中国商业报告库和 INFOBANK 环球商讯库进行检索，分别得到新闻报道 790 篇、141 篇和 73 篇，按时间顺序随机筛选出 20 篇与特色小镇创建相关的新闻报道，围绕研究情境与研究目的，对新闻文本进行编码，发现新出现的概念，均可归入所对应的范畴内，没有形成新的范畴和关系，模型中的范畴也已经发展得非常丰富，因此可以认为，本文所构建的中国特色小镇创建机制模型在理论上是饱和的。

五 中国特色小镇创建机制模型阐述

（一）科学可实施的规划机制：前提条件

规划在特色小镇创建中扮演着战略引领的角色、发挥着刚性控制的重要作用，正如习近平总书记所强调的“规划科学是最大的效益，规划失误是最大的浪费，规划折腾是最大的忌讳”。在特色小镇创建热潮中，却存在着不少小镇创建层次不高，缺乏规划的引领，镇区风貌无特色，房子乱搭随意建，产业与小镇融合度不高，有的有产业无小镇、有的有小镇无产业等不良现象。这些现象的背后，主要是规划意识不强或规划不科学或规划无实施的问题。无疑，科学可实施的规划机制是中国特色小镇创建的前提条件。具体而言，首先，确保参评的小镇所提交的材料至少有两份文件。小镇主导产业整体规划和小镇创建方案。其中，产业整体规划侧重从产业发展现状、问题、趋势、总体要求、主要任务、空间主要布局、分区设计、近期发展重点、各期投资估算、发展策略和保障措施等方面开展；创建方案注重从小镇总体概况、基础条件、发展定位与目标、总体空间布局、特色产业发展、基础设施建设、宜居环境营造、体制机制创新、项目投资和建设计划等方面进行。其次，注重规划的有序衔接。既包括小镇主导产业整体规划与小镇创建方案的衔接，也应注重小镇创建方案与城镇总体规划、土地利用总体规划的衔接，实现“多规合一”，全方位、立体化及高标准谋划小镇的发展。再次，厘清规划目标定位。目标定位是做好规划的首要环节，是指引小镇沿着既定轨道科学发展的前提。此外，规划必须具有科学性、前瞻性、约束性，要坚持绿色、可持续的发展方向，特别要注重传统文化遗产和自然景观资源的保护，强化小镇文脉的发掘和延续，加强小镇特色风貌塑造。最后，坚持“一份科学规划实施到底”。小镇规划既不能高高挂起、沦为摆设，也不能领导一换届，规划就换届，而是应该确保规划的可持续实施，按照规划把蓝图转化为现实。

（二）价值链提升的竞争机制：关键行动

一方面，自从建村〔2016〕147 号文件发布以后，国家相关部委局针对特色小镇又陆续发布了建村建函〔2016〕71 号、发改规划〔2016〕2125 号、建村〔2016〕220 号、建村〔2016〕221 号、发改规划〔2016〕2604 号、发改规划〔2017〕102 号、建村〔2017〕27 号、体群字〔2017〕73 号、建办村函〔2017〕357 号、农市便函〔2017〕114 号、办场字〔2017〕110 号、建村〔2017〕144 号、体群字〔2017〕149 号、建村〔2017〕178 号、农办市〔2017〕27 号和发改规划〔2017〕2084 号文件，近 3 年内，国家相关部委局针对特色小镇专项发文高达 17 项，对特色小镇创建极为重视。另一方面，以浙江云栖小镇、梦想小镇、乌镇互联网小镇等为代表的一批特色小镇，成为发改规划〔2016〕2125 号文件所着力推崇的浙江特色小镇发展模式与发改规划〔2017〕2084 号文件所渲染的浙江特色小镇经验。在国家政策指引及浙江特色小镇示范下，全国各地掀起特色小镇申报创建与模仿热潮，特色小镇创建同质化现象严重。如何在激烈的特色小镇创建竞争中脱颖而出，需要将价值链提升的竞争机制，作为中国特色小镇创建的关键行动。具体而言，一是加大特色产业培育发展，立足特色产业建镇。根据区域要素禀赋和比较优势，挖掘本地最有基础、最具潜力、最能成长的特色产业。在东部地区，着重引导高端产业、新兴产业、商贸产业、创意创新产业、现代服务产业、信息科技产业等为主导产业的特色小镇发展；在中西部地区，着重引导文化旅游产业、休闲康养产业、农林渔业产业和历史民俗风情等为主导产业的特色小镇发展。二是推进产业链的梯度升级。注重上游、中游和下游产业链条产品的细化与开发，形成全产业链条，从而拓宽延长产业链，提升产业竞争力。三是促进产业结构优化升级。一方面，重视传统产业改造升级，从而优化产业结构；另一方面，积极培育产业新业态，促进产业提质增效。四是发挥科学技术创新支撑作用。提高特色产业科技含量，提升科技成果在特色产业中的转移转化承接能力，增强竞争优势。五是加强区域功能整合与功能效用提升。注重全方位和不同层次的各种要素、资源、项目、产业、资金、产镇等的整合提升，从而优化组合，提升竞争力。

（三）复合动力的保障机制：保障策略

发改规划〔2017〕2084号文件指出特色小镇应该实行创建达标制度，统一实行宽进严定、动态淘汰的创建达标制度，取消一次性命名制。一次性命名制的取消，正是认识到部分小镇只管前期申报、不管后期发展，只注重拿牌、轻实际成效的形式主义与投机主义。如何实现特色小镇的可持续发展，需要将复合动力的保障机制，作为中国特色小镇创建的保障策略。具体而言：第一，强化土地要素保障。充裕的土地资源是提升小镇发展潜力的重要因素，按照节约集约用地要求，积极盘活存量土地，充分利用荒山、荒坡、荒滩等未利用地，大力推进低效产业用地再开发，着力提升节地水平和土地资源配置效率。第二，注重基础设施建设。便捷完善的基础设施是实现小镇可持续发展的基础条件，加强小镇道路、供水、供电、通信、宽带网络、污水垃圾处理、物流、园林绿化、水体生态系统、学校、医院、体育馆、集贸市场、产品交易市场、生活超市等基础设施建设。第三，重视人力资源开发。人力资源品质的优劣决定小镇发展能力的高低，树立人才是第一资源的理念，落实创新创业人才扶持政策，在岗位设置、薪资福利、人才发展等方面给予政策保障，对进入小镇的领军人才、研究生、公司高管、科技人员创业者、留学归国人员等给予倾斜。第四，提升运营管理水平。高效的运营管理能够提升小镇的生命力，小镇建设运营管理要坚持走市场化道路，做好项目落地，确保资金落实，引入城镇经营理念，引进社会资本，加强组织实施与小镇管理。第五，加强机制体制创新，注重风险防范控制。从理念模式、社会管理、利益联结机制、长效合作机制等方面提升小镇的机制体制活力；防止项目建设被房地产开发主导，防止项目建设中政府过度举债，防范可能出现的社会风险、市场风险和法律风险，提高产业抗风险能力。

（四）多重目标的平衡机制：预期结果

发改规划〔2017〕2084 号文件指出，特色小镇是在几平方公里土地上集聚特色产业、生产生活生态空间相融合、不同于行政建制镇和产业园区的创新创业平台，不能盲目地把产业园区、旅游景区、体育基地、美丽乡村、田园综合体以及行政建制镇戴上特色小镇“帽子”。文件所强调的特色小镇定义及其不同于以往一般的园区（景区、基地、综合体、建制镇），正是认识到特色小镇具有丰富的内涵，需要平衡各方利益诉求，实现多重目标。因此，需要将多重目标的平衡机制，作为中国特色小镇创建的预期结果。特色小镇创建既要能够实现小镇经济发展、促进人民增收致富，又要坚持“绿水青山就是金山银山”、实现自然资源保护与生态环境美化；既要传承地域特色、实现历史文化传承，又要与时俱进、体现时代特色；既要实现产业立镇、产业富镇、产业强镇，又要营造艺术小镇、美丽小镇、宜居宜游小镇。

六　结论与讨论

中国特色小镇创建主要是近三年才兴起，在国家系列专项政策的指引及推动下，发展势头极为迅猛，需要不同视角对其进行研究，尤其是针对其创建过程和创建规范的研究，在全国各地创建热潮下显得尤为迫切且意义重大。本文收集专家组对全国各个省（自治区、直辖市）的特色小镇评审意见，样本资料来自住建部，能够准确、有效、全面地反映中国特色小镇创建存在的主要问题、整改的主要方向，基于扎根理论，在特色小镇创建情境下，借助 Nvivo 10 软件，对 276 个全国特色小镇、共 677 条具体评审意见进行质性分析，开放性编码得到 434 个概念和 22 个范畴，主轴编码获得 4 个主范畴，选择性编码确定了“中国特色小镇创建机制”为核心范畴，生成了中国特色小镇创建机制模型。围绕该模型，研究认为：科学可实施的规划机制是中国特色小镇创建的前提条件、价值链提升的竞争机制是中国特色小镇创建的关键行动、复合动力的保障机制是中国特色小镇创建的保障策略、多重目标的平衡机制是中国特色小镇创建的预期结果。

本文的贡献主要在于：其一，本文以特色小镇为研究对象，是对新型城镇化实践类型研究的有效补充，有助于丰富与新型城镇化相关的研究体系；其二，本文整体性、系统性地透视特色小镇创建的内在要素如何形成，各要素之间有何内在关联，首次从理论视角阐释专家对特色小镇创建的理解；其三，从专家组评审视角，进一步完善建村建函〔2016〕71 号文件和建办村函〔2017〕357 号文件中针对特色小镇创建的规定，为后期政府相关部门规范特色小镇的政策制定提供参考。特别要指出的是，本文所建构的中国特色小镇创建机制，能够从理论视角弥补经验认知的不足，为特色小镇实践活动的开展提供理论指导。

本文也存在不足之处，首先，后续研究可以拓展资料来源渠道，以更丰富的样本资料对中国特色小镇创建做进一步探讨；其次，本文以第二批中国特色小镇为样本资料，较为静态呈现，随着后续中国特色小镇评选批次的增加，会出现更为丰富的资料，可以探讨特色小镇创建的动态演化；最后，后续还可以将中国特色小镇按地域、按类型进行细分，分别研究不同地域不同类型的特色小镇发展情况，做进一步的对比研究。

参考文献

埃比尼泽·霍华德：《明日的田园城市》，金经元译，商务印书馆，2010。

陈雯：《试论我国城市发展方针》，《地理研究》1996 年第 3 期。

董金秋、刘爽：《中国小城镇发展的角色困境及对策新思考》，《华中农业大学学报》（社会科学版）2013 年第 6 期。

方创琳、鲍超、黄金川等：《中国城镇化发展的地理学贡献与责任使命》，《地理科学》2018 年第 3 期。

费孝通：《论小城镇及其他》，天津人民出版社，1986。

郭相兴、夏显力、张小力等：《中国不同区域小城镇发展水平综合评价分析》，《地域研究与开发》2014 年第 5 期。

霍利斯·钱纳里、谢尔曼·鲁宾逊、摩西·赛尔奎因：吴奇、王松宝等，《工业化和经济增长的比较研究》，译，格致出版社，2015。

贾旭东、衡量：《基于“扎根精神”的中国本土管理理论构建范式初探》，《管理学报》2016 年第 3 期。

卡尔·马克思：《政治经济学批判：序言，导言》，人民出版社，1971。

李柏文：《国内外城镇旅游研究综述》，《旅游学刊》2010 年第 6 期。

李冬梅、郑林凤、林赛男等：《农业特色小镇形成机理与路径优化——基于成都模式的案例分析》，《中国软科学》2018 年第 5 期。

林初昇、马润潮：《我国小城镇功能结构初探——以广东省为例》，《地理学报》1990 年第 4 期。

林晓群、朱喜钢、孙洁等：《从“广度研究”走向“深度研究”——中国小城镇空间结构研究的转型与升级》，《人文地理》2017 年第 3 期。

陆大道、陈明星：《关于“国家新型城镇化规划（2014 - 2020）”编制大背景的几点认识》，《地理学报》2015 年第 2 期。

陆大道：《地理学关于城镇化领域的研究内容框架》，《地理科学》2013 年第 8 期。

谯薇、邬维唯：《我国特色小镇的发展模式与效率提升路径》，《社会科学动态》2018 年第 2 期。

商文芳：《论浙江省特色小镇推动城市发展方式转变的动力机制与路径选择》，《中国名城》2017 年第 11 期。

田明、张小林：《我国乡村小城镇分类初探》，《经济地理》1999 年第 6 期。

王小章：《特色小镇的”特色”与”一般”》，《浙江社会科学》2016 年第 3 期。

王振坡、薛珂、张颖等：《我国特色小镇发展进路探析》，《学习与实践》2017 年第 4 期。

卫龙宝、史新杰：《浙江特色小镇建设的若干思考与建议》，《浙江社会科学》2016 年第 3 期。

翁建荣：《高质量推进特色小镇建设》，《浙江经济》2016 年第 8 期。

张杰、沈喆莹：《新型城市化背景下小城镇规划管理机制创新》，《规划师》2013 年第 3 期。

周凯、韩冰：《基于综合效益评价的特色小镇产业遴选与体系构建方法研究》，《学术论坛》2018 年第 1 期。

朱莹莹：《特色小镇建设的路径演变、发展困境与对策研究——基于嘉兴市 29 个创建培育对象的分析》，《嘉兴学院学报》2017 年第 4 期。

Bajracharya, B. N. , "Promoting Small Towns for Rural Development: A View from Nepal", *Asia-Pacific Population Journal*2 (1995): 27 - 50.

Bradbury, I. , Kirkby, R. , "Development and Environment: The Case of Rural Industrialization and Small-town in China", *Ambio* 3 (1996): 204 - 209.

Charmaz, K. , *Constructing Grounded Theory: A Practical Guide Through Qualitative Analysis*. Thousand Oaks: Sage Publications, 2006.

Congleton, R. D. , "Why Local Governments do not Maximize Profits: On the Value Added by the Representative Institutions of Town and City Governance," *Public choice*149 (2011): 197 - 207.

Emrana, M. S. , Shilpi, F, "Beyond Dualism: Agricultural Productivity, Small Towns, and Structural Change in Bangladesh", *World Development*, (2018): 264 - 276.

Ferreira, S. , "Role of Tourism and Place Identity in the Development of Small Towns in the Western Cape, South Africa," *Urban Forum*3 (2007): 191 - 209.

Glaser, B. G. , Strauss, A. L. , *The Discovery of Grounded Theory: Strategies for Qualitative Research*. New Brunswick Aldine Transaction, 1967.

Gorman-Murray, A , Waitt, G. , Gibson, C. , "Chilling Out in 'Cosmopolitan Country': Urban/Rural Hybridity and the Construction of Daylesford As a 'Lesbian and Gay Rural Idyll'", *Journal of Rural Studies*1 (2012): 69 - 79.

King, B. E. M. , Jago, L, "A Tale of Two Cities : Urban Tourism Development and Major Events in Australia", *Centre for Hospitality and Tourism Research*3 (2015): 119 - 133.

Ma L. J. C. , Hanton E. W. , *Urban Development in Modern China*. Boulder Westview Press, 1981.

Mayer, H. , Knox, P. , "Small-town Sustainability: Prospects in the Second Modernity," *European Planning Studies*10 (2010): 1545 - 1565.

McGee, T. G. , The Emergence of Desakota Regions in Asia: Expanding a Hypothesis. In *Ginsburg N. , Koppel B. , and McGee T. G. (eds.), The Extended Metropolis: Settlement Transition in Asia* Honolulu: University of Hawaii Press, 1991: 3 –25.

Parlett, G. , Fleteher, J. , Coop, C. , "The Impact of Tourism on the Old Town of Edinburgh," *Tourism Management*5 (1995): 355 –360.

Postma, A. , Buda D. M. , " Gugerell K. The Future of City Tourism" . Journal of Tourism, *Futures*2 (2017): 95 –101.

Powe, N. A. , "Non-amenity Business Growth and Small Town Revival", *Journal of Rural Studies*62 (2018): 125 –133.

Salmona P. , Verardi D. , "The Marine Protected Area of Portofino, Italy: A difficult Balance", *Ocean & Coastal Management*1 (2001): 39 –60.

Seaton, A. V. , "Book Towns as Tourism Developments in Peripheral Areas," International *Journal of Tourism Research*5 (1999): 389 –399.

Strauss, A. , Corbin, J. M. , *Grounded Theory in Practice*. Thousand Oaks: Sage Publications, 1997.

Toerien, D. F. , "The 'Small Town Paradox' and Towns of the Eastern Cape Karoo, South Africa," *Journal of Arid Environments*154 (2018): 89 –98.

特色小镇专项政策文本传递的流变研究

——基于内容分析法

余构雄　曾国军*

摘　要： 近年全国各地掀起特色小镇创建热潮，为促进其健康有序发展，中央和地方政府制定了系列专项政策。深入研究专项政策的整体结构与传递流变，对于政策体系的优化完善等具有重要意义。对国级 17 项特色小镇专项政策与省级 91 项特色小镇专项政策进行内容分析。研究发现：（1）特色小镇专项政策文本，以落实工作举措为主要内容的“专项通知”占比最高，以指导原则为主要内容的“指导意见”次之，其他类型的文本极少，缺乏法律法规文本。（2）国级特色小镇专项政策由“认清现状问题—明确重要意义—强化指导思想—提供基本保障—实现创建目标”的整体结构所组成。（3）省级特色小镇专项政策由超越型、有所增添型、拆分—整合型、基本吻合型和缺失型 5 大类型组成，特色小镇专项政策从国家层面向省级层面的整体传递效果较优但再创造性明显不足。（4）影响关系的 5 种形式，反映出政策“由上至下”的强约束和“由下而上”的能动性。研究不仅能够为同类政策研究提供理论补充，还为规范特色小镇的政策制定提供参考，进

* 余构雄，管理学博士，中山大学旅游学院科研博士后，主要研究方向为文旅小镇创建与发展、旅游空间生产、节事旅游与会展管理；曾国军，管理学博士，中山大学旅游学院教授、博士生导师，主要研究方向为旅游投融资管理、酒店管理与饮食地理。

一步丰富城镇化研究体系。

关键词： 特色小镇　文本传递　流变　内容分析法

一　引言

国家历来十分重视小（城）镇建设。1955 年，国务院颁发了《中华人民共和国关于设置市镇建制的决定和标准》，建制镇被规定为经省（自治区、直辖市）批准的镇。1963 年，国务院颁布了《关于调整镇建制、缩小城市郊区的指示》，进一步提高镇设置标准。1984 年国务院批转民政部《关于调整建制镇标准的报告》，对建制镇的标准重新进行了修订，这也成为目前对建制镇设置标准最新的专项政策。1997 年，党的十五大报告中首次提出要“搞好小城镇规划建设”。2000 年，国务院颁布《关于促进小城镇健康发展的若干意见》，之后各省份陆续出台相应的小城镇发展指导性意见。2006 年，《十一五规划纲要》明确了要“促进城镇化健康发展”。2014 年，国务院颁布《国家新型城镇化规划（2014～2020 年）》，指出城镇化是现代化的必由之路，是解决农业农村农民问题的重要途径，是推动区域协调发展的有力支撑，是扩大内需和促进产业升级的重要抓手。2016 年，国务院颁布《关于深入推进新型城镇化建设的若干意见》，首次强调要加快特色镇发展，发展具有特色优势的休闲旅游、商贸物流、信息产业、先进制造、民俗文化传承、科技教育等魅力小镇。由此可知，特色小镇主要脱胎于国家新型城镇化战略，成为新型城镇化的重要载体和发展模式，其涉及供给侧结构性改革、经济转型升级、发展动能转换、大中小城市和小城镇协调发展、城镇化对新农村建设辐射带动等多重因素，使发展特色小镇意义重大。应该指出，以往政策文件主要针对小城镇、建制镇的设置与建设而制定。2016 年 7 月，由住建部、发改委和财政部联合颁布的《关于开展特色小镇培育工作的通知》，则是首个国家层面的特色小镇专项政策，由此催生大部分省（自治区、直辖市）纷纷出台特色小镇专项政策。截至 2018 年 7

月，国家相关部委局针对特色小镇专项政策发文 17 项，各省（自治区、直辖市）出台特色小镇专项政策文件 91 项，对特色小镇重视程度及专项政策发展速度可见一斑。

国外已有将城镇化相关政策作为研究对象的文献，可归纳为两类，第一类是不同国家城镇化政策的比较研究，如分别对肯尼亚、坦桑尼亚、赞比亚和津巴布韦四个国家城镇化政策有效性的评估，尤其是政策对消除贫困和不平等的影响；比较中国和印度的城镇化政策，认为低阶城市（lower order cities，可以理解为小城镇）可以在引导未来城镇化和确保经济和空间平衡发展方面发挥重要作用，需要“自上而下”与“自下而上”城镇化政策的有效衔接；对比乌干达首都坎帕拉和肯尼亚首都内罗毕的农业政策创新如何推进地区城镇化进程。第二类是某个国家城镇化政策的研究，如解读印度尼西亚城市化政策的关键要素，进而评估这些政策在控制地区城镇化的有效性；研究作为新城镇项目适用法律的《城镇更新促进法》（The Special Law for Promotion of Renewal of Town），其政策宗旨及对韩国城镇化发展的影响。中国的城镇化历程起步较晚，但发展速度极快，引起国际社会对中国城镇化现象的关注，少数外文文献基于不同视角探讨中国城镇化政策，为研究全球城镇化政策提供典型案例。国内对城镇化政策的研究，可总结为三种情况，一是宏观性视角探讨城镇化政策的演变，如梳理改革开放以来，城镇化政策的演变及演变的必然性与发展趋势。二是从区域视角开展与城镇化政策相关研究，如对比浙江、江苏、山东、四川和吉林 5 省农村城镇化发展政策；收集东北地区城镇化建设的政策，分析各项政策对城镇化的制约作用。三是单一政策视角探讨城镇化发展，如产业政策、土地政策、财政政策、公共投资政策等。此外，还有介绍国外城镇政策及针对城镇化政策编制背景的探讨等。

在特色小镇政策研究方面，由于特色小镇专项政策的制定与发布主要集中于近 3 年，发展历史较短，但文件数量之多之密前所未有，与特色小镇专项政策蓬勃发展形成比照的是，学界的相关研究较为滞后，鲜有文献针对其展开研究。仅有的少数研究主要包括两方面：一是对特色小镇专项政策的解读，侧重于解读特色小镇专项政策中的某一条例或某一政策，如对特色小镇概念在政策文本中的解读，对特色小镇规划建设政策的解读。二是结合不同地区剖析特色小镇专项政策，侧重于通过具体案例阐述特色小镇专项政策，如浙江特色小镇专项政策如何推动国家政策的制定、如何开展政策审计，如何把握政策重点，福建与浙江特色小镇专项政策的比较分析。不难发现，现有对特色小镇专项政策的探讨主要停留于静态层面，仅仅关注某一条例或某一政策的特点现状，以及个别地区对政策的应用情况，缺乏从动态层面刻画或解释特色小镇专项政策变迁的系统性、整体性研究。鉴于政策是政府履行治理职能最主要的方式和手段，政策能力是政府治理能力的核心和命脉，而政策传递是连接政策制定与执行的重要环节，是连接治理活动的纽带和神经网络，在很大程度上决定着政府政策能力水平；政策传递绝非简单地被接受、被执行，而是需要被理解、被解释和被再创造；而政策传递过程中的政策文本流变，是政策从上至下不停地增加或删减、调整或变更，从而形成风格分殊、重点不同、结构各异的政策文本。因此，本文立足于系统性和整体性视角，采用内容分析方法，建构国家层面特色小镇专项政策整体结构，进一步探讨特色小镇专项政策从国家层面向省级层面的流变情况，不仅能够较为全面窥视特色小镇专项政策主要内容，且为认识政策执行情况提供一种新途径。

二　研究方法与资料来源

（一）研究方法

内容分析方法是一种基于定性研究的量化分析方法，通过从原文或者有意义的素材中，将抽离出来的使用“情景”，做出可再现的和有效推断的研究技术。往往以内容性为基点，侧重于分析研究对象内容特征的“量”，先利用推理和比较的方法对研究对象包含的语义信息量进行分析，再使用数学和统计学的方法对不同信息量出现的频率进行统计分析，从而实现对

“质”的深入把握。政策文件以及与政策相关的文本是政府政策行为的反映，是记述政策意图和政策过程尤为有效的客观凭证。显然，内容分析法非常适合于分析、解释政策文本中有关主题的本质性事实，对特色小镇专项政策文本进行内容分析可以“从公开中萃取秘密”。

（二）资料来源

通过对法律之星、北大法宝、高校财经数据库中的中国法律法规库等政策文献数据库进行检索，同时查阅全国 31 个省、自治区、直辖市（不含中国香港、中国澳门和中国台湾地区）相关政府部门公开的政策文件，共获得 17 份国家部委局层面（简称国级）(见表 1）和 91 份省级层面的特色小镇专项政策（见图 1)。

表 1　国级特色小镇专项政策

序号	时间	政策名称	颁布机构
1	2016. 7	关于开展特色小镇培育工作的通知（建村〔2016〕147 号）	住建部等三部门
2	2016. 8	关于做好 2016 年特色小镇推荐工作的通知（建村建函〔2016〕71 号）	住建部
3	2016. 10	关于加快美丽特色小（城）镇建设的指导意见（发改规划〔2016〕2125 号）	发改委
4	2016. 10	关于推进政策性金融支持小城镇建设的通知（建村〔2016〕220 号）	住建部、中农行
5	2016. 10	关于公布第一批中国特色小镇名单的通知（建村〔2016〕221 号）	住建部
6	2016. 12	关于实施“千企千镇工程”推进美丽特色小（城）镇建设的通知（发改规划〔2016〕2604 号）	发改委等六部门
7	2017. 1	关于开发性金融支持特色小（城）镇建设促进脱贫攻坚的意见（发改规划〔2017〕102 号）	发改委、国开行
8	2017. 1	关于推进开发性金融支持小城镇建设的通知（建村〔2017〕27 号）	住建部、国开行
9	2017. 5	关于推动运动休闲特色小镇建设工作的通知（体群字〔2017〕73 号）	体总局办

续表

序号	时间	政策名称	颁布机构
10	2017.5	关于做好第二批全国特色小镇推荐工作的通知（建办村函〔2017〕357号）	住建部办
11	2017.6	关于组织开展农业特色互联网小镇建设试点工作的通知（农市便函〔2017〕114号）	农业部市
12	2017.7	关于开展森林特色小镇建设试点工作的通知（办场字〔2017〕110号）	林业局办
13	2017.7	关于保持和彰显特色小镇特色若干问题的通知（建村〔2017〕144号）	住建部
14	2017.8	关于公布第一批运动休闲特色小镇试点项目名单的通知（体群字〔2017〕149号）	体总局办
15	2017.8	关于公布第二批全国特色小镇名单的通知（建村〔2017〕178号）	住建部
16	2017.10	关于开展农业特色互联网小镇建设试点的指导意见（农办市〔2017〕27号）	农业部办
17	2017.12	关于规范推进特色小镇和特色小城镇建设的若干意见（发改规划〔2017〕2084号）	发改委等四部门

说明：建村建函〔2016〕71号、建村〔2016〕221号、建办村函〔2017〕357号、体群字〔2017〕149号、建村〔2017〕178号均为对特色小镇推荐工作的要求及名单的公布，并无其他实质内容，在进行国级特色小镇专项政策整体结构分析时将其剔除。

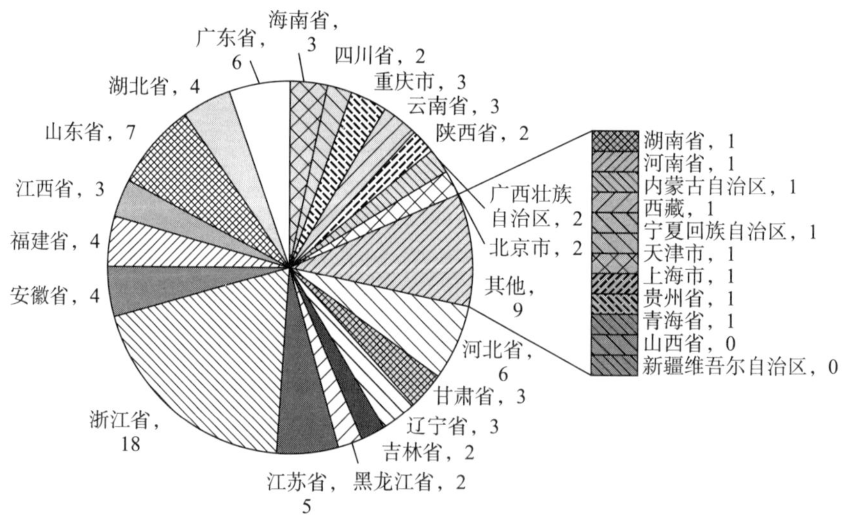

图1　省级特色小镇专项政策分布

根据对17份国级和91份省级特色小镇专项政策文本的统计，借鉴相关学者对政策文本的类型划分，将特色小镇专项政策文本类型归纳为专项通知、指导意见（含实施意见、试行意见、暂行意见）、管理办法（含实施办法、考评办法、评估办法、认定办法、暂行办法、试行办法等）、实施细则（含管理细则、实施细则）、发展规划（含规划纲要、发展计划）、法律法规和其他等7大类（见表2）。从中可以看出，特色小镇专项政策文本是以落实工作举措为主要内容的，其中“专项通知”占比最高，国级与省级占比分别高达76.47%和53.85%，说明特色小镇日常的政策指导运行主要是通过“专项通知”来实现。其次是政府部门出台的以指导原则为主要内容的“指导意见”，国级与省级占比分别为23.53%和31.87%。

表2　特色小镇专项政策文本类型

单位：份，%

文种类型	专项通知	指导意见	管理办法	实施细则	发展规划	法律法规	其他
国级数量	13	4	0	0	0	0	0
国级占比	76.47	23.53	0	0	0	0	0
省级数量	49	29	3	3	5	0	2
省级占比	53.85	31.87	3.30	3.30	5.49	0	2.20

三　国级特色小镇专项政策整体结构

借助Nvivo 10质性分析软件，围绕“特色小镇专项政策内容框架”这一主线，对上述12项国级特色小镇专项政策按句子进行内容分析，采用浏览编码方式，即一边浏览原始政策，一边将所需要的内容编码到指定节点中，通过层层归纳，从其所呈现的脉络寻找节点间的内在关联与逻辑关系。编码过程先由作者对资料进行整理，在对所有资料进行初次编码后，邀请研究该领域的博士生和实践管理人员各一名对编码进行校对，并对存在分歧的编码进行反复比较、甄别和讨论，最终建构出国级特色小镇专项政策整体结构（见图2），从而在宏观上揭示政策的内容框架。

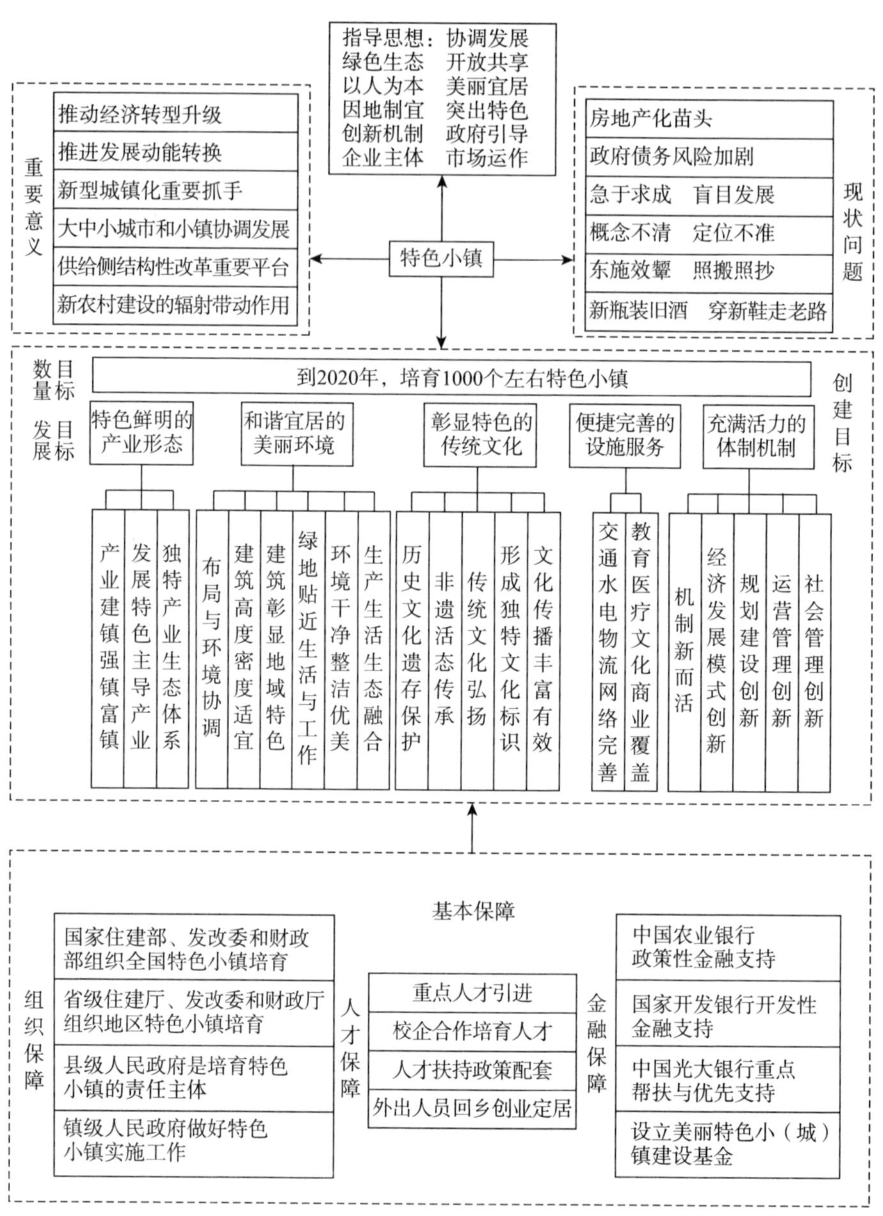

图 2　国级特色小镇专项政策整体结构

国级特色小镇专项政策整体结构，由现状问题、重要意义、指导思想、创建目标和基本保障五部分组成。具体而言，围绕特色小镇的申报与创建，需要各地区政府部门及相关企事业主体认清特色小镇目前存在的房地产化苗头、政府债务风险加剧、急于求成等现状问题，明确特色小镇创建对于推动经济转型升级、推进发展动能转换、成为新型城镇化重要抓手等重要意义，强化特色小镇发展必须以美丽宜居、协调发展、绿色生态等为指导思想，提供特色小镇创建所需要的组织保障、人才保障、金融保障为基本保障，实现包括数量目标和发展目标的特色小镇创建目标。实际上，特色小镇系列专项政策的出台，其目的是为了引导特色小镇的科学可持续发展，明确特色小镇的发展路径、主要目标和规范要求，具有较强烈的问题意识与目标导向，其基本逻辑是依据“认清现状问题—明确重要意义—强化指导思想—提供基本保障—实现创建目标”展开论述。

四 特色小镇专项政策文本传递的流变

（一）流变的整体情况

对 91 份省级特色小镇专项政策进行内容分析，先分别对各省（自治区、直辖市）专项政策按政策主题进行归类，再以国级特色小镇专项政策整体结构的编码方式进行内容分析，将合适内容编码到整体结构节点中，其余内容围绕“特色小镇专项政策内容框架”主线继续生成新的一、二级节点。如浙江有 18 份专项政策，除生成国级特色小镇专项政策整体结构所包括的指导思想、现状问题、重要意义、创建目标和基本保障这五个一级节点及相应的二级节点外，还生成了规划布局、创建态势、创建程序、统计监测和考核验收这五个新一级节点及相应的二级节点。最终，综合对比全国 31 个省（自治区、直辖市）专项政策一、二级节点的分布，以国级特色小镇专项政策整体结构为参照物，将其划分为五大类型，分别为超越型、有所增添型、拆分—整合型、基本吻合型和缺失型。不同类型的省份数量由高至低依次为基本吻合型 17 个，在全国各地区占比 54. 84%；有所增添型 8 个，在全国各地区占比 25. 81%；拆分—整合型 3 个，在全国各地区占比9.68%；缺失型2个，在全国各地区占比6.45%；超越型1个，在全国各地区占比3.23%（见表3）。除缺失型的山西和新疆外，其余类型的省份至少具有国级特色小镇专项政策整体结构，反映出特色小镇专项政策从国家层面向省级层面的整体传递效果较优，但超越型的省份仅有1个，侧面体现出政策从国家层面向省级层面再创造性的明显不足。

表3　省级特色小镇专项政策类型及其流变

类型	内涵	流变情况	省（自治区、直辖市）	数量
超越型	超越型的省（区、市）分门别类地制定各项政策支持与指导特色小镇发展，特色小镇专项政策初步形成政策体系	较为全面且综合引领	浙江	1
有所增添型	有所增添型的省（区、市）特色小镇专项政策除具有国级特色小镇专项政策整体结构外，在某些专项政策有增添	某些专项政策引领	山东、广东、福建、河北、江苏、湖北、安徽、海南	8
拆分—整合型	拆分—整合型的省（区、市）特色小镇专项政策是对国级特色小镇专项政策整体结构的拆分与整合，个别内容较具体且有发挥	个别条例引领	重庆、辽宁、北京	3
基本吻合型	基本吻合型的省（区、市）特色小镇专项政策与国级特色小镇专项政策整体结构具有较好一致性	基本匹配	甘肃、江西、天津、上海、吉林、黑龙江、河南、湖南、四川、云南、陕西、广西、西藏、宁夏、内蒙古、贵州、青海	17
缺失型	缺失型的省（区、市）缺失特色小镇专项政策	缺失	山西、新疆	2

具体而言：浙江的特色小镇专项政策属于超越型，除了常规性地制定特色小镇规划建设的指导意见和公布特色小镇创建名单外，还分别制定了《电子商务特色小镇创建工作的通知》、《特色小镇建成旅游景区的指导意见》、《高新技术主导特色小镇的实施意见》、《推进特色小镇文化建设的若干意见》、《特色小镇规划建设统计监测工作的通知》、《特色小镇创建导则》、《开展第一批省级特色小镇创建对象2015年度考核通知》等专项政策，形成相对具体详细的系列政策体系。事实上，特色小镇的概念及创建热潮主要兴起于浙江，特色小镇专项政策亦是从浙江省开始逐渐扩散到全

国，在国家层面的建村〔2016〕147 号文件推出之前，浙江已发布了浙政发〔2015〕8 号、浙电商办〔2015〕6 号、浙特镇办〔2015〕7 号、浙旅政法〔2015〕216 号、浙经信政研〔2016〕31 号、浙政办发〔2016〕30 号、浙科发高〔2016〕90 号、浙文法〔2016〕7 号、浙特镇办〔2016〕2 号等十余个省级特色小镇专项政策，从这个角度看，在特色小镇政策文本传递的流变，浙江特色小镇专项政策引领国级及其他省级专项政策。

山东、广东、福建、河北、江苏、湖北和海南的特色小镇专项政策属于有所增添型。山东发改委发布了服务业特色小镇试点工作的通知，拟在商贸流通、休闲旅游、文化创意、养老养生、医疗健康等服务业领域，选定一批服务业特色小镇开展试点。广东发改委发布了安排粤东西北地区发展改革部门省级特色小镇创建工作费用通知，从 2017 年省级财政预算内基建统筹资金中安排 1200 万元，专项用于粤东西北地区发展改革部门开展省级特色小镇创建工作，12 个地市，每市 100 万元。福建发改委制定了特色小镇创建规划编制指引，要求所上报的特色小镇，可参照指引所提供的规划背景、编制依据、规划范围、规划期限、创建基础、发展分析、规划目标、规划指标、产业发展规划、空间规划布局、特色风貌塑造、社区功能组织、项目策划、建设时序、资金筹措、规划成果等方面开展规划编制，这些方面均有较为细致的规划编制要点，是国内较早制定规划编制指引的省份。河北发改委出台了特色小镇规划布局方案，针对特色小镇的发展重点、空间布局和发展模式有较具体的阐述。江苏省政府办公厅发布了旅游风情小镇创建实施方案，从发展目标、创建要求、创建程序、政策措施和组织领导五大方面规范旅游风情小镇的创建。湖北住建厅专门出台开展 2017 年特色小镇培育工作检查的通知，重点检查小镇主导产业的产值、新增投资和产业项目，建设用地、风貌管控等美丽环境建设措施，传统文化保护措施，公共设施和基础设施新建项目以及体制机制创新措施，是否存在不遵循市场规律、政府大包大揽情况，是否存在违法违规搞大规模圈地开发情况。安徽省国土资源厅专门发布支持和促进特色小镇建设的意见，通过实施差别化用地政策、推进农村土地整治和发展设施农业、积极盘活利用空闲农房及宅基地，各种举措灵活保障特色小镇用地，是国内较早在土地资源上予以明确指引的省份。海南省政府制定了特色产业小镇建设三年行动计划，从各个方面督促与规范特色小镇的创建。有所增添型省份的特点主要表现为，这些省份的特色小镇专项政策除具有国级特色小镇专项政策整体结构外，能够根据自身特色小镇的发展特点与重点，增添个别专项政策。在特色小镇政策文本传递的流变，有所增添型省份在某些专项政策引领国级及其他省级专项政策。

重庆、北京、辽宁的特色小镇专项政策属于拆分—整合型。重庆在市政府办公厅所发布的做好特色小镇（街区）示范点创建工作文件中，特别重视特色小镇创建的组织保障，在不同进程及各个具体项目中，明确指定相应牵头部门或配合部门。如编制特色小镇（街区）示范点建设规划，牵头部门为市发展改革委、市国土房管局、市环保局、市规划局；新型城镇化专项建设基金，牵头部门为市发展改革委，配合部门为市财政局和市民族宗教委；市级小城镇建设专项资金投入，牵头部门为市财政局和市城乡建委。北京在市质量技术监督局公布的旅游特色小镇地方标准中，详细规定了旅游特色小镇的基本要求、设施要求、服务要求和管理要求等，从而规范了旅游特色小镇的创建。辽宁省政府所出台的推进特色乡镇建设的指导意见中，分别针对旅游型特色乡镇、历史文化型特色乡镇、民族特色型特色乡镇、现代农业型特色乡镇和生态宜居型特色乡镇，细化不同类型的特色小镇发展目标及组织保障。拆分—整合型省份的特点主要表现为，这些省份的特色小镇专项政策是对国级特色小镇专项政策整体结构的加工组合，往往在个别方面更为具体翔实。在特色小镇政策文本传递的流变，拆分—整合型省份的特色小镇专项政策在个别条例上引领国级及其他省级专项政策。

甘肃、江西、天津、上海、吉林、黑龙江、河南、湖南、四川、云南、陕西、广西、西藏、宁夏、内蒙古、贵州和青海的特色小镇专项政策属于基本吻合型，其特点表现为基本具备了对特色小镇现状问题的认识、重要意义的理解、指导思想的指引、基本保障的提供和创建目标的实现等各方面的阐述。在特色小镇政策文本传递的流变，基本吻合型省份的特色小镇专项政策与国级专项政策较为匹配。山西和新疆尚未制定特色小镇专项政策，则属于缺失型。

（二）流变的影响关系

从图3可知，国级特色小镇专项政策与省级不同类型的影响关系存在双向影响与单向影响两种形式，其中，双向影响包括强—强互动影响、强—弱强互动影响、强—弱互动影响，单向影响包括单向强影响、单向弱影响。国级特色小镇专项政策作为国家层面政策，对超越型、有所增添型、基本吻合型、拆分—整合型省份的特色小镇专项政策具有强影响关系，即使对缺失型的山西与新疆也具有弱影响关系，体现出国级政策对省级政策“由上至下”的强约束特点。这是因为部分国级政策属于规定性政策，如建村建函〔2016〕71号文件和建办村函〔2017〕357号文件，对各省参评国级特色小镇采用定额分配，所有省份都分配到名额，要求参评单位需严格按创建要求提供评审资料，由此不难理解，国级政策对缺失型的省份也会产生影响。超越型、有所增添型和拆分—整合型对国级特色小镇专项政策分别产生强影响、弱强影响和弱影响关系，即部分省份不同程度地影响国级

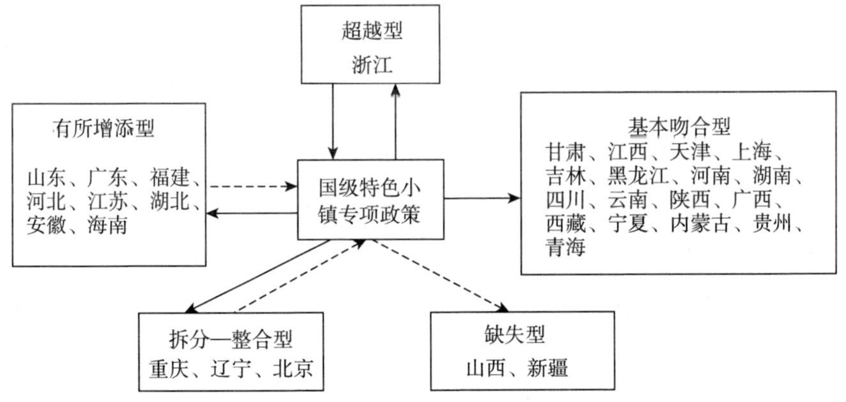

图3　政策传递流变的影响关系

说明：实心箭头表示强影响，非实心短划线箭头表示弱影响，非实心方点线箭头表示弱强影响。

政策的形成与制定，体现出省级政策对国级政策“由下而上”的能动性反馈。典型的如超越型的浙江，最早发布了一系列特色小镇专项政策，已成为发改规划〔2016〕2125号文件所着力推崇的浙江特色小镇发展模式与发改规划〔2017〕2084号文件所渲染的浙江特色小镇经验。

五　结论及政策建议

特色小镇主要是近3年才兴起并迅速在全国各地扩展，针对特色小镇的专项政策文件发展历史亦较短，但已发布了国级的17项专项政策与省级的91项专项政策，在数量及内容上已形成了较为丰富的研究素材，挖掘这些政策文本中相关主题的本质性事实，显得尤为迫切且意义重大，文章正是立足于此而开展研究。研究得出以下结论：第一，从特色小镇专项政策文本类型来看，无论国级抑或省级，均以专项通知和指导意见为主，其他类型的文本极少，缺乏法律法规文本。第二，对国级特色小镇专项政策的内容编码，呈现出由“现状问题—重要意义—指导思想—基本保障—创建目标”五个一级节点所构成的整体结构，该结构能符合一般政府出台政策的问题意识与目标导向。第三，将31个省（自治区、直辖市）的特色小镇专项政策划分为超越型、有所增添型、拆分—整合型、基本吻合型和缺失型五大类型，基于不同类型专项政策的特点及相应省份在全国各地区的占比，可知特色小镇专项政策从国家层面向省级层面的整体传递效果较优但再创造性明显不足。五大类型的出现，不仅说明了政策传递过程中会出现政策文本流变，更印证了地方政策执行者会以自身利益需求为导向进行“有选择性的政策实施”及综合协调中央与地方利益诉求的政策“选择性均衡实施模式”，从各省（自治区、直辖市）专项政策内容来看，以政策“选择性均衡实施模式”为主。第四，特色小镇专项政策传递流变的影响关系有五种形式，强—强互动影响、强—弱强互动影响、强—弱互动影响、单向强影响和单向弱影响，整体反映出政策“由上至下”的强约束和“由下而上”的能动性。政策强约束和能动性的产生与影响程度分别受制于中央政府的协调能力（权威性）和地方政府的推动意志（重视性）。

本文的主要贡献在于：首先，有别于以往对国级特色小镇专项政策中的某一条例或某一政策的解读，本文基于归纳的内容分析建构而来的国级特色小镇专项政策整体结构，一定程度能够揭示政府出台政策的内在逻辑，同时深化对政策体系的系统直观理解。其次，鉴于政策传递对政策预期效益的实现至关重要，而政策传递在内外各种因素影响下容易出现流变，本文研究特色小镇政策文本传递的流变，所得到的省级层面政策五大类型及五种影响关系，不仅有助于掌握政策文本传递流变的特征和规律，为同类政策研究提供理论补充，还能为规范特色小镇的政策制定提供参考。此外，政策研究作为城镇化研究的重要方向之一，本文以特色小镇专项政策为研究对象，为城镇政策研究提供新的经验案例，有助于丰富与城镇化相关的研究体系。

基于上述结论，提出完善特色小镇专项政策的建议：一是加快制定特色小镇创建的相关法律法规。目前无论哪个层面的特色小镇专项政策，法律法规文本均属空白。然而特色小镇牵涉面广，涉及的问题众多，如土地性质就很复杂，在发改规划〔2016〕2125 号文件中提出要“盘活存量土地，建立低效用地再开发激励机制，建立健全进城落户农民农村土地承包权、宅基地使用权，实施差别化用地政策”等，尽管当前国家层面已有基本国有土地、集体土地的一般规定，但是具体层面仍需通过详细的政策法规为特色小镇用地提供法理依据。二是加快发布特色小镇验收政策。现有特色小镇专项政策中，重评选轻验收现象尤为突出，如国级 17 项专项政策中，建村建函〔2016〕71 号文件、建办村函〔2017〕357 号文件、体群字〔2017〕73 号文件、农市便函〔2017〕114 号文件和办场字〔2017〕110 号文件，均为相应特色小镇推荐评选文件，文件中亦有相应的评选指引，但仍需加快制定包括验收内容、验收标准指标体系、验收程序等内容的特色小镇验收政策。三是省级政策文本中应有具体的行动计划。从图 2 的国级特色小镇专项政策整体结构可知，国级政策行动计划缺失，这一特点能够符合国级政策的宏观性、战略性和总体性的政策定位，但落实到省级层面时，需要因地制宜地细化指引。综观各省特色小镇专项政策，仅海南发布特色产业小镇建设行动计划（琼府〔2017〕56 号），其余省份均无相应的行动计划，个别省如浙江在浙政发〔2015〕8 号文件、甘肃在甘政办发〔2016〕114 号文件、江西在赣府字〔2016〕100 号文件和广东在粤发改区域〔2017〕438 号文件中，亦仅是粗略提出宽泛的行动步骤。因此，各省有必要从重大行动安排、具体行动要点、行动时间节点、行动目标、行动监控与反馈责任主体等方面形成专项行动计划，进而确保特色小镇创建有序实施。四是强化政策的清晰性、协同性、可行性与针对性。现有国级专项政策仍有待进一步优化，如建村〔2016〕147 号文件作为首份国家层面的特色小镇专项政策，要求优先选择全国重点镇。然而建办村函〔2017〕357 号文件则强调县政府驻地镇不推荐，建村〔2016〕220 号文件指出优先支持贫困地区，发改规划〔2017〕102 号文件强调支持特色小（城）镇脱贫攻坚。事实上，全国重点镇是镇域规模较大、人口较多、经济较发达、配套设施较完善的镇，县政府驻地镇往往为全国重点镇，且建村〔2016〕220 号文件和发改规划〔2017〕102 号文件在专项资金的支持上，偏向于经济欠发达的特色小镇，建村〔2016〕147 号文件与后三份政策在指导上存在矛盾。未来在专项政策的制定上，应更加突出政策的清晰性，一些专项政策如规划编制、土地管理等还需着重与相关领域的上位政策取得协同，同时，根据国家及区域发展背景、小镇发展阶段性特征及“瓶颈”问题来制定可行性高、针对性强的政策。

参考文献

本刊编辑部：《小城镇之路在何方？——新型城镇化背景下的小城镇发展学术笔谈会》，《城市规划学刊》2017 年第 2 期。

陈水光、郑庆昌：《福建省特色小镇培育政策的探讨》，《福建商学院学报》2018 年第 1 期。

冯奎、黄曦颖：《准确把握推进特色小镇发展的政策重点——浙江等地推进特色小镇发展的启示》,《中国发展观察》2016 年第 18 期。

冯新刚:《国家特色小城镇发展潜力百强评估研究》,《旅游学刊》2018 年第 5 期。

顾汉龙、冯淑怡、张志林等:《我国城乡建设用地增减挂钩政策与美国土地发展权转移政策的比较研究》,《经济地理》2015 年第 6 期。

贺东航、孔繁斌:《公共政策执行的中国经验》,《中国社会科学》2011 年第 5 期。

赖志勇、罗翔:《中国特色小镇规划建设政策体系分析》,《北京规划建设》2017 年第 5 期。

李东泉、黎唯:《省级新型城镇化规划文本传递中的流变分析》,《规划师》2017 年第 9 期。

李钢、蓝石等:《公共政策内容分析方法:理论与应用》,重庆大学出版社,2007。

李瑞昌:《中国公共政策实施中的“政策空传”现象研究》,《公共行政评论》2012 年第 3 期。

李文辉、郭丽娟:《基于新结构经济学的特色小镇理论解释框架》,《福建农林大学学报》(哲学社会科学版)2018 年第 1 期。

陆大道、陈明星:《关于“国家新型城镇化规划(2014~2020)”编制大背景的几点认识》,《地理学报》2015 年第 2 期。

吕萍:《东北地区城镇化建设的政策演变及其体系构建研究》,《社会科学战线》2014 年第 10 期。

罗柏森:《城市衰落与城市政策》,《地理译报(地理科学进展)》1987 年第 4 期。

罗思东:《从小城镇到大都市:改革开放以来我国城市化政策的演进》,《马克思主义与现实》2014 年第 6 期。

牛亚菲:《苏联的城市化——理论趋势和政策》,《人文地理》1987 年第 2 期。

裘家瑜、王帆:《特色小镇政策跟踪审计路径探索——基于浙江实践》,《财会月刊》2017 年第 11 期。

盛世豪、张伟明:《特色小镇:一种产业空间组织形式》,《浙江社会科学》2016 年第 3 期。

佟健:《整体性治理视阈下公共政策传递失真问题研究》,《管理观察》2015 年第 9 期。

王玉华:《新时期中国城镇化发展的产业政策需求》,《经济地理》2001 年第 2 期。

王曰芬:《文献计量法与内容分析法的综合研究》,南京理工大学博士学位论文，2007。

卫龙宝、史新杰：《浙江特色小镇建设的若干思考与建议》，《浙江社会科学》2016年第3期。

武前波、徐伟：《新时期传统小城镇向特色小镇转型的理论逻辑》，《经济地理》2018年第2期。

郗静、曹明明：《西安市城市化进程中的土地利用政策研究》，《人文地理》2007年第3期。

杨得前、蔡芳宏：《欠发达地区新型城镇化进程中的财政政策研究》，《中国行政管理》2015年第9期。

杨飞虎、孟祥慧：《新型城镇化建设中公共投资政策探析》，《学习与实践》2018年第4期。

姚尚建：《城乡一体中的治理合流——基于“特色小镇”的政策议题》，《社会科学研究》2017年第1期。

曾江、慈锋：《新型城镇化背景下特色小镇建设》，《宏观经济管理》2016年第12期。

张镧：《湖北省高新技术产业政策研究（1978～2012）：政策文本分析视角》，华中科技大学博士学位论文，2014。

张立：《特色小镇政策、特征及延伸意义》，《城乡规划》2017年第6期。

张永庆、王士君：《浙、苏、鲁、川、吉五省农村城镇化发展政策研究》，《人文地理》2000年第6期。

Banerjee, T., Schenk, S., “Lower Order Cities and National Urbanization Policies: China and India”, *Environment & planning A*4 (1984): 487 - 512.

Choi J. J., Kwon Y., “China's New Five-year's Plan Period the New Urbanization Policy”, *Journal of Association for Korean Public Administration History*38 (2016): 215 - 234.

Dewar, D., Todes, A., Watson, V., “Urbanization Processes and Policies in Africa: Lessons from Kenya, Tanzania, Zambia and Zimbabwe”, *Journal of contemporary African Studies*1 (1983): 79 - 107.

Garry, H. T., “An Over View of Content Analysis”, *The Marketing Review*4 (2003): 479 - 498.

Gore, C. D., “How African Cities Lead: Urban Policy Innovation and Agriculture in Kampala and Nairobi," *World Development*108 (2018): 169 - 187.

Kim, K. S., "New Town Policy for Coexistence and Mutual Contribution," *Public Land Law Review*57 (2012): 1 - 18.

O'Brien, K. J., Li, L., "Selective Policy Implementation in Rural China," *Comparative Policies*2 (1999): 167 - 186.

Qian, J., Peng, Y. F., Luo, C., etc, "Urban Land Expansion and Sustainable Land Use Policy in Shenzhen: A Case Study of China's Rapid Urbanization", *Sustainbility*1 (2015): 1 - 16.

Syafrizal, "Urbanization Control Policies in Indonesia," *Indonesian Journal of Demography*27 (1987): 51 - 76.

Wang, J., Lin, Y.. F, Anthony, G., "Land-use Changes and Land Policies Evolution in China's Urbanization Processes", *Land Use Policy*1 (2018): 375 - 387.

特色小镇创建专项政策研究

——基于内容分析法

曾国军　余构雄*

摘　要： 近三年，全国各地掀起特色小镇创建热潮，为促进其健康有序发展，中国政府制定一系列专项政策，对专项政策体系的宏观性内容梳理与整体性政策研究，对于政策体系的优化完善等具有重要意义。基于政策工具理论，采用内容分析方法，以国级和省级特色小镇创建专项政策为研究对象，讨论不同维度政策工具之间的内在关联。研究发现：（1）政策工具、政策周期和政策目标可用于构建特色小镇创建专项政策的三维分析框架。（2）专项政策涵盖了供给型、环境型和需求型三类基本政策工具，其中环境型使用频次最多，需求型使用最少。（3）专项政策主要围绕前期的调研规划阶段与中期的实施建设阶段，忽视后期的运营管理与末期的考核评估。（4）专项政策注重实现多重目标，主要作用于目标规划、金融支持、外部主体刺激和宣传教育。

关键词： 特色小镇　城镇发展　内容分析法

* 曾国军，管理学博士，中山大学旅游学院教授、博士生导师，主要研究方向为旅游投融资管理、酒店管理与饮食地理；余构雄，管理学博士，中山大学旅游学院科研博士后，主要研究方向为文旅小镇创建与发展、旅游空间生产、节事旅游与会展管理。

一 引言

特色小镇近年来在全国各地迅速扩展。目前已有403个中国特色小镇，1055个省、自治区和直辖市（不含港澳台地区）级特色小镇（见图1），相当于在我国661个城市中，平均每个城市已获批2.2个国家级和省级特色小镇称号。特色小镇的发展离不开相关政策的引导，国家部委局（简称国级）和省、自治区及直辖市（简称省级）层面纷纷出台系列政策文本规范特色小镇创建，省级层面的专项政策最早追溯至2011年云南省政府出台的《关于加快推进特色小镇建设的意见》（云政发〔2011〕101号），而2016年由住建部、发改委和财政部联合颁布的《关于开展特色小镇培育工作的通知》（建村〔2016〕147号），则是首个国家层面的特色小镇专项政策，目前已公开发布了17份国级特色小镇专项政策，91份省级特色小镇专项政策文件，90%以上的国级与省级特色小镇专项政策发布于近3年，特色小镇专项政策发展速度之快可见一斑。从政策工具视角而言，特色小镇创建的蓬勃发展，是特色小镇政策智慧的结晶，政策在其推荐评选、产业培育、基础设施建设到宜居环境营造等各方面发挥着重要作用。无疑，对特色小镇专项政策的研究意义重大。

政策从理念成为现实需要借助各种政策工具，政策是政府依靠对各种政策工具的设计、组织搭配及运用而形成的，政策工具为政策文本分析提供了重要的研究视角。对政策工具的研究较为集中于类型划分及其具体应用，在类型划分上，基于不同视角、不同研究目的及研究对象自身特点，有不同分类，如按预期目标可分为命令性工具、能力建设工具、激励性工具和系统变化工具，基于政策所产生影响的不同划分为供给型、环境型和需求型，依托政策所起作用的不同区分为命令条例、财政补助、管制规定、税务征减、劝诫、权威和契约，根据政策干预程度强弱划分为强制性、混合性和自愿性。在具体应用上，较为广泛，涵盖众多领域，如城市交通、农林业、光电产业、土地资源管理、医疗保健、环境治理等。国内

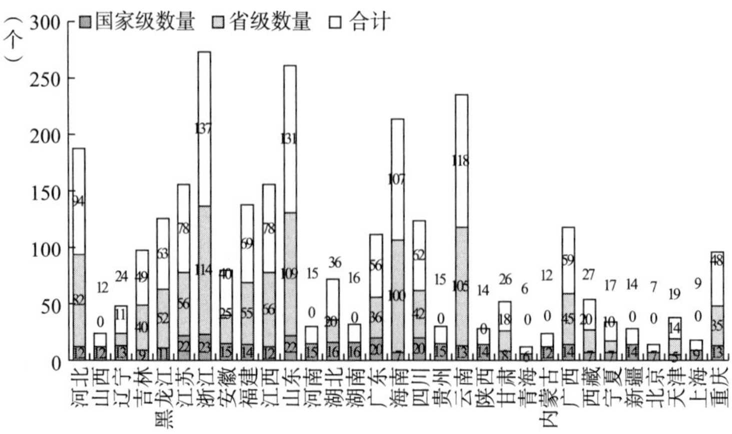

图 1　国家级和省级特色小镇的分布

说明：据国家住建部和全国 31 个省（自治区、直辖市）相关政府部门公布名单整理，截至时间 2018 年 7 月 1 日。

已有不少将政策工具应用于不同领域研究的学术文献，以某一产业为例进行经验研究的文献居多，其中，最为常见的是以罗思韦（Rothwell）和泽格维尔德（Zegveld）及豪利特（Howlett）和拉梅什（Ramesh）的基本政策工具分类为底板，结合研究对象自身特点建立政策分析框架。存在少量文献基于政策工具视角探讨城镇化相关研究，如低碳城市建设、智慧城市建设、城市更新、城镇医疗体制改革、土地储备、城市交通治理、城市功能疏解。

在特色小镇政策研究方面，由于特色小镇专项政策的制定与发布主要集中于近 3 年，鲜有文献针对其展开研究。仅有的少数研究集中于两方面：一是对特色小镇专项政策的解读，侧重于解读特色小镇专项政策中的某一条例或某一政策，如针对特色小镇概念在浙政发〔2015〕8 号文件、建村〔2016〕147 号文件和发改规划〔2016〕2125 号文件中的解读，进而拓展其延伸意义，对特色小镇的规划土地政策、财税政策、金融政策、人才政策、政府权限及改革支持政策的解读。二是对典型性地区的特色小镇专项政策进行剖析，着眼于具体案例阐述特色小镇专项政策，多以浙江为典型案例研究，如浙江特色小镇专项政策的先行先试，如何推动国家政策的制定，如何基于浙江等地特色小镇专项政策的主要内容，把握特色小镇发展重点及发展趋势等。综上，当下对特色小镇专项政策的有限探讨，主要是对政策的主观性评定和描述性分析，对政策内容评价的客观性和科学性不足，较为停留于静态层面的个别政策分析，缺乏对专项政策体系的宏观性内容梳理与整体性政策研究。因此，本文基于政策工具理论，采用内容分析方法，以国级和省级特色小镇创建专项政策为研究对象，建立特色小镇创建专项政策文本分析框架，评估政策制定者使用了哪些政策工具，不同维度的政策工具之间有何内在关联，现有政策工具能否满足特色小镇发展需求，未来专项政策重点何在。对这些问题的回应，有助于丰富政策分析理论框架，同时优化特色小镇专项政策体系，对特色小镇创建提供科学指引。

二　政策文本分析框架建构

（一）政策文本分析的基本框架

在政策制定者制定和执行政策时，为了发挥较为理想的政策效应，需要依据政策间的客观关系将系列政策工具有机结合起来，从而形成政策合力。特色小镇创建专项政策是政策制定者基于不同政策周期，借助一系列基本单元的政策工具优化组合而建构，最终目的是为了实现政策目标。基于此，本文的政策文本分析框架由基本政策工具（X 维）、政策周期（Y 维）和政策目标（Z 维）三个维度组成。

1. X 维：基本政策工具

特色小镇作为国家新型城镇化发展的一种重要形式，政府专项政策对其发展分别具有推动、影响或拉动作用，体现在政策工具上就是罗思韦和泽格维尔德的经典分类，即将基本政策工具分为供给型、环境型和需求型。供给型政策工具主要表现为政策对特色小镇创建的推动力，指政府通过对资金、人才、服务、设施等要素的直接供给，从而优化特色小镇创建的供给环境，确保特色小镇有序创建。特色小镇创建的供给型政策工具具体可分为产业培育、资金投入、人才培养引进、基础设施建设、公共服务提供和科技信息支持 6 个亚类。环境型政策工具主要表现为政策对特色小镇创建的影响力，是政府借助金融支持、税收优惠、法规管制等政策营造有利特色小镇创建的软环境，从而改善创建条件、消除创建障碍。特色小镇创建的环境型政策工具具体可分为外部主体刺激、税收优惠、目标规划、金融支持、监督管制和组织保障 6 个亚类。需求型政策工具主要表现为政策对特色小镇创建的拉动力，是政府对创建需求端进行把控，采取措施营造创建需求，减少创建的不确定性。特色小镇创建的需求型政策工具具体可分为政府采购、宣传教育和平台建设 3 个亚类（见图 2）。

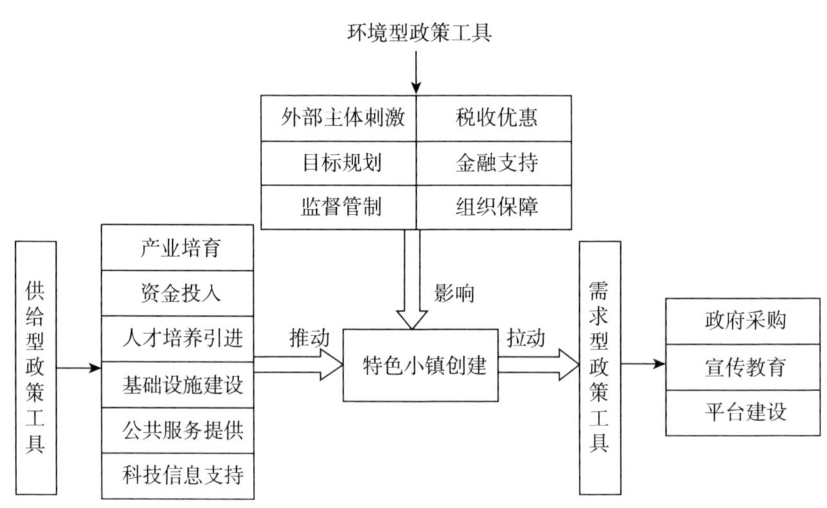

图 2　基本政策工具对特色小镇创建的作用

2. Y 维：政策周期

以往针对城镇化建设周期的研究，指从计划到实施的各个阶段活动，往往将其划分为更新计划、更新规划、建造实施和更新评估，本文以特色小镇创建专项政策为研究对象，系列政策是服务于特色小镇创建，鉴于其创建特点，认为特色小镇创建包括前期的调研规划、中期的实施建设、后期的运营管理及末期的考核评估，将这四个阶段作为政策周期的划分标准。

3. Z维：政策目标

特色小镇专项政策的出台，其目的是为了规范特色小镇的创建。《关于开展特色小镇培育工作的通知》（建村〔2016〕147号）、《关于做好2016年特色小镇推荐工作的通知》（建村建函〔2016〕71号）和《关于做好第二批全国特色小镇推荐工作的通知》（建办村函〔2017〕357号）等国家部委文件均指出特色小镇创建要求（亦为评估方向），概括为：特色鲜明的产业形态、和谐宜居的美丽环境、彰显特色的传统文化、便捷完善的设施服务和充满活力的体制机制。因此，本文将特色小镇创建政策目标确定为产业形态、自然环境、社会文化、设施服务、体制机制，同时，考虑到部分政策目标具有多重性，故将多重目标予以纳入（见图3）。

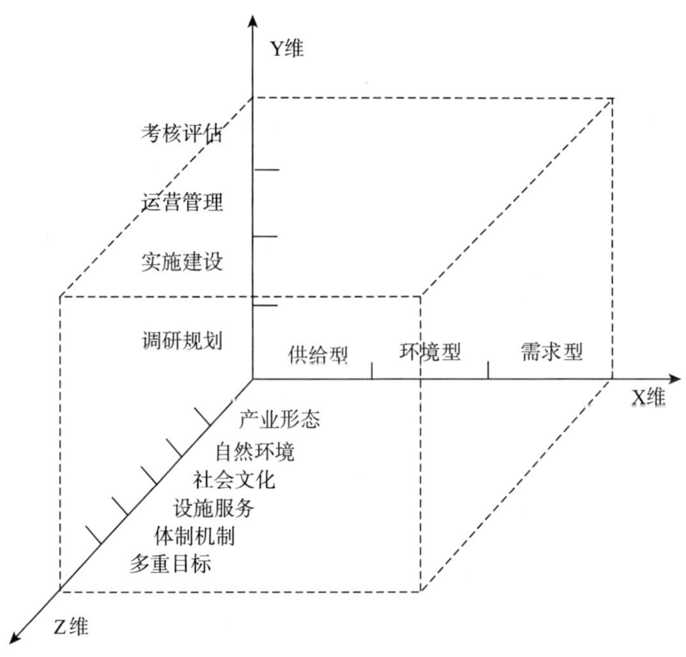

图3　政策文本分析三维框架

（二）研究方法与研究过程

1. 研究方法

内容分析法是一种以定性研究为基础进行量化分析各种数据内容的技术，作为一种观察性的研究方法，其核心是将数量众多的文本内容简化、压缩和归类的一种系统性研究方法，实质是对文本内容所含信息量及其变化的分析，通过表征有意义的词句推断出准确意义的过程。政策文件以及与政策相关的文本是政府政策行为的反映，是记述政策意图和政策过程尤为有效的客观凭证。显然，内容分析法非常适合于分析、解释政策文本中有关主题的本质性事实，对特色小镇专项政策文本进行内容分析可以“从公开中萃取秘密”。

2. 资料来源及处理

通过对法律之星、北大法宝、高校财经数据库中的中国法律法规库等政策文献数据库进行检索，同时查阅全国 31 个省（自治区、直辖市）相关政府部门公开的政策文件，共获得 17 份国级层面和 91 份省级层面的特色小镇专项政策（见表 1、图 4）。经过反复研读，发现部分专项政策是对特色小镇推荐工作的通知及特色小镇名单的公布，并无其他实质内容，在进行分析时将推荐工作通知和名单公布通知剔除，最终获得 12 份国级政策和 58 份省级政策，共 70 份政策为研究对象。

表 1　国级特色小镇专项政策

序号	时间	政策名称	颁布机构
1	2016 年 7 月	关于开展特色小镇培育工作的通知（建村〔2016〕147 号）	住建部等 3 部门
2	2016 年 8 月	关于做好 2016 年特色小镇推荐工作的通知（建村建函〔2016〕71 号）*	住建部
3	2016 年 10 月	关于加快美丽特色小（城）镇建设的指导意见（发改规划〔2016〕2125 号）	发改委
4	2016 年 10 月	关于推进政策性金融支持小城镇建设的通知（建村〔2016〕220 号）	住建部、中农行

续表

序号	时间	政策名称	颁布机构
5	2016 年 10 月	关于公布第一批中国特色小镇名单的通知（建村〔2016〕221 号）*	住建部
6	2016 年 12 月	关于实施“千企千镇工程”推进美丽特色小（城）镇建设的通知（发改规划〔2016〕2604 号）	发改委等 6 部门
7	2017 年 1 月	关于开发性金融支持特色小（城）镇建设促进脱贫攻坚的意见（发改规划〔2017〕102 号）	发改委、国开行
8	2017 年 1 月	关于推进开发性金融支持小城镇建设的通知（建村〔2017〕27 号）	住建部、国开行
9	2017 年 5 月	关于推动运动休闲特色小镇建设工作的通知（体群字〔2017〕73 号）	体总局办
10	2017 年 5 月	关于做好第二批全国特色小镇推荐工作的通知（建办村函〔2017〕357 号）*	住建部办
11	2017 年 6 月	关于组织开展农业特色互联网小镇建设试点工作的通知（农市便函〔2017〕114 号）	农业部市
12	2017 年 7 月	关于开展森林特色小镇建设试点工作的通知（办场字〔2017〕110 号）	林业局办
13	2017 年 7 月	关于保持和彰显特色小镇特色若干问题的通知（建村〔2017〕144 号）	住建部
14	2017 年 8 月	关于公布第一批运动休闲特色小镇试点项目名单的通知（体群字〔2017〕149 号）*	体总局办
15	2017 年 8 月	关于公布第二批全国特色小镇名单的通知（建村〔2017〕178 号）*	住建部
16	2017 年 10 月	关于开展农业特色互联网小镇建设试点的指导意见（农办市〔2017〕27 号）	农业部办公厅
17	2017 年 12 月	关于规范推进特色小镇和特色小城镇建设的若干意见（发改规划〔2017〕2084 号）	发改委等 4 部门

说明：标 * 为推荐工作或名单公布的通知，具体分析时予以剔除。

借助 Nvivo 10 质性分析软件，以 X 维基本政策工具的供给型、环境型和需求型三个类型共 15 个亚类为编码参考节点，对 70 份政策进行内容分析，根据政策自身特点，主要按段落进行编码（少部分按分部），即政策每

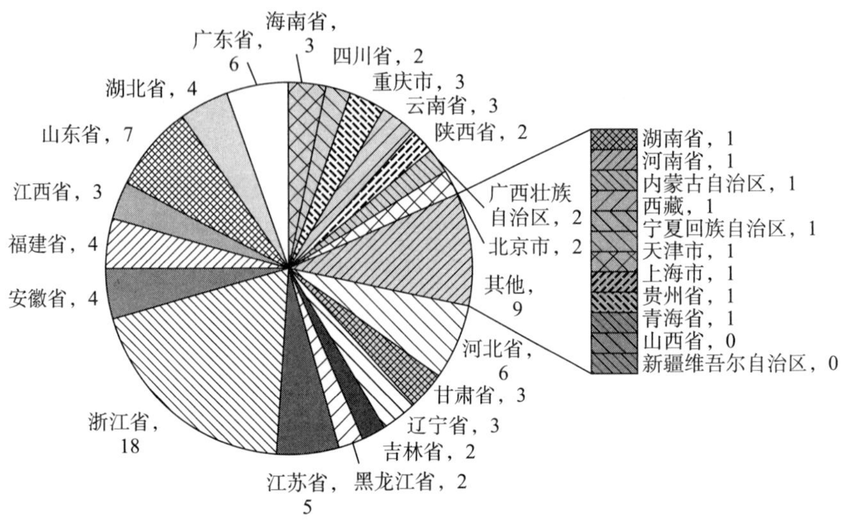

图 4　省级特色小镇专项政策按省份分布

段往往有一核心论点，将该论点进行提炼归类到指定节点中，形成 X 维基本政策工具各类型和亚类型相应的参考节点及覆盖率。在此基础上，将各个参考节点进行 Y 维政策周期和 Z 维政策目标的归类，表 2 列举了几个对原始资料进行提炼的编码示例。

表 2　编码示例

政策文件及编号	原始资料	X 维	Y 维	Z 维
发改规划〔2016〕2125 号 -3 -1	产业是小城镇发展的生命力，特色是产业发展的竞争力。要立足资源禀赋……实现特色产业立镇、强镇、富镇	产业培育—供给型	调研规划	产业形态
建村〔2016〕147 号 -1 -5	到 2020 年，培育 1000 个左右各具特色、富有活力的休闲旅游等特色小镇，引领带动全国小城镇建设，不断提高建设水平和发展质量	目标规划—环境型	调研规划	多重目标
浙文法〔2016〕7 字号 -4 -2	……鼓励各地采取政府购买服务等多种方式加强公共文化产品供给，在特色小镇优先搭建更加有效、更具特色的公共文化服务平台	政府采购—需求型	实施建设	设施服务

说明：编号最后两位数字分别表示分部和段落，如发改规划〔2016〕2125 号 -3 -1，代表该文件第 3 分部第 1 段资料。

三　研究结果

（一）基本政策工具维度

从图 5 可知：三种基本政策工具中环境型政策工具使用最多，参考节点为 207 个，占比 51. 11%；其次是供给型政策工具，参考节点为 154 个，占比 38. 02%；使用最少的是需求型政策工具，参考节点为 44 个，占比 10. 86%。整体表明，政府倾向于通过间接影响的方式，优化特色小镇创建的外部环境，推动特色小镇创建的有序进行。需求型政策工具使用频率较低，一定程度会导致特色小镇创建缺乏稳定的市场环境，持续创建的意愿和创建的成效容易遭受市场不确定性影响，不利于特色小镇创建的长期开展。

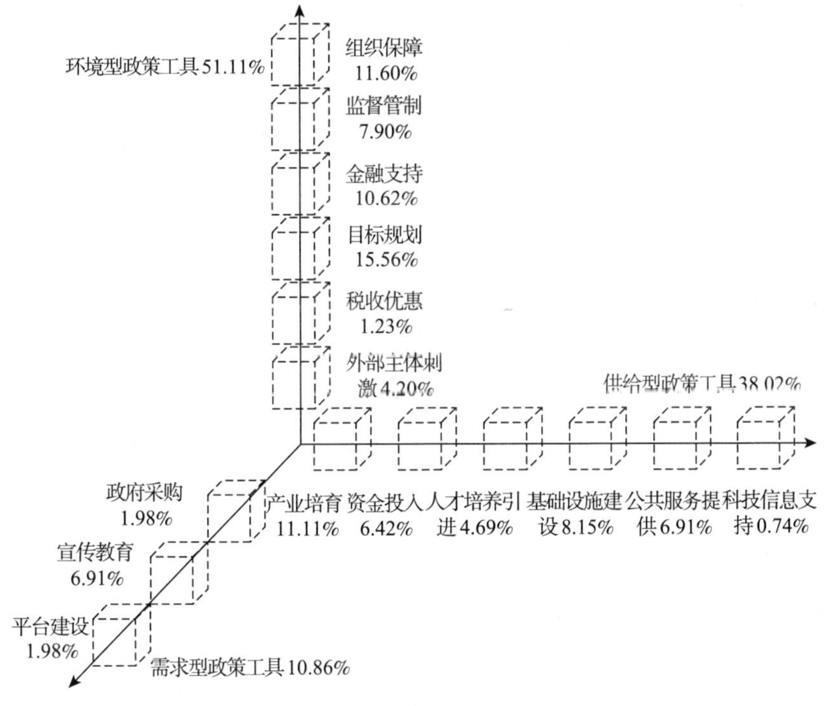

图 5　基本政策工具使用百分比

在环境型政策工具中，使用频次最多的依次为目标规划、组织保障和金融支持。目标规划的参考节点 63 个，占比 15.56%，相当于在所研究的 70 份专项政策中，平均 90% 的专项政策都谈及特色小镇的目标规划，这种现象与建村〔2017〕178 号文件的附件“专家组对第二批全国特色小镇的评审意见”，其中专家最为集中于特色小镇的规划修编引导问题极为吻合。在组织保障方面：专项政策对各级政府有明确的分工，呈现为国家住建部、发改委和财政部组织全国特色小镇培育，省级住建厅、发改委和财政厅组织地区特色小镇培育，县级人民政府是培育特色小镇的责任主体，镇级人民政府做好特色小镇实施工作。部分省份在专项政策中还专门提出建立特色小镇创建工作联席会议制度，如浙江的浙政发〔2015〕8 号文件、广东的粤发改区域函〔2016〕3417 号文件、江苏的苏政办发〔2017〕36 号文件、海南的琼府〔2015〕88 号文件、云南的云政发〔2017〕20 号文件等，联席会议一般由省委省政府（省委副书记或副省长）担任召集人，省委宣传部、省农工办、省发展改革委、省科技厅、省财政厅、省国土资源厅、省环境保护厅、省住房城乡建设厅、省交通运输厅、省工业和信息化厅、省林业厅、省商务厅、省文化厅、省旅游发展委、省金融办、省统计局、省通信管理局等单位负责同志为成员，联席会议办公室设在省发展改革委，负责联席会议日常工作。在金融支持方面：12 份国级政策文件中，建村〔2016〕220 号文件、发改规划〔2017〕102 号文件和建村〔2017〕27 号文件是直接金融支持特色小（城）镇建设的专项政策，政府对金融支持的重视程度可见一斑。

在供给型政策工具中，运用最多的依次为产业培育、基础设施建设和公共服务提供。一方面，产业培育是特色小镇创建成败的关键，较多政策文件中均有对产业培育的具体描述，如国家层面首份特色小镇专项政策，发改规划〔2016〕2125 号文件指出，“产业是小城镇发展的生命力，特色是产业发展的竞争力……实现特色产业立镇、强镇、富镇”。另一方面，特色小镇不同于以往的产业园区、商贸综合区、田园综合体等，其创建是一项重大工程，牵涉事项多，覆盖范围广，尤其是要营造宜业、宜居、宜游的小镇环境，然而不少特色小镇的基础设施和公共服务较为薄弱，特别是以旅游为主导产业的特色小镇，较多位于偏远的经济欠发达地区。《中国中小城市发展报告（2017）》发布了全国综合实力千强镇（研究范围是全国27个省和自治区，不包括4个直辖市、港澳台地区），通过统计中国特色小镇在千强镇中的情况，发现四川、云南、陕西、甘肃、青海、西藏和宁夏没有中国特色小镇属于千强镇，余下的20个省和自治区共有81个中国特色小镇为千强镇，在中国特色小镇总量中占比20.1%，在全国千强镇中占比8.1%，仅有12个中国特色小镇为百强镇，在中国特色小镇总量中占比1.28%，在全国百强镇中占比12%，整体反映出中国特色小镇的综合实力不强。不难理解，特色小镇创建需要政府对基础设施建设和公共服务提供予以政策倾斜。

在需求型政策工具中，运用最多的是宣传教育，参考节点28个，占比6.91%。从具体各份专项政策来看，宣传教育主要有两种形式：其一是借助政府力量进行小镇招商引资的宣传推广，如发改规划〔2016〕2604号文件指出“定期举办‘中国特色小（城）镇发展论坛’，召开多形式的特色小（城）镇建设交流研讨会、项目推介会等，加强企业等社会资本和特色小（城）镇的沟通合作与互动交流”；其二是政府对特色小镇建设成效的宣传教育，如发改规划〔2017〕2084号文件指出“发挥主流媒体舆论宣传作用，持续跟踪报道建设进展，发现新“短板”新问题，总结好样板好案例，形成全社会关注关心的良好氛围”。

（二）政策周期维度

从特色小镇创建周期来看，实施建设政策工具占比最大，为50.62%，超过调研规划的30.37%和考核评估的11.36%，占比最小的政策工具为运营管理，仅占7.65%。政策关注的重心在于前期与中期阶段，注重快速推进特色小镇创建，较为忽视后期的运营管理与末期的考核评估，容易出现只管前期申报与创建、不管后期运营与考核，只注重拿牌、轻实际成效的不良现象。进一步地，将政策周期维度与政策工具维度交叉分析，可知创建周期各个阶段的政策主要对应政策工具类型和亚类型。具体而言：调研规划阶段的政策主要体现在供给型政策工具的产业培育和环境型政策工具的目标规划；实施建设阶段的政策相对分散，着重分布于环境型政策工具的金融支持与组织保障，供给型政策工具的基础设施建设、公共服务提供、资金投入和人才培养引进；运营管理阶段的政策聚焦于需求型政策工具的宣传教育；考核评估阶段的政策集中于环境型政策工具的监督管制与外部主体刺激（见表3）。

表3　政策周期维度与政策工具维度交叉

政策周期	供给型						环境型						需求型			占比（%）
	产业培育	资金投入	人才培养引进	基础设施建设	公共服务提供	科技信息支持	外部主体刺激	税收优惠	目标规划	金融支持	监督管制	组织保障	政府采购	宣传教育	平台建设	
调研规划	45	3	0	0	0	0	8	0	63	0	0	3	0	1	0	30.37
实施建设	0	21	19	33	28	1	1	5	0	41	0	41	8	2	5	50.62
运营管理	0	0	0	0	0	2	1	0	0	0	0	0	0	25	3	7.65
考核评估	0	2	0	0	0	0	7	0	0	2	32	3	0	0	0	11.36

（三）政策目标维度

从特色小镇创建目标来看，使用频次最多的依次为多重目标（32.35%）、设施服务（23.21%）、体制机制（20.25%）、产业形态（19.51%）、自然环境（2.47%）和社会文化（2.22%）。自然环境和社会文化政策工具占比居末位，体现出直接针对这两方面的政策较少，但不能简单地断定政策忽视自然环境和社会文化，因为在占比居首位的多重目标政策工具中，不少政策包含着自然环境和社会文化目标。进一步地，将政策目标维度与政策工具维度交叉分析，获得小镇创建目标的政策主要对应的政策工具类型和亚类型。具体而言，产业形态目标的政策主要体现在供给型政策工具的产业培育和人才培养引进；自然环境目标和社会文化目标的政策分布一致，均位于供给型政策工具的基础设施建设和公共服务提供、需求型政策工具的宣传教育；设施服务目标的政策较为分散，分布于供给型政策工具的基础设施建设、公共服务提供、资金投入，环境型政策工具的金融支持，需求型政策工具的政府采购；体制机制目标的政策聚焦于环境型政策工具的组织保障和监督管制；多重目标的政策主要集中于环境型政策工具的目标规划、金融支持、外部主体刺激，需求型政策工具的宣传教育（见表4）。

表4　政策目标维度与政策工具维度交叉

政策目标	供给型						环境型						需求型			占比（%）
	产业培育	资金投入	人才培养引进	基础设施建设	公共服务提供	科技信息支持	外部主体刺激	税收优惠	目标规划	金融支持	监督管制	组织保障	政府采购	宣传教育	平台建设	
产业形态	45	6	19	0	0	3	2	3	1	0	0	0	0	0	0	19.51
自然环境	0	0	0	4	5	0	0	0	0	0	0	0	0	1	0	2.47
社会文化	0	0	0	2	3	0	0	0	0	0	0	0	0	4	0	2.22
设施服务	0	20	0	27	20	0	0	1	0	13	0	0	8	0	5	23.21
体制机制	0	0	0	0	0	0	0	0	0	0	32	47	0	0	3	20.25
多重目标	0	0	0	0	0	0	15	1	62	30	0	0	0	23	0	32.35

四　结论与建议

（一）结论

对70份特色小镇创建专项政策的文本分析，本文得出主要结论如下：第一，特色小镇创建专项政策涵盖了供给型、环境型和需求型三类基本政策工具。其中，环境型政策工具使用最多，尤其是目标规划，主要作用于特色小镇的规划修编引导问题，为特色小镇创建提供科学合理指引；其次是供给型政策工具，涉及六种特色小镇创建要素的供给，直接针对特色产业培育的占比最大；需求型政策工具使用最少，主要用于小镇招商引资的宣传推广和小镇建设成效的宣传教育。第二，现阶段特色小镇创建专项政策主要围绕前期的调研规划阶段与中期的实施建设阶段，具体作用于产业培育、目标规划、金融支持、组织保障、基础设施建设等方面。第三，特色小镇创建专项政策注重实现多重目标，主要作用于目标规划、金融支持、外部主体刺激和宣传教育。

主要贡献在于：首先，以往针对政策的内容分析，主要是基于罗思韦和泽格维尔德的基本政策工具及由此衍生出针对某一产业的二维政策分析，本文创新性地将创建周期和创建目标引入政策分析，构建了基于基本政策工具、政策周期和政策目标的政策文本三维分析框架，为后续相关政策分析提供理论框架。其次，本文的政策文本三维分析框架，X 维度考察政府选用何种基本政策工具来支持特色小镇创建，Y 维度考察政策工具的周期，即作用于特色小镇创建哪个阶段，Z 维度考察政策工具的目标，即作用于特色小镇创建的核心要求（评估方向），为政策制定者后续对特色小镇创建提供哪种政策工具提供参考。此外，目前针对特色小镇创建的研究还处于起步阶段，对特色小镇政策的应用也主要局限于解读政策文件，本文以政策工具为视角，扩展了特色小镇政策研究的边界，丰富了特色小镇相关研究。

（二）政策建议

第一，逐渐形成科学合理的特色小镇专项政策类型体系，为全过程多方位立体化创建特色小镇“保驾护航”。虽然目前国级和省级特色小镇专项政策文本多达 108 份，直接纳入本文研究对象亦有 70 份，但政策类型主要是“专项通知”、“指导意见”，两者之和在整体占比高达 87.96%，鲜有其他类型的政策文本。一方面，反映出目前特色小镇创建工作开展主要是通过指导运行为主体的“专项通知”和指导原则为核心的“指导意见”来实现，然而专项通知和指导意见政策文本往往法律层级不高、权威性不强、指导性较弱；另一方面，科学合理的产业发展应形成完备的政策类型体系，特色小镇发展亦是如此。因此，除专项通知和指导意见外，还需完善诸如管理办法（实施办法、考评办法、评估办法、认定办法、暂行办法、试行办法等）、实施细则（管理细则、实施细则等）、发展规划（规划纲要、发展计划等）、法律法规（规章条例）等政策类型。

第二，注重细化部分特色小镇专项政策，提高政策可操作性。一方面，国家层面与省级层面的特色小镇专项政策，往往具有宏观性、体现总体性，先天带有一定模糊性；另一方面，现有特色小镇专项政策，由于以“专项通知”、“指导意见”居多，具有较为突出的笼统性。但不能将上述认识绝对化进而合理化，而应立足客观现实，辩证性全局性地看待特色小镇专项政策。部分专项政策仍需要国家层面与省级层面补充可操作的实施细则或单独制定实施细则，尤其是针对特色小镇的推荐评选及考核评估。目前国家层面针对特色小镇推荐评选有实施细则，如建村建函〔2016〕71 号文件，除常规性推荐要求、推荐程序和材料要求外，还通过附件的形式补充实施细则，具体体现在附件 2“小城镇基本信息表”和附件 3“小城镇建设工作情况报告编写提纲”。但欠缺特色小镇考核评估实施细则，仅在发改规划〔2017〕2084 号文件提及应当“统一实行宽进严定、动态淘汰的创建达标制度，取消一次性命名制，避免各地区只管前期申报、不管后期发展”。省级层面亦鲜有针对特色小镇考核评估实施细则，仅见浙江《关于开展特色小镇规划建设统计监测工作的通知》（浙特镇办〔2015〕7 号）和湖北《关于开展 2017 年特色小镇培育工作检查的通知》（鄂建办〔2017〕148 号）。因此，需要进一步细化部分特色小镇专项政策，有针对性地制定相应实施细则、奖惩条例，编制时间表及考核指标体系，确保政策从评选到验收均能对规范特色小镇创建起引领作用。

第三，以特色小镇创建需求为导向，动态优化组合政策工具。政策工具的分析视角认为，没有最好的政策工具，只有最适当的政策工具，当政策工具具有了政策环境的特征，并且不再具有其任何自身内在价值时，那么就是最适当的政策工具。在这里，政策环境的最佳审视应以需求为导向，同时体现适度超前。特色小镇创建主要是近 3 年才兴起，但迅速在全国各地扩展，在中国属于新鲜事物，国级与省级特色小镇专项政策亦是在该期间陆续制定并发布。从现有专项政策来看，在政策工具维度上，以环境型政策工具和供给型政策工具为主；在政策周期维度上，主要体现在调研规划阶段和实施建设阶段，在政策目标维度上，以多重目标为主；这种现状的政策特点整体符合目前处于起步期的特色小镇创建需求，政策工具整体匹配政策环境。但需要认识到，特色小镇发展速度极快，国级特色小镇已有403个，省（自治区、直辖市）级特色小镇已有1055个，随着特色小镇的纵深发展，迫切需要向需求型政策工具、侧重运营管理与考核评估阶段、关注自然环境和社会文化目标的政策工具倾斜。因此，相关政府部门需要认真审视特色小镇发展现状及发展趋势，适度超前地动态调整政策工具，优化政策周期与政策工具关联组合、政策目标与政策工具关联组合、政策周期与政策目标关联组合、政策周期与政策目标和政策工具三者关联组合，从而实现政策工具合力最大化。

参考文献

杜栋、王慕宇：《低碳城市建设政策工具的有效性分析》，《华北电力大学学报》（社会科学版）2017年第1期。

冯奎、黄曦颖：《准确把握推进特色小镇发展的政策重点——浙江等地推进特色小镇发展的启示》，《中国发展观察》2016年第18期。

高霞、朱德米：《中国土地储备政策演进的结构特征》，《城市问题》2017年第12期。

苟欢、刘利才：《基于政策工具视角的养老服务政策文本：一种分析框架》，《四川理工学院学报》（社会科学版）2014年第1期。

赖志勇、罗翔：《中国特色小镇规划建设政策体系分析》，《北京规划建设》2017年第5期。

李钢、蓝石等：《公共政策内容分析方法：理论与应用》，重庆大学出版社，2007。

林雄斌、卢源、王杰：《超大城市交通治理的政策工具与效应评估——以深圳市为例》，《城市观察》2018年第2期。

刘贵文、易志勇、魏骊臻等：《基于政策工具视角的城市更新政策研究：以深圳为例》，《城市发展研究》2017年第3期。

刘兆鑫：《特大城市功能疏解的政策工具及其选择》，《中国行政管理》2017年第5期。

王法硕、钱慧：《基于政策工具视角的长三角城市群智慧城市政策分析》，《情报杂志》2017 年第 9 期。

王静、王海龙、丁堃等：《新能源汽车产业政策工具与产业创新需求要素关联分析》，《科学学与科学技术管理》2018 年第 5 期。

翁银娇、马文聪、叶阳平等：《我国 LED 产业政策的演进特征、问题和对策——基于政策目标、政策工具和政策力度的三维分析》，《科技管理研究》2018 年第 3 期。

吴宾、刘雯雯：《中国养老服务业政策文本量化研究（1994～2016 年）》，《经济体制改革》2017 年第 4 期。

谢青、田志龙：《创新政策如何推动我国新能源汽车产业的发展——基于政策工具与创新价值链的政策文本分析》，《科学学与科学技术管理》2015 年第 6 期。

姚尚建：《城乡一体中的治理合流——基于“特色小镇”的政策议题》，《社会科学研究》2017 年第 1 期。

姚之浩、曾海鹰：《1950 年代以来美国城市更新政策工具的演化与规律特征》，《国际城市规划》2018 年第 4 期。

张立：《特色小镇政策、特征及延伸意义》，《城乡规划》2017 年第 6 期。

张永安、周怡园：《新能源汽车补贴政策工具挖掘及量化评价》，《中国人口·资源与环境》2017 年第 10 期。

周城雄、李美桂、林慧等：《战略性新兴产业：从政策工具、功能到政策评估》，《科学学研究》2017 年第 3 期。

朱春奎、舒皋甫、曲洁：《城镇医疗体制改革的政策工具研究》，《公共行政评论》2011 年第 2 期。

Duesberg, S., Dhubhain, A., Connor, D., "Assessing Policy Tools for Encouraging Farm Afforestation in Ireland", *Land Use Policy*38 (2014): 194 - 203.

Flanagan, K., Uyarra, E., Laranja, M., "Reconceptualising the 'Policy Mix' for Innovation", *Research Policy* 5 (2011): 702 - 713.

Holtzer, E., Moore-Dean, A., Srikanthan A, "Reforming Refugee Healthcare in Canada: Exploring the Use of Policy Tools," *Healthcare Policy*4 (2017): 46 - 55.

Howlett, M., Ramesh, M., *Studying Public Policy: Policy Cycles and Policy Subsystems* (Oxford: Oxford University Press, 1995) pp. 80 - 98.

Liao, Z. J., "Content Analysis of China's Environmental Policy Instruments on Promoting

Firms' Environmental Innovation", *Environmental Science & Policy*88 (2018): 46 – 51.

McDonnell, L. M., Elmore R. F., "Getting the Job Done: Alternative Policy Instruments", *Educational Evaluation and Policy Analysis*2 (1987): 133 – 152.

Mercier, J., Carrier, M., Duarte, F., et al., "Policy Tools for Sustainable Transport in Three Cities of the Americas: Seattle, Montreal and Curitiba", *Transport Policy*50 (2016): 95 – 105.

Ploeger, H., Bounjouh, H., "The Dutch Urban Ground Lease: A Valuable Tool for Land Policy", *Land Use Policy*63 (2017): 78 – 85.

Rothwell, R., Zegveld, W., *Reindusdalization and Technology* (London: Logman Group Limited, 1985) pp. 83 – 104.

Schneider A, Ingram H, "Behavioral Assumptions of Policy Tools," *The Journal of Politics*2 (1990): 510 – 529.

Stemler, S., "An Overview of Content Analysis," *Practical Assessment, Research &Evaluation*17 (2001): 137 – 146.

Yi, H. T., Feiock, R. C., "Policy Tool Interactions and the Adoption of State Renewable Portfolio Standards", *Review of Policy Research*2 (2012): 193 – 206.

Zhi, Q., Sun, H. H., Li, Y. X., et al., "China's Solar Photovoltaic Policy: An Analysis based on Policy Instruments," *Applied Energy*2 (2014): 308 – 319.

专题研究篇

广东特色小镇发展理念与模式创新

陈　旭*

摘　要： 本文从重要意义、发展目标、特色培育、区域创新、机制创新等8个方面探讨广东特色小镇的发展理念与模式创新。本文认为，广东特色小镇的发展，对于从供给侧培育小镇经济，推动经济转型升级，培育形成新的经济增长点，提升新型城镇化水平，具有十分重要的战略意义。广东省在培育特色小镇过程中，已形成了“五链”融合构筑创新创业生态系统的特色理念，目标是建成“宜创、宜业、宜居、宜游、宜享”的新型发展空间，通过打造一镇一主业、一镇一风貌进行特色培育，注重产业文化与历史文化和民俗文化的融合，致力于将每个特色小镇创建成区域创新发展的核心，坚持政府引导、市场主导、企业主体的机制创新，全力推动广东特色小镇的优质高效发展。

* 陈旭，广东省发展和改革委员会区域经济处处长，中山大学旅游学院校外硕士导师，主要研究方向为区域经济发展、特色小镇创建与发展。

关键词： 特色小镇　小镇经济　广东特色小镇

一　广东特色小镇的重要意义

中国特色小镇建设源起于浙江等地的积极探索。浙江着眼供给侧培育小镇经济的思路，值得广东认真学习借鉴。通过规划建设一批符合广东实际的特色小镇，以小空间实施大战略，以小平台发展大产业，以小载体推动大创新。从供给侧培育小镇经济，有利于集聚各方要素资源，发展新产业、新业态、新模式，对于促进广东发展动能转换，推动经济转型升级，并提升我省新型城镇化水平，推动形成新的经济增长点，具有十分重要的战略意义。广东省委省政府坚决贯彻习近平总书记等中央领导同志的重要批示指示，在全省部署开展了特色小镇规划建设工作。

二　新时代对特色小镇的新要求

党的十九大明确提出，中国特色社会主义进入新时代，中国社会主要矛盾，已经由人民日益增长的物质文化需求同落后的社会生产之间的矛盾，转化为人民日益增长的美好生活需要和不平衡不充分的发展之间的矛盾。随着中国社会主要矛盾的变化，发展的内涵和重点、理念和方式、环境和条件、水平和要求与过去有很大的不同，必须更好地落实新发展理念，针对发展不平衡不充分问题，提出新的思路、新的战略、新的举措，努力实现更高质量、更有效率、更加公平、更可持续的发展。

贯彻新发展理念，建设现代化经济体系，必须以供给侧结构性改革为主线，推动经济发展质量变革、效率变革、动力变革，提高全要素生产率，着力加快建设实体经济、科技创新、现代金融、人力资源协同发展的产业体系，着力构建市场机制有效、微观主体有活力、宏观调控有度的经济体制，不断增强中国经济创新力和竞争力。深化供给侧结构性改革，必须加快建设制造强国，加快发展先进制造业，推动互联网、大数据、人工智能和实体经济深度融合，在中高端消费、创新引领、绿色低碳、共享经济、现代供应链、人力资本服务等领域培育新增长点、形成新动能，支持传统产业优化升级，促进中国产业迈向全球价值链中高端，培育世界级先进制造业集群。

党的十九大提出的这些新思想、新理念、新战略，为广东特色小镇建设提供了根本遵循和思想指南，习近平总书记又对广东省提出“四个走在前列”的新要求。广东特色小镇建设必须坚定不移贯彻新发展理念，加快特色小镇发展质量变革、效率变革、动力变革，推动特色小镇可持续健康发展；必须准确把握中国社会主要矛盾变化，让特色小镇建设在为人民群众提供更稳定的工作、更满意的收入、更舒适的居住条件、更优美的环境、更丰富的精神文化生活等方面发挥更大作用；必须对标建设现代化经济体系的要求，以供给侧结构性改革为主线，找准特色、凸显特色、放大特色，做精做强主导特色产业，打造以特色产业为引擎的泛产业聚集结构，将特色小镇构建成为区域创新中心和现代产业发展新高地。

三　广东特色小镇发展的理念特色

广东特色小镇建设特别强调产业链、创新链、服务链、资金链、政策链“五链”融合，注重“产、城、人、文、旅”的有机结合，充分体现了从供给侧培育小镇经济，集中力量做到产业“特而强”、功能“聚而合”、形态“精而美”、机制“活而新”，结合空间地域、交通区位、自然资源、历史文化等特点，着力构筑创新创业生态系统，为新兴产业及企业创新创业搭建新平台，为经济结构调整创造产业空间新形态。具体而言：

——围绕产业链部署创新链。聚焦培育特色小镇产业集群，聚焦核心、关键、前沿技术“卡脖子”环节，集中配置创新资源、形成创新发展合力。组建特色小镇科创联盟，建立科技创新中心或“双创”基地，完善特色小镇创新环境，全面推进特色小镇科技创新和制度创新。

——围绕创新链完善服务链。围绕微笑曲线两端，根据特色产业、新兴产业的发展规律，以创新链（科技创新、模式创新、业态创新、制度创新）为核心，完善研发、设计、检测、知识产权、营销、会展、金融、法律等构成的服务链，以此构筑创新创业的高端服务平台，集聚各种高端要素，健全特色产业综合服务体系。

——围绕服务链完善资金链。完善基础设施、科技创新和综合服务机制，引导激励社会资源投入创新，投入特色小镇基础设施、公共服务和科技创新，形成财政资金、金融资本、社会资本多方投入的新格局。设立市场化运作的广东特色小镇建设发展基金，并与建行、中行等多家银行达成初步合作意向，可为特色小镇建设提供强有力的投融资支撑。

——强化政策链的统筹支撑。统筹产业、科技、财税、金融、土地、投资、教育等政策，形成目标一致、部门协作配合的政策合力，以及政府、企业（产业+金融）、院所、协会多主体协同投资建设运营的合力，推动特色小镇及更大范围区域的创新发展。

四　广东特色小镇的发展目标

广东特色小镇建设的近期目标，是要建设成为“产、城、人、文、旅”有机结合的新型发展平台，中长远目标是要建成“宜创、宜业、宜居、宜游、宜享”的新型发展空间。

所谓“宜创”，是指特色小镇将建设科技孵化器与特色小镇育成孵化体系，营造触手可及的学习环境和活力迸发的创新环境，吸引创新资金和创业人口集聚，将特色小镇建设成为区域创新高地。

“宜业”，是指每个特色小镇以一个独具特色的产业为基础，聚焦于战略性新兴产业和特色传统产业，按照全产业链区域布局的要求，重点发展新兴产业，着力提升经典产业，吸引高端企业和研发、设计、服务等机构进驻，逐步形成以特色小镇为核心平台，周边园区（开发区）为制造基地，大中小城市为支撑的产业集群。

“宜居”，是指要依照宜居城市建设标准，弥补基础设施和公共服务短板。统筹布局建设学校、医疗卫生机构、文化体育场所等公共服务设施，使居民在特色小镇能够享受高质量的教育、医疗等公共服务；强化生态建设和污染防治，促进小镇生态环境质量全面改善；优化产业用地与居住用地、公共用地的配比，控制土地开发强度，将自然山体、河湖湿地、农林草地融入到特色小镇建设之中，致力将特色小镇建设成功能完善、环境优美、安全舒适、生活便利的宜居小镇。

“宜游”，是指要系统规划特色小镇的品牌打造、市场营销和形象塑造，用景区理念整体打造特色小镇，充分挖掘特色小镇的文化内涵，推进历史文化资源的活化利用，建设有历史记忆、文化脉络、地域风貌、民族特点的美丽小镇。推动生态保护与旅游发展互促共融，让每个特色小镇成为一道亮丽的风景线，打造广东旅游的新目的地。

“宜享”，是指要营造高品质的生产生活和康养环境，提供比大城市更有吸引力的各种服务，让更多的人享受美好幸福的生活。鼓励大学、医院、银行、科研机构及专业人才到特色小镇发展。同时，积极发展共享经济。推动政府、社会、市民同心同向行动，逐步形成多方主体参与、区域良性互动的特色小镇建设、治理模式，让更多的人能够享受科技创新和改革开放的成果。

五　广东特色小镇发展的特色产业

广东在特色小镇培育过程中，重点突出“一镇一主业”、“一镇一风貌”，使其独具广东特色。

第一，突出一个主导产业。广东要求每个小镇坚持产业建镇、特色发展，根据区域要素禀赋和比较优势，挖掘本地最有基础、最具潜力、最能成长的特色产业，做精做强主导特色产业，聚焦新兴产业和经典产业，推进特色产业集群发展。

第二，鼓励多样化探索、差异化发展。根据每个特色小镇产业功能定位实行分类指导，重点发展智能制造、新能源、新材料、节能环保、信息经济、文化创意和设计服务、金融服务、生物医药、健康养老、旅游休闲等主导产业，着力提升茶叶、花卉、家具、红木、陶瓷、石材、丝绸、服装、珠宝加工、工艺美术等经典产业，打造具有持续竞争力和可持续发展特征的独特产业生态。

第三，以高端产业和产业高端环节为主要发展方向，一般性传统制造环节放在园区和建制镇。省级特色小镇产业圈要求有一定的规模、市场占有份额或社会知名度，要有区域经济和社会带动作用，避免只是一个文旅房地产项目只为楼盘服务改善不了周边产业、就业和福利的情况出现。

六　广东特色小镇发展的特色文化

促进旅游与产业、空间、文化、居民生活等结合，把特色小镇建设成为“全域化景区”。通过系列项目策划，融合产业发展、体验功能、相关配套的观光游憩功能，加强城市文化和自然特色的保护结合，在产业发展方面体现各地城镇发展和建设特色。丰富旅游活动项目供给，打造一批集产业、文化、创意、旅游于一体的特色街区。加强工业遗产再利用，为人们提供新的文化、娱乐、生活的场所，为创新创业人员提供新型发展空间。加强艺术氛围营造，策划开展全年无休的艺术节庆和文化活动，打造文化艺术爱好者的集聚地。

注重对特色小镇历史文化的保护与利用。积极推进历史文化资源的活化利用，形成地域特色的文化品牌。吸收继承岭南传统建筑的风格和元素，鼓励探索采取新材料、新工艺，规模化发展绿色建筑，培育岭南建筑精品。支持特色小镇将特色产业文化融入城镇空间景观与建筑形态建设，建设有历史记忆、文化脉络、地域风貌、民族特点的美丽小镇，实现“产、城、人、文、旅”融合发展。

七　广东特色小镇发展的区域创新

广东特色小镇规划建设最大的特点，是在区域尺度上按构建现代产业体系要求培育特色小镇集群。采用“自下而上”和“自上而下”相结合的方式，根据全省总体发展战略和区域产业布局，从构建区域长程链的角度，培育创建特色小镇，打造高端产业高端要素集聚平台。要求每个特色小镇在确立主导产业时，要明确小镇及其主导产业在区域经济乃至全省现代产业体系的定位，从而使特色小镇成为区域创新体系和全省现代体系的重要组成部分。由于特色小镇着力构建高端要素集聚平台，并延展产业链，提升价值链，其在区域创新体系及现代产业体系中终将成为一个驱动核心。

以广东省佛山市顺德区为例，在省发改委的指导下，目前正在创建特色小镇集群示范区，推动各特色小镇之间的错位发展和相互支撑。北滘以智能家电为主，龙江以家具设计、制造为主，乐从以家具销售、展贸为主，容桂以家居品牌营销为主等，陈村家居花卉及衍生品为主，围绕泛家居产业链形成特色小镇集群。将来广东的特色小镇，并不是孤立存在的，100 多个节点形成一个特色小镇集群网络，并以小镇为核心，以所在建制镇、园区或新区为支撑，形成区域创新发展的引擎，进而推动区域发展动能转换和产业转型升级。

八　广东特色小镇发展的机制创新

第一，正确处理好政府与市场的关系。坚持市场运作、政府引导、企业推进，建立与特色小镇建设相适应的公共服务和行政管理机制，营造扶商、安商、惠商和有利于创新的良好环境。一是充分发挥市场的作用。最大限度激发市场主体活力和企业家创造力，鼓励企业、社会组织和市民积极参与特色小镇投资、建设、运营和管理，成为特色小镇建设的主力军，鼓励特色小镇开发、建设、运营一体化管理。二是更好地发挥政府的作用。加强政府规划、政策引导，为特色小镇提供制度供给、设施配套、要素保障、生态保护、安全监管等管理和服务，营造更加公平、开放的市场环境。发挥政府资金的引导作用，积极推广运用 PPP 模式，完善投资回报机制，通过特许经营、购买服务、股权合作等方式，采取单个项目、组合项目、连片开发等多种形式，与社会资本共建基础设施和公共服务项目。

第二，加强特色小镇全生命周期服务。积极引导推动多主体参与特色小镇发展建设，通过组建广东特色小镇发展联盟的方式，加强资源、信息互通与共享，为特色小镇科学发展提供全方位支撑，为特色小镇及其企业提供全生命周期服务。在特色小镇发展联盟内部，组织银行、保险、基金等金融和投资机构，建立特色小镇投融资子联盟；组织全省专业镇、孵化器、众创空间和重点实验室等，建立特色小镇科创子联盟；组织重点高校、科研机构、社会团体、民间智库等，建立特色小镇智库子联盟；组织有经验的企业和机构，建立特色小镇运营子联盟，为特色小镇提供一体化运营服务，促进特色小镇持续健康发展。

“互联网 +”特色小镇创建路径研究

——以东莞松山湖“互联网 +”小镇为例

松山湖（生态园）管委会　余构雄*

摘　要： “互联网 +”特色小镇是内在动力与外在推力双向驱动下的结果。本文以东莞松山湖“互联网 +”小镇为例，探讨“互联网 +”特色小镇创建路径。研究表明：（1）松山湖“互联网 +”小镇的创建路径，具有明确清晰的创建目的、科学合理的规划引领、丰富高效的互联网生态体系、完备有力的组织保障、创新多元的文旅氛围和细致入微的设施建设；（2）认为未来应从实施“互联网 +”特色产业发展工程、“互联网 +”重点企业培育与重大项目招引工程、“互联网 +”创新创业工程、互联网技术培育和推广应用工程、“互联网 +”小镇支撑配套工程等方面促使松山湖“互联网 +”小镇的创建提质增效。

关键词： “互联网 +”　特色小镇　松山湖

一　引言

2015 年 7 月，国务院发布《关于积极推进“互联网 +”行动的指导意

* 余构雄，管理学博士，中山大学旅游学院科研博士后，主要研究方向为文旅小镇创建与发展、旅游空间生产、节事旅游与会展管理。

见》（国发〔2015〕40号），认为加快推进“互联网+”发展，有利于重塑创新体系、激发创新活力、培育新兴业态和创新公共服务模式，对打造大众创业、万众创新和增加公共产品、公共服务“双引擎”，主动适应和引领经济发展新常态，形成经济发展新动能，实现中国经济提质增效升级具有重要意义。2016年7月，住建部、发改委和财政部联合发布《关于开展特色小镇培育工作的通知》（建村〔2016〕147号），决定在全国范围开展特色小镇培育工作，计划到2020年，培育1000个左右各具特色、富有活力的休闲旅游、商贸物流、现代制造、教育科技、传统文化、美丽宜居等特色小镇。“互联网+”不仅代表着一种先进的生产力，通过发挥互联网平台及技术在资源配置中的作用，将互联网的一整套技术应用于经济社会等各个领域之中；还象征着一种新的工作生活状态，互联网已借助通信、媒体、社交、游戏、金融等渗透到我们的工作与生活中的方方面面。特色小镇的内涵在于“特而强、聚而合、小而美、新而活”，其要突出的是产业聚集和生态宜居。而“互联网+”所构建的是一个开放的生态系统，特色小镇可以借助“互联网+”这样开放的、全新的平台将自身的文化和产业进行传播和扩大，提高自身的影响力同时也和更多的领域进行跨界创新。[①] 因此，“互联网+”与特色小镇的结合有着内在的动因，而国发〔2015〕40号文件和建村〔2016〕147号文件则直接催生了各种形态的“互联网+”特色小镇建设。

2015年9月，广东省人民政府办公厅发布《关于印发广东省“互联网+”行动计划（2015～2020年）的通知》（粤府办〔2015〕53号），较为详细制定了互联网+创业创新、互联网+先进制造、互联网+现代农业、互联网+现代金融、互联网+现代物流、互联网+现代商务、互联网+现代交通、互联网+节能环保、互联网+政务服务、互联网+公共安全的工作目标及重点任务。此后，广东省经济和信息化委员会于2016年6月和2017年

① 赵爽、刘彦彤：《“互联网+”助力新型城镇化建设研究》，《内蒙古财经大学学报》2018年第2期。

6月公布前两批“互联网+”小镇的名单，包括15个“互联网+”创建小镇和8个“互联网+”培育小镇。东莞松山湖“互联网+”小镇作为广东省首批“互联网+”创建小镇，隶属于产业型小镇①，在该类型小镇中具有典型性。因此，本文探讨松山湖“互联网+”小镇的创建目的、规划引领、互联网生态体系、组织保障、文旅氛围和设施建设等方面，以期为同类型小镇提供经验借鉴。

二　东莞松山湖“互联网+”小镇概况

松山湖（生态园）是东莞“一中心四组团”城市格局和珠三角“1+1+7”国家自主创新示范区的重要组成部分，规划控制面积为103平方公里，其中松山湖设立于2001年11月，2010年9月经国务院批准升级为国家级高新区；生态园设立于2006年6月，2012年经国家批准建设国家生态示范工业园区。2014年12月，东莞市委、市政府决定将松山湖（生态园）统筹发展。目前松山湖在全国国家级高新区综合排名第23位，在全省高新区中排名第三，地级市中排名第一。松山湖“互联网+”特色小镇坐落于松山湖高新区北部高端电子信息产业集聚区，具体在松山湖大道以南、工业东路以西、畅园路以北、工业西路以东围合的区域，规划面积4.06平方公里，其中核心建设区为北部现代服务业生态产业带区域，规划面积2.29平方公里。

三　东莞松山湖“互联网+”小镇创建路径

（一）明确清晰的创建目的

特色小镇的建设，对于更好更快地实施创新驱动发展战略、推进供给

① “互联网+”产业型小镇的核心是培育创新型互联网企业，大力发展互联网新技术、新产品，打造一批互联网产业集聚区。

侧结构性改革、促进区域可持续发展具有重要的现实意义与深远的战略意义。目前，珠三角正处于转型发展的攻关阶段，而近年来新一轮互联网革命迅速向各个产业领域渗透并加速融合，“互联网 +”对产业价值链各个环节的颠覆性变革，为化解珠三角转型升级面临的困境提供了新的变革动力；同时，国家推进新型城镇化建设的发展战略，为实现地方产、城、人、文融合提供了新的发展思路。因此，应以“互联网 +”战略推动珠三角产业转型升级，以创建“互联网 +”小镇工作来推动地区新型城镇化建设。

一方面，积极构建“互联网 +”产业生态系统，是推动珠三角传统优势产业集群的升级改造、形成“互联网 +”特色产业集群创新驱动力、推动稳增长调结构的重要抓手，是基于推动珠三角产业转型升级、增强区域发展新动能、引领经济新常态的战略选择。

互联网已远远超出单一的技术工具范畴，演进到重构产业生态和价值创造阶段，“互联网 +”成为创新驱动及产业转型的新兴力量。因此，充分发挥“互联网 +”对珠三角产业转型升级的引领、融合、创新驱动作用，促进生产网络扩展和产业集群演化，更充分地实现产业链的高效整合及创新资源的优化配置具有重要的现实意义。

另一方面，积极创建松山湖“互联网 +”小镇，是推进松山湖高新区发展互联网新经济、构筑新型工业化、城镇化、信息化和绿色化融合发展的产城新形态的重要举措。

通过结合东莞本地先进制造业优势，把引导和培育互联网产业作为调整产业结构、促进传统制造业转型升级、推进创新创业、提高政府服务水平以及改善民生的重要抓手，大力培育创新型互联网企业，发展互联网新技术、新产品，营造浓郁的互联网创新创业文化氛围，建设完善的生活配套设施，打造优美的生态环境等手段和措施，力争将松山湖“互联网 +”小镇建成一种产、城、人、文、旅有机融合的新型城镇形态，以便更好地集聚人才、技术、资本等高端创新要素，形成互联网产业集聚发展的新格局，促进松山湖高新区建成产城人文融合示范区，引领东莞乃至珠三角产业转型升级。

（二）科学合理的规划引领

松山湖在充分调研整合园区现有产业资源的基础上，迅速制定出台了《松山湖高新区创建“互联网+”小镇工作方案》，明确了未来3年松山湖“互联网+”小镇的总体定位、发展目标、空间布局等建设内容。

1. 总体定位

按照广东省委、省政府的要求，坚持“产业、生活、生态、文化”融合发展的理念，以“市场指导、政府引导、产业联盟”的创新理念，结合松山湖高端电子信息产业千亿产值的优势基础，松山湖“互联网+”小镇将大力实施“互联网+”发展战略，全力打造互联网创新创业社区，以“互联网+”引领智能制造发展。重点培育互联网及移动互联网、智能硬件、云计算、大数据、电子商务、新媒体等新业态、新模式，到2018年，建设成为互联网创新创业新生态、互联网产业规模较大、集聚程度较高、城市功能齐全、生态环境优美，融合产业、文化、旅游、生活等功能一体的广东省“互联网+”产业示范小镇。

2. 发展目标

至2018年，小镇建成220万平方米创业载体投入使用，各类城市配套设施齐全，培育3~5家互联网产业龙头企业、30家互联网骨干企业和500家互联网创新型应用中小企业，互联网各类产业年营业收入超300亿元，“互联网+”智能制造等主要应用示范领域取得较大成效，公共基础数据库、公共信息平台及智慧园区公共服务平台初步建成，为全市乃至全省生产性服务业发展和产业转型升级起到重要的引领和示范作用。

3. 空间布局

松山湖“互联网+”小镇规划功能分布主要有“互联网+”产业创新实践区、“大物移云”产业集聚区、移动终端智能制造区、互联网产业公共平台服务区、创新创业项目孵化区、小镇宜居社区、小镇商贸服务区、旅游文化区等区域。未来3年，重点推进小镇核心区内中国电子中电港、中科创新广场、东游互联网产业园、国际金融创新园、光大We谷智慧产业园、龙怡智谷、中移动运营中心等项目建设，加快完善互联网产业发展配套基础设施，力争尽快形成全市互联网产业生态集聚区。

（三）丰富高效的互联网生态体系

1. 互联网特色产业集群初具规模

已建成以互联网产业园、国际金融创新园跨境贸易电商园、云计算产业园、物联网产业园、粤港金融服务外包产业园、光大 We 谷智慧产业园、酷派天安云谷、大家艺术区等为代表的互联网产业载体，载体面积超过 100 万平方米，拥有 4 家国家级孵化器、5 家国家级众创空间、3 家省级孵化器、8 家省级众创空间、15 家市级孵化器，互联网产业呈现快速蓬勃发展的良好势头。初步形成以移动互联网终端、电子商务、云计算、大数据、物联网、软件与信息服务等为主的优势领域。移动互联网终端领域，引进华为终端、宇龙酷派等行业龙头企业。互联网领域，引进 115 科技、雨林木风、瓦力科技、酷乐互娱、唯一网络等快速成长性企业一批。电子商务领域，引进华为商城、敦煌网、中电港、88 通信平台、信农供应链、尚睿网络、搜谷计算机、易塑网等电子商务企业及公共服务机构 750 多家。云计算领域，汇集中科院云计算育成中心、微云科技、东莞智慧城市公司、国云科技、中国联通华南数据中心、中国移动南方生产力基地、名气通数据中心等龙头企业。软件及信息服务产业领域，引进软通动力、酷派软件、世纪网通、巨细科技、中科遥感、微模式、腾正计算机、安尔发智能、芯成电子等一批快速成长型企业。

2. 互联网产业创新创业生态体系逐步建立

实施智慧园区发展战略。松山湖重点实施了智慧城管、智能交通、智能安防等项目。目前免费 WiFi 已覆盖园区管委会行政办公区域、“一站式”行政办事中心及园区主干道路面积达 20 平方公里，已实现乘客在公交车上免费使用无线网络和全市公交实时在线查询，提供“松湖无限”APP 实现在线支付。完成“互联网 +”小镇核心建设区域、公共医疗机构、公车站场、图书馆、文体公园等其他主要公共区域覆盖。大力推行网上政务。推进“一门式一网式”政府服务模式改革，搭建网上行政办事大厅、网上投资服务平台，提升管理服务水平；建设城市会客厅，打造集产业载体展示、招商接洽、创业服务、投融资对接、行业交流为一体的线上线下结合的“一站式”投资创业服务中心。建成一批互联网产业公共服务平台。松山湖与国内著名高等院校、科研院所合作，创建广东华中科技大学工业技术研究院、中国科学院云计算产业技术创新与育成中心等24家互联网产业领域新型研发机构，初步建立起技术先进、领域宽应用广、支撑作用强的互联网产业技术支撑体系。同时，建成一批互联网基础设施。中国联通华南数据中心、中国移动南方生产力基地、名气通IDC数据中心等互联网基础设施均落户园区并部分投入使用。

（四）坚强有力的组织保障

1. 加强创建“互联网+”小镇组织保障

一方面，加强组织领导。成立松山湖创建“互联网+”小镇工作领导小组，由管委会主要领导担任组长，统筹协调政策制定、重大项目引进、建设等工作。管委会下属机构产业发展局具体负责该项工作的具体实施和日常管理，组建现代服务业招商服务专业团队负责互联网项目的招商和企业服务工作。另一方面，建立工作推进机制。建立健全目标责任考核体系，细化目标任务，明确责任部门，落实考核内容，确保创建工作任务落实、规划目标实现。

2. 制定“互联网+”小镇政策体系保障

东莞市委市政府出台《关于支持松山湖高新技术产业开发区建设国家自主创新示范区的若干意见》，在人才、资金、技术等方面赋予松山湖先行先试政策；松山湖自身出台加快建设科技企业孵化器行动计划、培育发展高新技术企业专项行动计划、促进电子商务发展专项资金管理暂行办法、推动多层次资本市场管理暂行办法、促进发明专利申请行动计划和专利资助奖励办法、创新创业大赛工作方案等政策措施。接下来，松山湖将进一步突出互联网产业战略地位，研究制定松山湖促进互联网产业发展三年行动计划（2016~2018年）和《松山湖现代服务业发展专项资金管理暂行办法》等政策措施，推动互联网产业成为松山湖支柱产业。

3. 注重“互联网 +”小镇人才引进培养保障

人才引进方面，以创建广东省人才发展改革试验区为契机，推进人才体制机制创新，完善人才引进政策，加强对互联网高层次人才、创新创业人才及团队、高校毕业生引进，建立多层次人才引进体系。截至目前累计引进博士和硕士3400多人，其中包括17名国家“千人计划”专家，17个广东省创新科研团队，2名广东省领军人才，9个东莞市创新科研团队，37名东莞市创新创业领军人才。人才培养方面，建立产学研人才培养模式，探索“以才育才”模式，引导和鼓励区内大型互联网企业与国内外知名高校合作联合培养互联网产业实用人才。加强创业发展平台建设，为互联网创业的优秀人才提供政策、知识产权、技术、投资对接等服务。健全人才服务保障机制，扩大现有人才公寓规模，加大幼儿园、小学、中学以及国际学校的建设力度。优化人才服务方式，营造优质的生活工作学习服务环境，实现优秀人才既“引得来”又“留得住”。

（五）创新多元的文旅氛围

1. 营造“互联网 +”小镇产业文化氛围

近年来，松山湖借鉴国内外知名创客空间、创新工场等新型孵化模式，积极推进互联网企业孵化器建设，构建一批低成本、便利化、全要素、开放式的互联网众创空间，为互联网创新创业者提供良好的创业平台；先后组织举办互联网、电商创新创业大赛、项目路演以及黑马“电商消费”全国总决赛、华南区电子商务高峰论坛、海贸会中国跨境电子商务大会、互联网趋势沙龙、松湖电商大讲堂等行业宣传、推广、培训、交流活动每年数百场，参与活动企业代表过万人次。现在形成了“每周有沙龙、每月有路演、每年有大赛”的松山湖产业活动品牌，营造了浓厚的互联网产业发展氛围。接下来，松山湖“互联网 +”小镇将加快组建互联网产业发展联盟，鼓励行业协同发展；编制发布年度园区互联网产业发展报告；通过多种媒介，大力宣传松山湖“互联网 +”小镇示范企业及互联网产业发展成果，营造鼓励创新、宽容失败的互联网文化氛围。

2. 开发“互联网 +”小镇多元旅游资源

松山湖是国家4A级旅游景区，生态环境非常优美，每年来访游客数十万人次。松山湖“互联网 +”小镇核心区毗邻松山湖主要景点“松湖烟雨”仅数分钟车程，借助“松湖烟雨”在珠三角的影响力，小镇挖掘如大家艺术区文化创意展览、万科住宅产业化研究基地低碳城市建设展馆、华中科大工程研究院、电子科大信息工程研究院、广东智能机器人研究院等科普园地的旅游资源，打造工业旅游线路和品牌。

（六）细致入微的设施建设

松山湖秉承“科技共山水一色，新城与产业齐飞”，“生态与产业并举，创业与宜居并存”的规划理念，采用最有利于保护生态环境的“内核式”圈层结构布局，有利于产业集聚发展的功能区域布局。基础设施建设方面，小镇坚持产城融合的发展理念，狠抓基础设施和配套设施建设。已建成超过300公里的道路和生态绿道，同步完成所有主要道路沿线的通信、光纤、电力、给排水、燃气等基础设施，4G信号已实现全区覆盖。配套设施建设方面，建成万科生活广场、创意生活城等商业设施，建成投入使用和在建公租房13000多套；拥有东莞理工学院、广东医科大学、东莞职业技术学院、东莞中学松山湖学校、东华学校、实验中学、中心小学、实验小学、艺鸣幼儿园等一批学校，形成了从幼儿教育到高等教育的完整教育链条；建成社区卫生服务中心、广州中医药大学国医堂、泓德中医门诊部等医疗服务机构，推进东莞第二人民医院建设，规划建设生态园医院，致力为企业和员工提供便利的创业、就业和生活环境。

四　东莞松山湖“互联网 +”小镇提升策略

（一）实施“互联网 +”特色产业发展工程

以东莞大力发展机器人智能装备产业为契机，鼓励企业运用机器人设备和“大物移云”技术，开展关键环节自动化、数字化、智能化改造，构建“自动化生产线+工业机器人+专用网络”的工业物联网，形成联网协同、智能管控、大数据服务的智能制造模式。全力推行“数控一代”示范工程，编制“数控一代”项目技术路线图，促进数控技术产品与各行业机械生产设备有机融合。深入实施3C产业智能制造示范工程，建成一批柔性制造单元、数字化车间、智能工厂。积极推进长盈精密等特色产业代表性企业“无人车间”、生产车间智能化改造。全力推动两化深度融合，加强数据资源和互联网技术在研发设计、生产制造、经营管理、营销服务等产业链全流程的应用，全面推动智能化制造。继续推动“互联网+外贸”“互联网+流通”“互联网+市场”等模式发展，推动传统企业利用互联网、电子商务拓宽销售渠道，创新经营模式。

（二）实施“互联网+”重点企业培育与重大项目招引工程

实施互联网龙头带动战略，将华为商城、中电港平台、软通动力、国云科技、雨林木风、115科技、瓦力科技、安尔发智能、尚睿网络等骨干企业列入互联网产业重点培育和发展扶持对象，加大政策扶持和服务力度，支持企业继续加大科技和研发投入、创新发展模式和业务模式，鼓励支持企业做强做大互联网业务，并带动上下游配套企业、融合传统企业协同发展。制定互联网专项扶持政策，成立互联网专业招商服务团队，瞄准国内外互联网龙头企业进行招商，积极引进互联网及移动互联网、下一代互联网、宽带移动通信、网络安全、移动搜索、移动流媒体、移动支付与认证、云计算等领域项目，广泛对接工业互联网、农业互联网、电子商务、VR、AR、大数据、物联网、文创媒体、智慧云服务、互联网基础服务等互联网经济领域项目。

（三）实施“互联网+”创新创业工程

小镇根据互联网企业成长路径，搭建“创客空间—创业苗圃—孵化器—加速器”互联网全产业链创新创业服务体系。一是培育发展创客空间。

支持蜂、巢咖啡等创业服务机构加大投资，为互联网创业者提供交流场所，打造成为互联网企业家、创业者、风投人士聚集地；二是培育发展创业苗圃。与高校建立战略培育协议，引导高校创业者、创业项目进入创业苗圃，完善融资平台，为入驻互联网创业项目提供快速成长土壤；三是加快建设互联网企业孵化器、加速器。依托新型研发机构、骨干科技企业和专业科技服务机构，建设高水平孵化器、加速器，满足互联网企业对空间、管理、市场、合作等方面的需求，助推互联网企业快速成长、发展。

（四）实施互联网技术培育和推广应用工程

贯彻落实国家自主创新示范区关于鼓励支持科研人员技术研发、股权激励、效益奖励、税收优惠等政策。在产业政策扶持和政府服务方面加大力度，支持互联网企业继续加大科技和研发投入、创新发展模式和业务模式，推动互联网新技术、新产品、新模式在智慧城市、工业、商贸、文化、创意等其他产业广泛应用，支持企业把互联网业务做强做大。

（五）实施“互联网+”小镇支撑配套工程

一是实施智慧园区建设工程。开展“互联网+”智慧园区信息基础设施优化建设，完善园区光纤宽带网络，优化移动通信覆盖系统，开展公共服务区域免费WiFi建设项目以及园区免费WiFi全覆盖项目，满足互联网入园企业对网络信息服务质量和容量的要求。二是实施金融公共服务平台建设工程。发起设立产业发展母基金，引入战略合作金融机构共同设立互联网产业发展子基金，重点支持园区互联网企业发展；引进前海股权交易中心设立分中心，为企业提供挂牌、登记托管、股权融资、债券融资、企业融资及税务筹划培训等服务；与东莞证券、国信证券、莞泰律师事务所等共建东莞市企业上市培育基地，为企业提供不同层次的融资服务。三是实施产业公共服务平台建设工程。成立松山湖互联网产业联盟，促进互联网企业与应用企业资源共享、融合发展；充分利用华中科大工程研究院、电子信息工程研究院、中国科学院云计算产业育成中心等新型研发机构的科研力量和资源，为互联网企业提供研发、技术集成、技术咨询服务，提升互联网企业科技研发水平。四是实施人才公共服务平台建设。加快建成工信部人才交流中心、东莞国际人才服务中心，搭建各层级科技创业苗圃、人才培训中心和人才培养基地，为互联网企业输送应用型专业人才。五是实施城市功能配套完善工程。未来三年，将投入 4200 万元，对“互联网 +”小镇核心区基础配套设施进行升级改造，升级提升区内街道、绿化水平，完善公交站台、公共自行车站布点，增加商务生活配套设施，成为功能配套完善、生态环境优美的产城融合示范区。

广东仁化县城口红色特色小镇概念规划设计的若干问题思考

王　河　吴楚霖　李荣泽*

摘　要： 广东韶关仁化县城口红色特色小镇以培育红色历史文化为导向，着力完善红色旅游产业链、提升红色温泉度假的文化价值链，重点打造一个集红色文化教育、培训、养生、养老等于一体的革命系统主义精神家园及葆有红色基因传承的创新创业发展平台。文章以城口红色特色小镇为例，从项目的规划对接、设计方法以及产业策略等方面着手，提出产城乡一体化的小镇创建思路。认为特色小镇规划建设思路应包括三部分内容：第一，注重地域特色、生态特色和文化特色；第二，突出产业定位、文化内涵和旅游特征；第三，实现旅游景区、消费产业集聚区和新型城镇化发展区三区合一。

关键词： 特色小镇　红色历史文化　概念规划　产城乡一体化

一　项目概况

城口镇坐落在广东省韶关市仁化县，位于粤、湘、赣三省交界处，全镇辖区总面积约为332平方千米，其中特色小镇的总建设面积3.95平方千

* 王河，博士，广州大学建筑设计研究院副院长，硕士研究生导师；吴楚霖，广州大学建筑与城市规划学院硕士研究生；李荣泽，广州大学建筑与城市规划学院硕士研究生。

米，全区共有村委会7个，城镇规划未来居住人口达到十万人左右，森林覆盖率达82%，生态公益林保护区达84871.5亩，城口地热温泉6处，并有着丰富的历史革命文化资源，新改造106线国道纵贯全镇南北，335、336县道线横穿镇腹东西，全镇交通较为方便，该特色小镇属于城镇化水平中等的乡镇。城口红色特色小镇规划与建设的初衷是将该镇打造成为一个集教育、旅游、文化、产业于一体的特色小镇，将其建设成为一个红色革命文化旅游教育的特色小镇，从而实现促进城乡协调发展，以产业促进城乡经济发展的良好目标。

小镇选址所在的城口镇是广东省开展革命活动较早的地区之一，而且活动范围较大，坚持斗争时间较长，老区人民在战争年代为革命事业做出卓越的贡献，并且留下了许许多多与红色文化相关联的文物古迹，是省内少有的红色革命文化的传延之地。经过近半年的调研考察，认为小镇既包含铜鼓岭阻击战遗址、东水桥遗址、城口红军长征纪念广场、红军街、红军交通站、城口镇锦城温泉、广州会馆旧址、五里山战壕碉堡、谭甫仁中将故居等历史文化景点，也包含二万五千里长征文化纪念园、丹霞温泉度假村、红军粤北长征纪念馆等红色山水温泉旅游景点。在调研考察基础上，课题组通过空间管制手段划定城口镇核心保护区，对保护区内的历史文化建筑开展维护。通过整合上述旅游景点资源，形成“一馆九址”的城口红色特色旅游路线，提出“长征第一步，千年岭南都；粤北山水情，红色传承路”的红色旅游标语。

项目充分考虑现有交通基础条件，特别是结合横贯南北的106国道与贯穿东西的335、336县道，将历史旅游文化山水景点打造为红色特色小镇旅游带。在旅游路线设计过程中，充分考虑游客到达城口红色小镇的特定需求，设计出相应的旅游景点产品，具体而言从以下三个方面来考虑（见图1、图2、图3、图4、图5、表1）。

第一，红色特色旅游文化度假区：东水桥遗址—红色旅游温泉度假区—中心人民广场—红色革命教育培训基地—城口镇核心保护区—广州会馆—毛委员温泉展示区—红军街—谭甫仁故居—红军长征粤北纪念馆—红军长征纪念广场—红军长征拓展园—城口镇入口广场。这条路线主要是让游客深入了解当地红色革命历史文化，接受红色文化历史教育。同时，让游客在景区内的各个场馆与历史民居遗址景点观看历史表演，增强对当年长征革命历史的认识与体验。此外，红色旅游温泉度假区能让游客在学习红色革命历史的同时，适时放松，体验当地天然温泉文化。

第二，红色休闲风光区：农田风光带—红军两万五千里长征文化纪念园。这条线路主要沿着城口镇东河与城口农田景观风光开发带打造，让游客领略当年红军长征艰苦奋斗的革命历史，同时还可顺着沿河小路观赏当地农田风光。

第三，红色自然山水景观路线：铜鼓岭阻击战遗址—五里山战壕碉堡遗址。这条路线主要是让游客深入体验当年红军于城口与敌人展开激烈的阻击战的历史文化；同时，游客在游览过程中，能够通过有氧徒步或历史探险的方式欣赏到五里山生态园的山水自然风光，满足游客体验森林的奇妙，猎奇探险的需求。

图 1　城口镇现状鸟瞰

图 2　城口镇规划鸟瞰

仁化县城口镇有红色遗址点 12 处，包括纪念广场、红军街、红军时期交通站、正龙街毛泽东借宿处、城口温泉、红军书写标语处、老公社、广州会馆旧址、东水桥、五里山战壕及碉堡、铜鼓岭纪念碑、谭甫仁将军旧居等，其中有 11 处位于古城区，与纪念馆用地隔水而望。

图 3　城口红色特色小镇红色遗址分布

图 4　粤北长征纪念馆设计效果图（a）

图 5　粤北长征纪念馆设计效果图（b）

表 1　项目具体打造策划意向

项目序号	项目名称
红色文化景点	东水桥遗址修缮
	城口镇红军长征纪念广场修缮
	广州会馆旧址重建
	五里山战壕碉堡遗址修缮
	铜鼓岭阻击战遗址修缮
	城口镇核心保护区修缮维护工程
	城口镇红军街立面整治及三省交汇特色商业街打造
	谭甫仁旧居保护与开发
	毛委员温泉展示区
	红军长征粤北纪念馆
	城口镇红色革命教育培训基地
	城口镇红军两万五千里长征文化纪念园
绿色生态景点	韶关丹霞丰源温泉度假村
	城口镇河道整治及景观带建设
	城口镇入口广场
	城口镇中心市民广场
历史文化景点	城口镇古驿道旅游路线
	古村乡贤宗祠文化保护修缮及开发利用

二　上位规划与红色特色小镇的衔接问题

由于特色小镇规划所做的是面向实施操作、建设管理方面的规划，所以与其对应的是城镇控制性详细规划。但由于国内各大城镇经济水平的发展不一，且城口镇自身只做了镇总体规划，而没有直接指导用地资源配置的城口镇控制性详细规划。同时，当年镇总体规划的修编并没有考虑到城口红色特色小镇的建设对城口镇所带来的影响。因此出现上位规划内容不全、考虑不完善而导致与红色特色小镇的衔接有所偏差的问题。基于上述现状问题，课题组把项目范围地块规划为核心保护片区、红色温泉旅游文化教育开发片区和绿色生态旅游片区，以下将分别从这三个规划片区探讨城口红色特色小镇规划与上位规划的衔接问题。

（一）核心保护片区

城口镇核心保护片区位于本项目的中心位置，东至107国道，南邻城口镇西河，西至城口镇东河，北接长乐街，总占地约8.7公顷。本片区内的部分传统建筑缺乏修缮保护，均受到不同程度的破坏，部分传统民居已被拆毁；传统的民居建筑与人口日渐增长的居住需求存在较大矛盾，其建筑功能已不能满足人们对现代生活的条件的要求；部分传统建筑的结构受到破坏，建筑结构的整体稳定差，存在安全隐患；部分新建建筑的风格样貌、建筑布局与当地传统民居的风格不相协调，破坏了城口镇原有的整体风貌。课题组通过建设城口镇核心保护区修缮维护工程，从而对核心保护片区的建筑物进行保护修缮与改造升级，其中主要历史保护项目包括红军街、红军时期交通站、毛泽东城口借宿处和谭甫仁故居。

根据上位规划，具体措施分为以下三类。

（1）外观破损程度较小及结构功能无较大损坏的传统建筑，此类建筑只需适当修缮即可；

（2）外观破损程度较小，但结构功能存在较大损坏的传统建筑，此类建筑只需适当修缮外观，内部结构用新材料并按原来结构形式进行加固；

（3）外观破损程度较大，但结构功能无较大损坏的传统建筑，此类建筑需对建筑的外观进行重新修缮，且外观形象需要与传统建筑风貌相一致，而内部结构只需适当维护修缮。

（二）红色温泉旅游文化教育开发片区

本片区范围主要为镇总体规划中镇区土地利用总体规划图红线范围以内、城口红色特色小镇核心保护片区以外。片区现状主要为绿地、生活配套、政府用地与居住用地，这部分用地未来将主要用来承载项目开发的旅游、文化、温泉度假、生活配套等建设内容。为此，在做完特色策划后，需要以此为基础，以原有城口镇总体规划为依据，结合城口镇红色特色历史教育、文化展览、温泉度假、康乐养老等资源与现状，预测未来发展潜力，对本片区范围用地在原有镇总体规划基础上进行适当调整，对控制性详细规划所缺内容做出相应补充，并结合城口红色革命历史文化这一特点，提出能够有效指导建设红色特色小镇的规划内容。与此同时，因为原有镇总体规划的编制，并没有考虑到城口红色特色小镇规划建设项目落实对当地所带来的影响，所以要从总体要求、产业发展、公共服务与配套设施等方面做出相应的提升要求，而本次提升的项目建设主要是坐落在本片区，在满足未来特色小镇建设承载力的同时，对核心片区内的历史传统建筑有所分离，确保不会相互影响。最后通过保障规划项目建设的方案运营策略，以确保落实上位规划与红色特色小镇规划衔接后的建设管理。

（三）绿色生态旅游片区

本片区范围主要为镇总体规划中镇区土地利用总体规划图红线范围以外、城口红色特色小镇红线范围以内。片区现状主要为绿地、山林与农田用地，这部分用地未来将主要用来打造项目开发的绿色生态观光与游玩等内容。本着不占用基本农田、不破坏生态环境的原则，通过保护性开发这一手段，把西边的山林用地结合铜鼓岭阻击战遗址、五里山战壕碉堡遗址这两处红色历史文化景点，打造为五里山自然生态特色旅游区，让游客可以领略当年红军战争历史文化的同时，享受在城口登山游玩的乐趣。位于西南面的小山丘，将会结合坐落在小山丘旁的红军长征粤北纪念馆与当地原有红色特色革命历史文化资源，打造成红色文化拓展园，让游客在参观完历史革命文化馆，通过拓展园体验当年红军游击战。

红色小镇的创建必须在县城总体规划、土地利用总体规划、城口镇总体规划及城口产业区块总体规划等相关规划衔接的基础上，科学编制特色小镇建设规划，确保小镇的产业发展、空间布局、建设风貌、风景旅游及基础设施等建设均具有高质量、高品位和高水准。建设规划在用地布局上结合相关规划，进行多规融合，在保证用地和资金的基础上，落实建设项目，主要建设项目应结合红色小镇产业定位、形象定位，从革命历史、文化感知、运动休闲和养生度假等方面落实。重点打造城口镇红色旅游亮点，提升现有旅游资源并解决基础设施问题，为红色特色小镇储备人气，带来宣传效应。

三 产城乡一体化的特色小镇

（一）“产”的体现

项目本身通过其特色优势，注重产业发展，将旅游业、文化创意产业、农业、养老产业和竹制品加工业作为五大支柱产业，从而成为推动特色小镇经济发展的五大动力。首先，以城口镇红色文化为依托，大力发展红色教育培训以及红色旅游业，走特色化、产业化道路，对城口镇的环境进行综合治理，为旅游发展营造环境，提高旅游服务质量，开发建设多元化生态旅游项目，着力提升旅游综合服务、旅游交通、餐饮、购物等配套设施，将旅游业发展为城口镇的主要产业。其次，温泉资源作为城口镇独特的自然资源，需要打造温泉观光和度假产品及配套产业，以带动城口镇经济发展。最后，目前国内养老产业发展潜力巨大，市场广袤，发展条件和经验也日渐成熟，城口可依托本次机会，充分利用镇区生态环境优雅、文化底蕴深厚这些得天独厚的优势，大力发展养老产业。同时，农业是地区发展的根本，可将社区支持农业作为新发展方式，社区支持农业为城市消费者提供生活用品，城镇消费者为农产品销售提供市场。此外，农业、旅游业、文化创意产业相互融合发展，形成休闲农业、创意农业、文化旅游等延伸产业。

（二）“城”的体现

城镇位于粤、湘、赣三省交界处，历来省际边境贸易活跃，本次规划通过城口自身特色资源的利用，结合各大优势产业，通过房地产开发及现状建筑修缮，将其发展为城口镇片区的政治、经济、文化中心，并着力提升当地交通、购物、医疗等生活配套设施建设，在优质提供游客旅游文化体验的同时，改善当地原有居民的生活条件。

（三）“乡”的体现

项目区位于城口镇中心片区，四周被农田、古村、山地包围，其东为东坑农田景观观光带，南为恩村、上寨村古村文化旅游区，西为五里山生态旅游。城口镇为山地地貌，森林覆盖、植被丰富、原生态完整度高。部分山体景观资源优越，适合建设美丽乡村。如五里山古迹分布丰富，自然景观良好并相对集中，适合片区开发利用。位于城口镇域东片区的东坑林木业整体丰富，构成较大面积优越的自然景观，适合景观展示和林木业开发；位于西南片区的马畲村地处深山，山形地貌隽秀、植被丰富、环境清幽、适合景观开发。

（四）产城乡一体化

规划通过对以上三方面资源的整合，科学合理地布局城口特色小镇的土地资源与空间资源。在城口特色小镇建设发展过程中，城口贸易的发展离不开其特色产业作为基础，而其特色产业的建设也必然依托城镇建设这一强有力的载体。随着未来城口特色小镇的人口、技术、资本范围的扩展，城乡之间的界线逐渐被打破，城口的发展将实现城乡产业一体化，打破传统观念的壁垒，统一规划部署城乡物质与精神要素资源。因此，产城乡一体化发展是目前城口特色小镇规划发展的重要建设思路。

四　城口红色特色小镇概念规划设计

城口红色小镇用地规划设计的范围为：仁化县城口镇中心片区 + 红色旅游区 + 温泉度假村，包含高速公路出入口及周边古村，红色系列十三个遗址（其中九个重要红色遗址）、一个纪念馆、一个礼堂、红军街、古秦城、河堤绿道、后山公园、农贸市场、温泉项目等在内。其中，城口镇镇中心片区的重点区域规划面积控制在 3～5 平方公里范围内，基本符合广东省特色小镇创建导则的规定。因为特色小镇主要依赖某一特色产业和特色环境因素而进行规划建设，在本项目规划设计的基础之上，对特色小镇概念性规划设计分别从以下三个方面进行解读。

（一）注重地域特色、生态特色、文化特色

在乡村田园环境方面，保护山水田园，修复生态环境，全域协调城乡统筹，建设美丽乡村，改善农村人居环境。从整体格局出发，顺应水网、山地、丘陵地区城镇的自然环境，契合现状地形，并营造出多样的滨水临山的公共活动空间。通过土地的混合利用与新旧区协调发展，推进产镇融合发展，避免新老区各自为政。在科学合理的路网布局前提下，适当增加路网密度，鼓励提倡小城镇居民绿色出行。推行开放式、小尺度的街坊住区，实行破墙透绿、设施共享，以增强小城镇的活力和亲切感。打通断头路，并完善相应的道路设施建设，包括路面、街灯与广场小品等设施。在绿地和开敞空间方面，宜根据当地乡土特色而进行生态建设，各类绿地灵活布局，让人们方便可达。通过对沿街立面与街道环境的整治，并对第五立面（屋顶）进行管控，使镇内传统街道空间达到形式相近、风格协调统一。在镇容镇貌整治方面，鼓励“以用促保”，采用多种形式利用传统风貌建筑，对传统风貌区加强保护与利用，鼓励引入高水平建筑设计，使新建建筑体现传承与创新的协调统一。通过在传统建筑集中的区域划定传统风貌区，对非物质文化遗产的保护、传承与开发，传统核心节点场所的营造，传统文化的保护与传承等（见图 6、图 7、图 8、图 9、图 10）。

图 6　镇内传统街区（河边街）局部立面现状图（a）

图7 镇内传统街区（河边街）局部立面现状图（b）

图8 镇内传统街区（河边街）局部改造立面现状图（a）

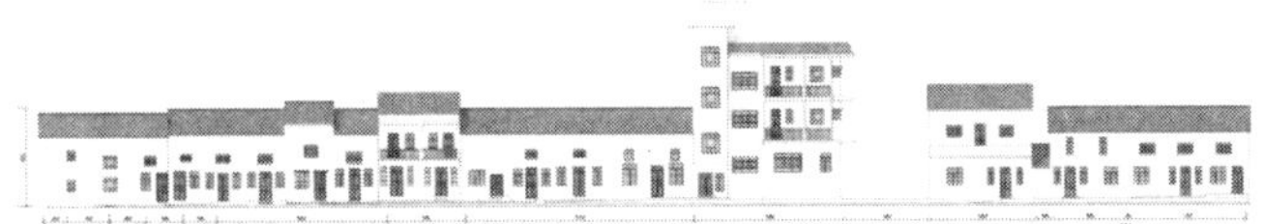

图9 镇内传统街区（河边街）局部改造立面现状图（b）

图10 河边街局部改造效果图示

（二）突出产业定位、文化内涵、旅游特征

特色小镇的发展是以旅游目的地为架构，以特色产业为聚集结构，以产业、旅游、智慧化与互联网为引擎，以人口聚集为发展，从而形成“产

业本身+产业应用+产业服务”的相关产业集群空间。以产城一体化综合开发为手段，以泛旅游为引擎与目标归宿，以产业链开发及房产开发为盈利核心，实现“产业+文化+旅游+社区”四重功能的总体特征。最后，特色小镇的关键还是在于产业培育，特色小镇的产业为双产业为主，即“特色产业+旅游业”，并通过“旅游吸引核+休闲聚集+商街+居住”的方法与手段，形成特色小镇旅游产业的开发模式。

（三）实现旅游景区、消费产业集聚区和新型城镇化发展区三区合一

旅游景区的商业与公共服务设施发展，应因地制宜、科学合理地对商业进行布局，包括商业街（包含底商）、集贸市场与区域商贸中心，来分类管控商业店铺，防止无序蔓延。营造20分钟生活圈，鼓励建设“一站式”服务大厅，来建设充实完善、集约高效的公共服务设施。统筹安排用地指标和空间布局，提高工业用地建设强度，从县域层面统筹安排产业用地指标和空间布局，引导产业布局适度聚集发展。通过土地一级开发，房产二级开发，各类特色产业项目开发，产业链整合开发与城镇建设开发等商业模式对特色小镇进行开发建设与营运收益，并以企业为主题，通过政府服务，政府负责小镇的定位、规划、基础设施和审批服务，引进民营企业建设特色小镇。

五　总结

特色小镇是目前国内正在探索和实践的新型城镇化发展平台，是产城乡一体化的功能综合体，其强调的是特色产业在城乡空间上的落实性、项目建设效果的可视化特征，并要求将规划的可实施性推向新高度。本文在广东仁化县城口红色特色小镇概念规划设计这一项目基础上，对项目推进过程中所遇到的难题与挑战进行了思考与总结，以期为今后特色小镇的规划设计与建设发展提供经验借鉴。

基于“四创联动”的创投小镇发展模式研究

——以深圳龙岗坂田创投小镇为例

陈　忠　肖　鹏*

摘　要： 本文认为传统银行机构对科技初创企业支持度低、专业化金融机构缺少、信用担保体系建设滞后等因素导致科技初创企业融资困难，其中，创投机构能够有效缓解科技初创企业融资问题，而创投机构集聚的创投小镇对科技初创企业的培育与发展至关重要。在此基础上，对深圳龙岗坂田创投小镇进行分析，将其发展模式概况为“四创联动”，即聚焦创新、创业、创投、创客四要素，通过创新运营模式、创建创业社区、丰富创投资源和筑牢创客队伍，创建创投特色小镇。

关键词： 特色小镇　四创联动　创投小镇

一　引言

近年来互联网科技、人工智能技术引发的新技术革命不断加速，创新能力和社会资本的结合亦更加密切，日益活跃的科技创新不断推陈出新，

* 陈忠，星河控股产业集团常务副总裁；肖鹏，星河控股综合开发部总规划师。

所涉及的领域也更为广泛。技术进步由大型企业主导的局面已经发生改变，数量众多的科技初创企业逐渐成为科技创新主力军，其成长周期也大为缩短。如国外的 Uber、Airbnb ，国内的小米科技、大疆科技，均在短短几年时间里，由科技初创企业发展为相应领域的国际知名企业，为各国经济发展注入新活力。

但是，在我国以银行为主体的金融市场体系里，科技初创企业因自身资金实力小、信贷风险较高的先天劣势难以得到银行青睐，普遍存在着严峻的融资困境。同时，处于初创期的企业更加依赖资本，如果没有大量资本投入到前期市场调研和技术研发中，将严重制约企业的前期孵育和后期发展。因此，迫切需要有效利用社会资本，引导和助推现代金融向科技初创企业提供信贷和股权投资，从而有效缓解和解决科技初创企业融资问题。

二　科技初创企业融资困难原因

（一）传统银行机构对科技初创企业支持度低

首先，在银行贷款资金有限的情况下，需要与大中型企业直接竞争，科技初创企业往往因资产规模、担保措施、信用水平等方面巨大劣势而失去融资机会。其次，我国银行体系对外开放程度低和大型国有企业数量众多及融资需求大，导致商业银行无暇关注中小企业客户，进而加剧了科技初创企业的融资困境。此外，大部分的科技初创企业都是民营企业，长期以来商业银行对民营企业的信贷支持度较低。

（二）我国股权和债券资本市场存在缺陷

虽然国家早在 2004 年设立中小企业板和 2009 年设立创业板，但一直以来上市条件极为苛刻，且审核制的制度因素导致审核排队时间过长。同时，国家上市制度对企业盈利的要求高，缺少知识产权资本化的评价体系，导致真正符合中小板、创业板的企业数量很少，许多科技初创企业被主流资本市场忽视。

（三）缺少专业化金融机构，信用担保体系建设滞后

首先，我国金融行业整体对外开放有限，金融体制改革也严重滞后，与科技初创企业风险特征相适应的新兴金融组织没有得到应有的发展。其次，目前信用担保体系建设不完善，信用担保机构大部分由政府投资设立，主要服务于国有大型企业，缺少渠道引导民间资本参与信用体系建设，导致符合中小微企业特征的信用担保机构建设滞后。最后，与中小微企业信用担保体系相适应的风险分担机制不成熟，进一步加剧了科技初创企业的融资困境。

（四）缺乏科技政策性银行

科技创新具有显著的正外部性，科技初创企业的健康发展也会推动相关产业甚至整体社会技术水平的提升，而其他企业在享受该正外部性时并没有付出相应的成本，这就需要政府建立专门针对科技初创企业的政策性银行，使科技初创企业得到公平对待。然而，我国实施社会主义市场经济的时间并不长，一些市场机制还未健全，科技初创企业作为一个独立的产业类型尚未得到社会认可，其所发挥的作用和面临的融资困境没有得到应有的重视。

三　创投机构的发展

20 世纪六七十年代开始，以美国为代表的全球经济开始了第三次工业革命，即信息化经济革命。随后美国硅谷涌现了英特尔、思科、亚马逊、Google、特斯拉、Facebook 等一大批新兴科技产业巨星，他们都是从草根创业开始，在面对失败、破产的风险中，获得创业成功，并由此催生了一种适应中小创新创业企业融资需求的市场化投资融资制度安排——创业投资。创业投资不是传统的产业投资，亦非传统的金融投资（包括证券

及衍生品投资等），而是一种以非传统融资方式，结合资金、技术、管理与企业家精神等力量，为支持创新活动与高新技术产业发展的新型投资模式。

在投资运营和内部治理方面，创业投资所投资的对象，其未来成长性和投资收益都具有不可预测和不确定性，甚至失败是常态，成功是偶然。在美国投资成功率平均在2%～3%之间，但是，少数被投企业持续的价值创造能够获得高额收益，不仅弥补了投资失败，还为投资者提供了高于平均收益的回报。美国创业投资协会曾经做过调查，每一美元创业投资的效益，等于3美元的大公司研发费用的效益。即在激励创新方面，创业投资的效果是大公司的3倍。美国硅谷创业投资的重要经验是，在评估和投资项目时，首要不是获得多少盈利，而是项目及其团队能否为社会创造巨额价值。为此，创投机构投资企业后，不仅仅增加了创业企业的成长后劲，最重要的是将其资源整合到创业企业里面，用专业投资人员（创业投家）们长期积累的经验、知识和信息网络帮助企业管理人员更好地经营企业，持续地帮助企业创造新的价值。

我国创业投资自20世纪80年代中期从国外引入，并经历探索试行和快速发展，在体制机制创新和“募、投、管、退”等运作实践方面积累了较为丰富的经验，并已成为投资中小创新创业企业、支持大众创业、万众创新，促进我国经济转型升级新的重要推动力。

四　创投机构与科技初创企业的关联

与其他类型企业相比，科技企业的科技创新投入大，科技企业成长迅速，一旦成功就能获取较为丰厚的收益，但也存在较大的风险，因此，科技企业的发展更加依赖金融的支持，而且是动态多元的金融支持。如初创期，需要政府性资金、天使投资等支持；成长期，需要风险投资、创业投资等支持；成熟期，需要银行信贷、证券资本服务等支持；不同成长阶段也需要保险、担保、小微金融等支持。

一项高新技术从实验室技术发展为大批量生产，并推广至市场，往往需要20~30年甚至更长时间，期间也存在着巨大的风险。创业投资的介入，使得这一进程大为缩短，而且随同资金所带来的各项资源和服务也降低了科技成果产业化进程中的各项风险。发达的国家实践表明，很多科技项目的成功都得益于创业投资。2014年开始越来越多的创投机构开始将目光转向具有发展潜力的初创企业。特别是2014年9月，阿里巴巴在美国纽交所的上市，成为迄今为止，美国市场历史上最大规模的IPO。在创造互联网神话的同时也成为相关投资机构带来了丰厚的收益。马云的成功不但为中国创业者带来了希望，更激发了中国创投机构投资初创企业的热情。

这种现象背后存在着多种原因：第一，资本市场的变化，致使二级市场的持续低迷，IPO于2012年被叫停，导致很多创投机构先前所投资的项目资金无法退出。虽然2014年股市再度开闸，但上市周期过长，资本退出缓慢，只有将投资阶段前移才能通过并购获得利益，完成资本退出。第二，经济结构的转型，新兴行业的爆发式成长，企业生命周期缩短，投资阶段越靠后，投资者面对的估值压力和竞争难度都将加大。第三，从行业发展的选择来看，创业投资和创业生态圈逐步形成，二者的匹配形成了对初创企业的需求。从创业投资者角度，投资初创企业为兴起的创投机构提供了寻求差异化竞争优势的机会，同时，实体经济开始走下坡路，投资初创企业资金需求量小，许多拥有富余资本的个人投资者开始将日光转向初创企业，天使投资群体正在我国逐步发展起来；从创业者角度，新兴产业的创业机会开始涌现，腾讯、网易、阿里巴巴等的成功上市为创业者带来了示范效应，我国的创业氛围高涨，年轻创业者层出不穷，对早期资金的需求量加大。第四，在国家层面上，国家对中小微企业的健康发展愈加重视，积极采取引导资金、拓宽市场准入标准等方式鼓励创投资金投向创新企业起步成长的“前端”。

五　深圳龙岗坂田创投小镇

（一）深圳科技初创企业发展势头良好

深圳是我国重要的区域经济中心和全国创新中心。深圳 40 年来的经济高速发展，主要依靠与其共同成长壮大的民营企业，其中绝大部分是从中小企业开始做大做强，特别是 2010 年以来以科技创新为主导的产业转型，使得深圳成为中国科技创新领域最具代表性的城市。截至 2017 年 10 月底，深圳市工商登记注册的中小企业 170.5 万家，占企业总数的 99.6%。2016 年中小企业上缴税收 2910.45 亿元，约占全市企业上缴税收的 51.5%。

科技创新对社会经济发展的推动作用逐渐凸显，扶持科技初创企业的孵育发展已经成为深圳政府的重要工作方向。根据深圳“十三五”规划，到 2020 年国家级高新技术企业要超过 1 万家。深圳科技创新委员会 2017 年工作总结与 2018 年工作计划显示，截至 2017 年底，深圳国家级高新技术企业总数累计已达 11230 家。另外，深圳国家级高新技术企业中中小企业占比超过 80%，创新型中小微企业培育梯队达到 4000 多家，中小企业获得授权专利总数 65230 件，占城市拥有授权专利数的 68.4%，PCT 国际专利申请新增数 6642 件，占城市新增数的 33.8%（见图 1、图 2、图 3）。

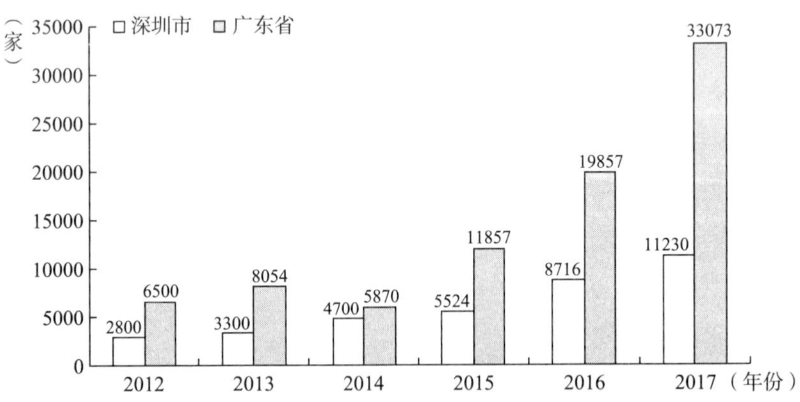

图 1　2012～2017 年深圳与广东高新技术企业数量

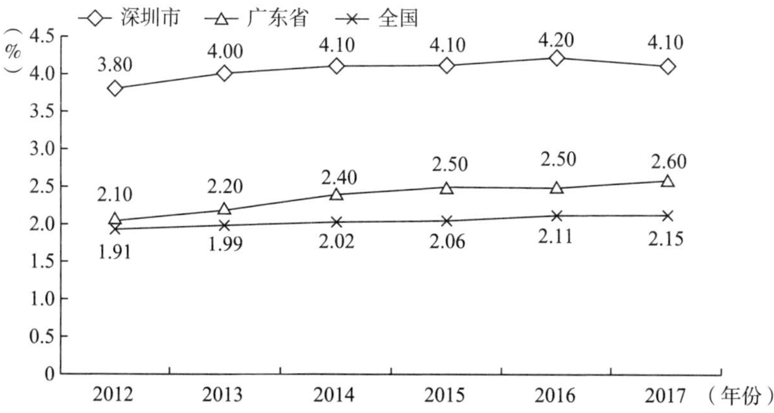

图 2　2012～2017 年深圳、广东和全国 R&D 投入强度对比

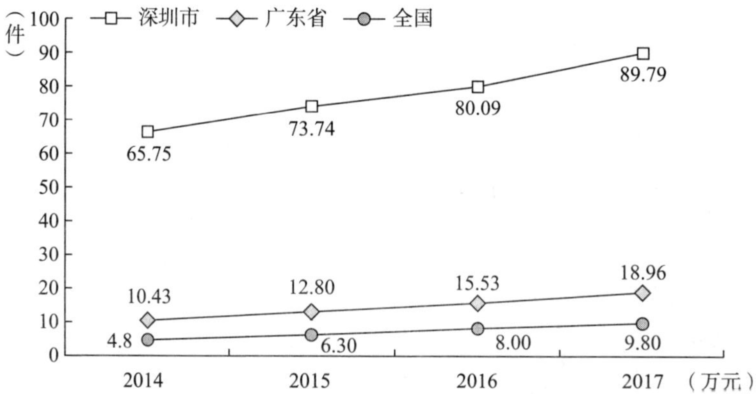

图 3　2014～2017 年深圳、广东和全国万人发明专利拥有量对比

深圳在科技创新成功转型的同时，加速推行国家创新驱动发展战略，通过构建科技创新扶持系统、引进布局创新载体、完善科技创新管理体系、加大人才引进资金投入等一系列措施，为科技初创企业的发展提供了优越的制度环境。然而，深圳科技初创企业的发展同样面临着一系列难题，其中最为突出且难以解决的就是融资难的问题，而坂田创投小镇的创建，能够有效缓解科技初创企业融资难问题。

（二）深圳坂田创投小镇

（1）项目概况

深圳坂田创投小镇位于星河 WORLD 内，地处福田 CBD、深圳北站高铁商务区和坂雪岗科技城（原华为科技城）黄金三角的核心，规划面积 1.39 平方公里，东至坂雪岗大道，西至民治水库，南至银湖山，北至环城西路，毗邻 14 平方公里银湖山郊野公园，坐拥雅宝、民治、南坑三大水库，拥有得天独厚的生态景观资源。小镇是星河产业着力规划三大产品线之一，已入选省级特色小镇，而作为目前深圳唯一一个以“创投”命名的特色小镇，将立足粤港澳大湾区视野，以可持续的低碳生态理念为指导，以建设开放与活力的青年创新谷为目标，以绿色开敞空间为骨架，以金融、信息、创意产业服务为驱动，塑造拥有多元、精彩、连续的城市公共空间，和谐人居环境，以及具有国际影响力的双创示范区，致力于打造集高新产业、商务办公、绿色居住、配套教育、文化传播、创新服务等全方位物业配套的可持续发展的全生态城市中心，树立生态开发新典范，引领区域产业融合升级新型态，建设成为具有国际影响力的“产城人居”四位一体的创新服务小镇。

（2）“四创联动”的发展模式

1. 创新运营模式

坂田创投小镇突破传统商务项目单一开发模式，以“产、城、融、投”为核心，以“房东 + 股东”创新发展思路参与企业全生命发展周期，并通过该模式的全生命周期运作，以创新产融联动模式驱动区域转型升级，实现产业与金融、投客与创客的共生发展。目前小镇地域内已形成“商务联盟、产业孵化”两大功能区，整体初步形成“研发 - 孵化 - 加速 - 成长 - 生产”的全产业链条，并积极与周边重点平台和大型企业沟通联动，壮大生产环节，形成产业发展闭合生态圈。

围绕入园企业的现实发展需要，推行“产权换股权”、“租金换股权”、“服务换股权”等多样化资产配置方式，即以“产权”、“租金”、“服务”

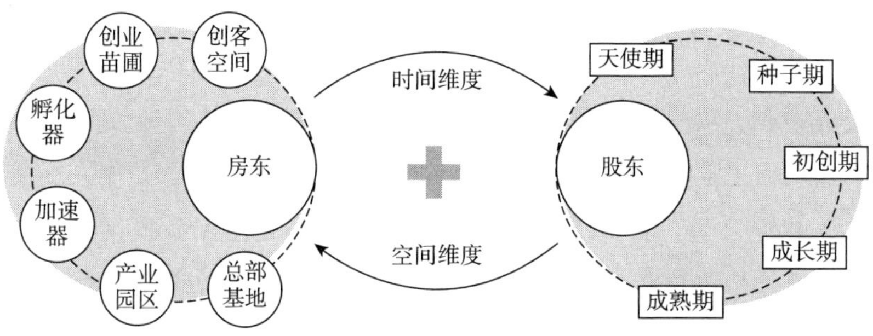

图 4　“房东 + 股东”发展思路

或“基金 + 产权”等方式缓解企业前期发展资金压力，再通过后续星河、创新投相关企业的增值服务，帮助企业更好地拥抱大资本时代。目前，通过“租金换股权”成功引进深圳市合众融网络信息技术有限公司，并已完成 B 轮 500 万元投资合同签署；与 16 家创业团队签订了“服务换股权”协议，股权估值达 800 万元（见图 4、图 5）。

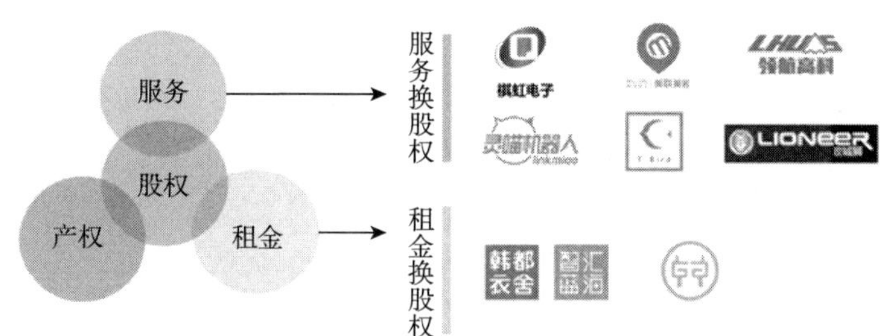

图 5　服务/租金/产权换股权具体模式

2. 创建创业社区

① 坂田创投小镇的服务对象及载体。服务对象为 20 ~ 45 岁社会创业中坚圈层和创新型小微企业；服务载体是星河 · 领创天下。

2015 年 6 月，星河 · 领创天下在深圳国际创客周上正式成立，总面积近 20000 平方米，在孵企业近百家，位于坂田创投小镇内部，由星河控股集团联合三位中国工程院院士共同发起设立的以股权投资为目的的创新创业服务平台。2016 年 8 月，与成都市高新区签约投资建设星河 · 领创天下（成都）暨星河明信国际创客空间。2016 年 9 月，与铁北红山新城、珠江路创业大街签约共同打造“领创天下·慧聚玄武创客联盟合作平台”。此后，联合红提、韩都衣舍－“智汇蓝海”、美国斯坦福大学路演俱乐部、深创投天使投资中心、项目路演中心、博士后工作站、深圳市工业设计协会创客世界、深圳市工业设计协会创客世界、中韩星光联创 ICT 创造中心、海归创业学院（深港）等，针对不同的创业者或入驻孵化器团队提供全过程、专业化、多层次的咨询服务，真正打造从 0 到 1 的创业全流程体系。目前小镇内创客入驻 60 家，著名创客机构 10 家，包括候鸟旅行、华凌科技、中交万乘、领航高科、米江湖、微米来、八宝智能、祺虹电子等（见图 6）。

图 6　星河·领创天下主要入驻企业

② 坂田创投小镇的服务体系：一站式创业服务＋GALAXY＋商务运营服务体系。

第一，产业联盟会，构建产业联盟生态圈，缔造无限商机。产业联盟会，是由星河产业集团联合战略伙伴共同发起成立的产业资源整合运营及圈层社交平台，通过联盟商务打通政府、协会、园区企业、开发运营商、产业服务提供商、配套服务商、创业者和周边居民等整个生态圈，实现服务需求和服务供给的及时无缝对接，缔造无限商机。

第二，一站式创业服务，为企业发展保驾护航。为更好地服务入驻企业，降低企业成本，提高企业运营效率，小镇对各项产业服务资源进行多维度整合，提供人才招聘、品牌推广、空间定制等一站式商务办公解决方案，让企业关注核心业务发展，实现更好更快成长壮大（见图7、图8）。

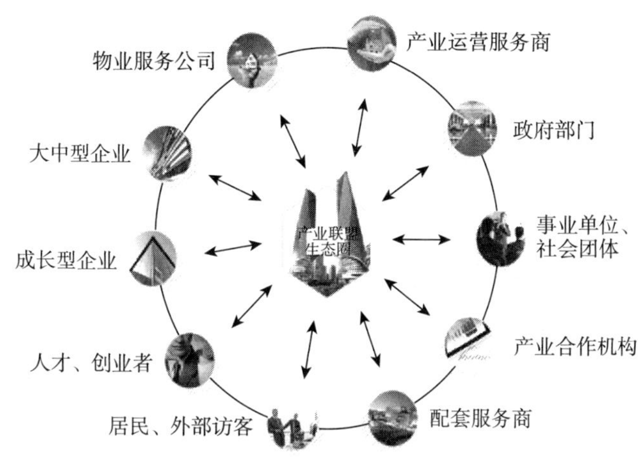

图7　产业联盟生态圈

图8　一站式创业服务

第三，“GALAXY + 商务运营服务体系”，助力企业从优秀到卓越。“GALAXY + 商务运营服务体系”是星河打造的全过程、多层次的产业服务体系，其聚焦于推动企业核心产业发展，促进企业非核心业务外包，让基础设施建设到园区的平台运营更加智慧和灵动地渗透到企业、人才、园区管理者的商务内核，形成快速响应、因需而变的智慧社区服务体系，助力企业从优秀到卓越（见图9）。

图 9　GALAXY + 商务运营服务体系

空间开发服务：依据企业发展的不同阶段，为企业提供多业态组合的载体服务，同时依据企业需求，为企业定制符合其自身特性及需求的空间载体。

创新金融服务：为入驻企业提供投融资服务、投资管理服务以及产业配套金融服务等多元金融服务。投融资服务包括但不限于 VC/PE 投资（龙岗星河红土创业投资引导基金、深圳市智慧城市产业基金等）、互联网金融、小额贷款、融资租赁、债权/保理融资等服务。投资管理服务包括但不限于租金/服务/产权换股权、资产运营增值、资产证券化等。产业配套金融服务包括但不限于优质企业数据库、产业资讯服务、投资风险评估、财务咨询服务、舆情监控、商业保险等服务。

咨询顾问服务：为企业提供包括但不限于商业模式咨询、技术咨询、市场营销咨询、行政人事咨询、财税咨询、企业管理咨询，企业转型升级以及相关定制服务，帮助企业高效、便捷地获取战略指导及商业智慧。

产业政策服务：向入驻企业提供产业政策服务，包括但不限于依据政府现有政策，结合企业实际情况，帮助企业充分享受政府政策；依据企业所属行业及产业环境，通过与政府职能部门沟通，为企业量身定制促进企业发展的产业政策。

知识产权规划及资质管理服务：依据企业技术及研发战略，提供知识产权规划服务，商标申报服务，国家高新企业认定、国家重点软件企业认定、国家驰名商标、广东省著名商标/驰名商标、深圳市软件企业认定、深圳市自主创新产品认定等各项资质认定服务。

高级政务服务：基于企业管理需要，通过整合政府及专业机构资源，为企业提供工商注册及变更代办、财务记账、税务申报、环评检测、消防验收等各项政务服务及各项前置审批服务。

技术及人才服务：为入驻企业提供的技术服务主要是指不仅可为行业企业提供技术沙龙服务，同时可为企业提供技术转移服务，从而促进企业技术研发的发展。

培训及教育服务：依托专业培训机构及高校资源，结合企业基层、中层及高层需求，在小镇内开展有针对性的、快速提高受训者综合技能的培训课程。同时，为受训者创造一个集交流、互动、资源共享的环境。

多功能公共服务平台：基于小镇企业共性需求及资源整合，通过外部引进与内部共建的方式，提供六大战略新兴产业及未来五大产业领域内的重点实验室、工程中心、技术中心、检测平台、行业培训机构等专业服务平台。

“O2O”服务平台：通过“互联网 +”手段，将线下产业服务及商务服务等，通过 PC、移动互联网等方式，实现传统线下服务的“线上化”。

3. 丰富创投资源

① 设立产业引导资金。为引导战略性新兴产业的发展，星河集团联合龙岗区政府、深圳创新投集团共同发行规模 5 亿元的红土创业投资引导基金，2017 首期募资 7500 万元定向投资于星河 WORLD 小镇内注册企业。以星河创新小镇为基地，引导高新行业发展，用于支持、孵化人工智能、新能源、生物工程、信息技术等行业新秀，进一步吸引境内外知名投资机构，且星河 WORLD 拿出 10000 平方米面积的物业资产增资龙岗星河红土创业投资引导基金，并设置星河·领创天下私募基金，对入驻的具有高成长性、发展潜力的企业进行股权投资，缓解入园企业的发展资金瓶颈，助力企业

进入资本市场。目前已投资金额近 1 亿元，投资项目 12 个，包括有比逗、美联美客、祺虹电子等。

② 成立星河小额贷款、融资租赁公司。成立深圳市银顺通小额贷款有限公司，专门为星河业主及商业客户提供小额信贷服务的专业化小额贷款，已于 2015 年 10 月在线投融资平台“星鑫宝”上线。同时，成立深圳市达顺融资租赁有限公司，为星河业主、商户、租户提供设备、汽车、工程机械售后回租、融资租赁等业务，提供量身定制的个性化融资租赁方案，加速企业资金周转。

4. 筑牢创客队伍

① 多层次引入人才。引入院师级导师资源。引入中国工程院院士徐扬生、前海母基金首席执行合伙人靳海涛、深圳市创新投资集团有限公司总裁孙东升、香港中文大学（深圳）协理副校长李学金等院士级导师，为园区企业发展提供智囊支持。

集聚内部高端管理人才。除引入院士级导师资源为小镇发展规划及入园企业发展导向提供智囊支持外，小镇内部也是高端人才集聚。据统计，星河创新小镇内大专及以上学历人才占比为 66.8%，与小镇内产业分布及定位高度相符（见表 1）。

表 1　小镇内部人才概况

单位：人，%

受教育程度	人数	占比
博士及以上	62	0.91
硕士	376	5.52
本科	862	12.66
大专	3246	47.69
大专以下	2261	33.22
合计	6807	100.00

对接入驻企业需求人才。星河创新小镇为优秀人才和入驻企业搭建交

流的平台，提供全方位、立体式、定制化就业服务。2016 年，星河 WORLD 企业联盟在项目内部举行大型招聘会，共有 30 多家进驻企业参与，提供 200 多个优质岗位，收到简历 5500 多份，吸引近 500 人到场。

② 多方式留住人才。第一，建设高质生态环境。首先，积极推进小镇生态化建造，绿化美化社区环境。联手国际顶尖园林规划公司，积极推进小镇生态化建造。星河 WORLD 创新服务特色小镇由国际知名的美国 SWA 及贝尔高林共同规划小镇生态化建造，勾画全生态大城，打造诗意园林小镇。其次，优化公园生态景观资源，提升区域整体生态形象。重点打造雅宝、南坑水库公园。雅宝、南坑水库自然景观资源优越，目前功能仅为蓄水，在小镇未来景观规划中，将充分发挥其环境优势，通过建设生态公园、结合岸线设置亲水平台、亲水步栈道等手段对其进行优化、适度开发，在加强对生态资源景观保护的同时，也有助于小镇整体生态形象的提升。此外，运用海绵城市技术，进一步提升水环境质量。通过多样化的公共空间海绵化改造优化小镇生态空间品质。

第二，营造社区人文环境。首先，融文于城，借力星河文化创客打造深圳创新创意文化新城。小镇规划期间，将着重发挥星河产业创新孵化的全生态空间、国际化资源、垂直孵化、全方位服务、院士导师资源、持股孵化六大特色，并积极利用自有投资平台及外部投资对接平台，借力星河文化创客打造深圳创新创意文化新城。其次，融文于景，集聚星河智慧打造商务联盟创意高地。创投小镇集聚星河居住智慧、商业智慧、金融智慧、公益智慧四大智慧倾力建设，定位为特色产业类小镇，结合项目产业定位，小镇将设计特色鲜明的街道家具与小品，点缀城市公共空间，大力提升小镇品质空间，增强小镇的空间活力，突出小镇的地域特点。此外，融文于创，依托特区“文化窗口”打造深圳当代文化策源地。创投小镇区域内规划国风艺术馆，并于 2017 年 11 月落成开馆。国风艺术馆以国际化的视野传播推广艺术文化；打造专业的专家学术团队，以学术理论为引擎，弘扬中国文化；依托特区“文化窗口”、毗邻港澳的地理优势，联接全球顶级资源，通过多种形式的展艺活动，积极推进海内外艺术交流；以高端艺术展、学术研究及美学教育，为市民提供一流的文化艺术观赏体验，为艺术家、鉴赏家、收藏家提供全方位的服务，为园区注入更多的文化艺术内涵。

第三，完善公共服务配套。教育设施方面：星河创新小镇与华师大附小合作办学，建成9班幼儿园、6年制华师大附小。其中，华南师范大学附属龙岗雅宝小学总建筑面积1.32万平方米，可提供优质学位约1080个。项目已于2016年9月正式开学。医疗卫生设施方面：小镇2公里范围内的医疗卫生设施有龙岗区第二人民医院南坑社区健康服务中心、第二人民医院万科第五园社区健康服务中心、五和社区健康服务中心、深圳龙安医院乾龙社区健康服务中心、深圳坂田医院六区社区健康服务中心、龙华新区人民医院白石龙社区健康服务中心。商业文化设施方面：小镇内规划以约8万平方米升级版COCO Park为核心，建设深圳首个文化创意主题购物中心，总占地面积20万平方米，包含主力店、零售、餐饮、配套等多种业态，满足大都会全系生活需求。同时，规划4.29万平方米文化艺术区，包含剧场、会议展示中心、宴会接待厅等功能，打造国家级高规格文化艺术中心。休闲文娱设施方面：小镇规划打造33万平方米休闲公园，提供篮球场、网球场、羽毛球场、恒温水池、登山步道等文体设施。

第四，配套人才安居房。龙岗区作为深圳东进战略“桥头堡”和深圳东部中心所在地，近年来，坚持创新驱动，大力实施人力强区战略，成效显著，吸附人才的磁场效应不断强化，杰出人才、高层次人才和团队、基础性人才的引进均呈现“上升曲线”。在龙岗区2017年度第二批次企事业单位人才住房申请中，星河为创投小镇内入驻企业猛狮科技、顺荣通讯、智冠科技等逾10家符合申请资格的企业成功申请203套人才公租房，申请成功率超94%。

第五，打造高科技智慧园区。完善高速通畅、质优价廉、服务便捷的宽带网络，推动光纤宽带、4G网络全覆盖，有序推进“无线城市”、“智慧小镇”建设和“三网融合”，为产业发展构建安全多元的能源保障体系和数字化、智能化网络体系。以星河WORLD为载体，联合华为、猛狮、光启等各领域领先企业，共建智慧园区，构建联盟商务的“智慧中枢”，并与前海自贸区达成战略合作，共同组成联盟体，打造一流智慧园区，实现管理输出，以更好地为园区企业提供服务，促进企业围绕产业链上下游形成聚集，实现企业间的协同发展。重点建设智能化集成平台、建筑自动化平台、安防自动化平台、信息自动化平台四大平台（见图 10）。

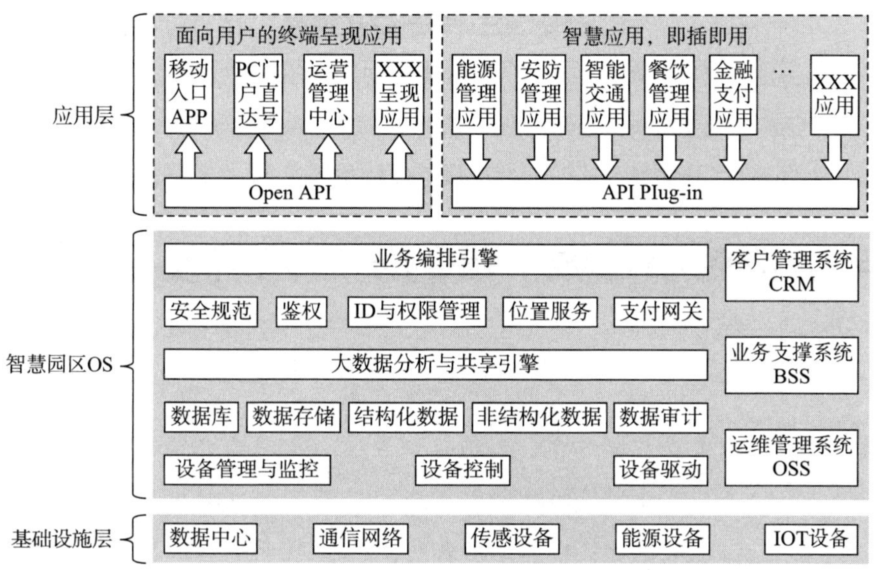

图 10　智慧园区平台架构

典型案例篇

典型特色小（城）镇的发展困境及启示

余构雄*

摘　要： 本文以龙潭水乡、无锡荡口古镇、龙泉铺古镇和杨桥古镇四个具有典型性的特色小（城）镇为案例，剖析其相应的发展困境及提升策略。结果表明：（1）特色小（城）镇的发展容易存在用地性质改变、开发商与商家关系紧张、项目定位不准确、商铺空置率较高、门票经济难以为继、景区同质化现象严重、现代气息过盛、历史底蕴不显、“空心化”现象突出、公共环境疏于整治等问题；（2）特色小（城）镇未来应注重营造融洽的营商氛围、提升项目规划编制质量、提升经营管理水平、跳出门票经济依赖、促进游客二次消费、塑造项目特色、降低同质化现象、丰富项目业态、开发休闲度假产品、打造可原真体验民俗文化、业态丰富化体验化等方面加以提升。

* 余构雄，管理学博士，中山大学旅游学院科研博士后，主要研究方向为文旅小镇创建与发展、旅游空间生产、节事旅游与会展管理。

关键词： 特色小（城）镇　龙潭水乡　荡口古镇　龙泉铺古镇　杨桥古镇

一　龙潭水乡：20亿的文旅项目仅是昙花一现

（一）龙潭水乡概况

2018 年 8 月 23 日，人民网的地方领导留言板，一则标题为“逝去的龙潭水乡”，指出今天的龙潭水乡，基本看不到人，水也干了，鱼也没了，质询政府对该地方的发展规划。2018 年 9 月 21 日，官方回复承认裕都公司在龙潭水乡经营过程中，因市场变化、经营理念和资金链断裂等多重因素影响，导致龙潭水乡项目运营停滞，原入驻商家经营困难。该则信息迅速引发人们对龙潭水乡的关注。

龙潭水乡位于龙潭总部新城航天路 88 号，是成都龙潭裕都实业有限公司投资建设的生产性服务业综合配套项目。项目占地约 180 亩，规划建筑面积约 16 万平方米，项目投资 20 亿元，历经 4 年筹备与创建，于 2013 年 4 月 12 日建成试运行，4 月 26 日正式开街。

龙潭水乡由三个独立的岛屿组成，来自江南的 3000 余吨太湖石在五大概念区域再现苏州园林意境，21 座江南小桥、5 条主要步行街道和行舟、码头等景观营造出特色水乡风情。

开业前三天，据开发商裕都公司统计，保守估计涌入 13 万游人。然而好景不长，除开业当年游客可观外，此后人气越来越惨淡，至今门可罗雀。

借助百度搜索指数，可以掌握龙潭水乡一段时间内的搜索涨跌态势及相关的新闻舆论变化，借此了解龙潭水乡的热度。与龙潭水乡的实际发展较为一致，除开业当天获得较多关注外，2014 年开始热度已下降，且一直处于低谷，未见反弹趋势。综合龙潭水乡实际经营情况及百度搜索指数，龙潭水乡属于较为迅速走向衰落的文旅项目。值得进一步探讨的是，有哪些因素导致龙潭水乡迅速衰落（见图 1）。

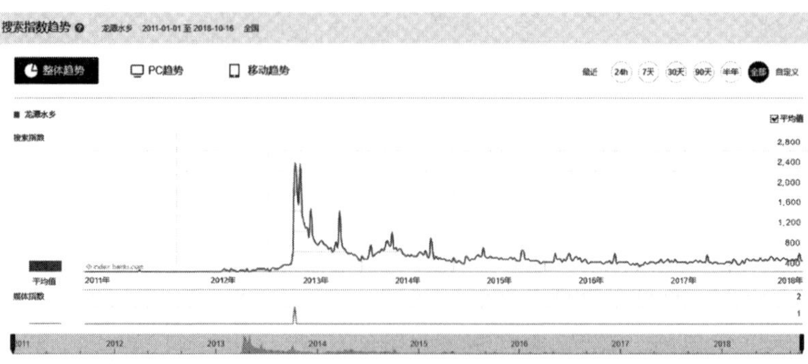

图 1　龙潭水乡百度搜索指数

（二）龙潭水乡发展主要问题

1. 工业用地变身旅游项目

据中国城镇化促进会引用某新闻媒体报道，龙潭水乡系龙潭裕都总部城一号地块上的商业配套区，用地于 2011 年 2 月取得国土使用权证，发证机关为成都市国土资源局，地块用地为工业用地，2012 年 4 月该宗地取得建设用地规划许可证，用地项目名称为非生产性工业科研用房及配套设施、公厕，用地性质为一类工业用地。

根据中国土地分类标准，一类工业用地是指对居住和公共设施等方面基本无干扰、无污染的工业的用地，如电子工业、缝纫工业、工艺品制造等工业用地。但是裕都公司却将该用地开发为集观光、休闲、旅游、娱乐、餐饮、购物、会所等于一体的文旅项目，对外则将项目声称为“生产性服务业综合配套项目”。然而《工业项目建设用地控制指标》（国土资发〔2008〕24 号）文件规定，工业项目所需行政办公及生活服务设施用地面积不得超过工业项目总用地面积的 7%，严禁在工业项目用地范围内建造成套住宅、专家楼、宾馆、招待所和培训中心等非生产性配套设施。因此，将工业用地直接开发为龙潭水乡的大型文旅项目做法欠妥。

2. 开发商与商家关系恶劣

开发商与商家关系恶劣表现在两方面：一方面，2015 年 6 月，部分龙潭水乡商家联名控诉裕都公司隐瞒土地性质，欺骗商家签订商铺租赁合同，致使开发商与商家对簿公堂。部分商家在自家店内挂起声讨横幅，如“甲方偷税漏税一整套，商家全部被套牢”。

另一方面，由于开业后游客迅速回落，远不及开发商招商引资时宣传预测的游客量，加上较为高昂的租金与运营成本，出现部分商家拖欠开发商租金，致使开发商不但压缩促销费用，且将违约的商家告上法庭。开发商与商家的激烈矛盾，不仅直接影响龙潭水乡的日常经营，致使商家与开发商均无心经营，还造成不良的社会声誉，影响项目的整体美誉度。

3. 开发商对项目定位不准确

龙潭水乡的石块主要来自江南，其建筑布局是依托《山海经》的“蓬莱、瀛洲、方丈”三座仙山之意，布局出“环翠岛、环秀岛、环香岛”三座各具特色的岛屿，打造二十三座石桥、十二金钗巷，整体的意境是衬托出江南水乡美景。然而开发商却将项目定位为“清明上河图”，需要知道的是，“清明上河图”展示的是北宋都城汴京（河南开封）的城市面貌和当时社会各阶层人民的生活状况，场面虽然热闹，但表现的并非繁荣市景，而是一幅带有忧患意识的“盛世危图”，反映出官兵懒散税务重。无疑，针对龙潭水乡定位失当，口号乏力。

4. 外部环境欠佳

由于地块性质为工业用地，围绕四周的有工厂及机械制造公司，外部环境与龙潭水乡的观光休闲旅游氛围不匹配，从里面看外面的视觉效果欠佳，直接影响项目的意境，降低项目的品质。

（三）龙潭水乡发展启示

1. 前期充分了解地块性质

土地管理涉及的法律法规和政策文件较多，同一个问题的相关规定常常分散于不同的法规和政策中。开发商对旅游地产、乡村旅游、特色小镇、度假山庄、田园综合体等项目进行开发前，应充分了解项目用地性质、土地流转、土地政策等问题。如对应全国土地分类标准表，拿地前，关注项目用地能不能建；对应我国现行城市用地分类与规划建设用地标准（GB50137－2011），拿地前，关注项目用地能建什么。

2. 营造融洽的营商氛围

需要认识到，开发商与商家之间并非“一锤子买卖”，而是“一根绳子上的蚂蚱”。鉴于文旅项目开发周期长，需要较为漫长的培养期，起初开发商收取商家租金应保有弹性、优惠较多，注重对项目内配套设施的维护与公共服务的提供，与商家联合开展各类营销活动，营造融洽的营商氛围。

3. 提升项目规划编制质量

文旅项目规划必须具有科学性、前瞻性、约束性和可操作性，特别要注重传统文化遗产和自然景观资源的保护，强化当地文脉的发掘和延续，加强当地特色风貌塑造。

二　无锡荡口古镇：6年修复的古镇如何走向没落

（一）无锡荡口古镇发展概况

2018 年 10 月 16 日，《新华日报》载文《无锡一古镇投资逾 10 亿修复，开张 3 年只热闹一阵》，指的就是无锡荡口古镇，这里主要探讨荡口古镇发展概况、问题及对策。

荡口古镇位于江苏省无锡市锡山区东南鹅湖镇境内，距无锡市中心 25 公里，地处无锡、苏州、常熟三地交界。享有“小苏州”、“银荡口”之美誉，是国家 4A 级旅游景区。

2008 年 10 月，锡山区委、区政府正式启动了荡口古镇保护性修复工程，总投资 10 亿元，2014 年试营业、2015 年正式对外开放，打出“吃在荡口、住在荡口、文化休闲在荡口”以及打造长三角休闲旅游度假胜地的口号。

（二）无锡荡口古镇问题诊断

1. 商铺空置率较高

报道显示，荡口古镇共有284家商铺，空关率在40%以上。按照国际惯例，商业地产的空置率在5%～10%为合理区，空置率在20%以上为严重挤压区。古镇有别于一般的商业地产，但合理的商铺空置率亦不应高于20%。

较高商铺空置率容易引发古镇经营危机：首先，不利于提升已入驻商家经营信心，容易导致商家频繁转手商铺，致使商家无心经营，同时给新一轮招商引资带来困难；其次，由于无法及时回收资金，容易造成开发商资金链断裂，特别是对于小开发商或周转资金有限的开发商，其打击尤其明显；此外，烘托出古镇冷清萧条气氛，不利于提升小镇热度。

2. 门票经济难以为继

2015年“十一”小长假后，荡口古镇开始收取80元/人的门票，多数游客反映，门票过高，性价比不高。在现实中，不乏有一些古镇收取门票，由门票价格高低程度归纳为两类。其一，较高门票费用（100元/人左右），这些古镇的知名度高、影响力广、美誉度好，内部精品景区（点）非常多，古镇日常的维护与运营成本高，自身运营体系较为完备且成熟；从实际客流来看，往往这些古镇已客满为患，收取较高门票初衷之一是为了合理控制游客量，避免超过古镇承载力，造成破坏、降低体验感，如乌镇古镇、周庄古镇等。其二，较低门票费用，这些古镇知名度、影响力和美誉度均一般，古镇原汁原味的历史遗存较少，新创新建景区（点）居多，古镇主要由一些代表性景观支撑，其收费主要是象征意义，用于支付日常维护开支，如束河古镇、沙溪古镇等。

荡口古镇自身既无法比拟中国十大古镇，亦难以媲美江南六大古镇，主要依托较为单一的历史文化街区支撑古镇发展，欲在古镇资源丰富的江南地区突围而出，客观上已是困难重重。平日古镇内游客不多，过夜游客尤少，自收取80元/人的门票更使荡口古镇游客量连年下跌。据《无锡日报》报道，仅前两年，荡口古镇游客量就从第一年的388万人次降到第二年的 200 多万人次。

3. 景区同质化现象严重

一方面，荡口古镇建筑“同质化”现象严重。在江南水乡，星罗棋布的水网间随处都是历史古镇，有游客指出，我们来了周庄，就没必要去荡口了，江南古镇大同小异，只要去一个地方看看就够了。事实上，多数游客首选江南六大古镇而非荡口古镇。从荡口古镇官网及宣传图片可看到，无论建筑风格，如华氏义庄、钱穆旧居、关帝庙、华蘅芳生平事迹陈列馆的仿古建筑群落和名人故居等，抑或古镇格局，如以河成街、街桥相连、依河筑屋、水镇一体的格局，均同质江南其他古镇。另一方面，荡口古镇业态“同质化”现象严重。荡口古镇所经营的丝绸、水墨画、扇子、糕坊、文火酱鸭、猪蹄、烧鸡、豆腐花、烧饼、编艺品等业态，均类同江南其他古镇。

4. 现代气息过盛，历史底蕴不显

通过对大众点评网和携程网中荡口古镇的评论进行文本分析，发现游客抱怨最多的除门票收费过高外，其他主要集中于古镇现代气息过盛、历史底蕴不显。如有游客直接指出，现在这样的人造古镇实在太多了，荡口古镇不是翻新、不是改造，而是建造，根本就是一个人造出来的古镇，哪怕它原来真的有这么多年的历史，但那份古朴已荡然无存，只有毫无新意的商业氛围。

（三）无锡荡口古镇发展启示

1. 跳出门票经济依赖，促进游客二次消费

对比门票收费前后，荡口景区游客减少，商铺空置率上升，收入下滑，印证了以门票收入为主要来源的经营方式难以为继。实际上，有许多门票降价或取消门票的景区，收入不但没下降，反而增长了。典型的如杭州西湖 2002 年 10 月免费开放以来，游客数量和旅游总收入增加数倍，游客增加带动当地餐饮、零售、住宿、交通等相关行业发展，在免门票前，杭州一年旅游总收入是 500 多亿元，而 2017 年杭州的旅游总收入是 3041 亿元，足足增长了 5 倍。相关研究表明，门票价格每下降 1%，游客量会实现 3% ~

5%的增长。从产业经济发展角度看，门票价格的下降，会提升游客二次消费，换取产业收入的增长，明显有助于增强荡口古镇旅游业的可持续发展。

2. 塑造项目特色，降低同质化现象

首先，避免拆除老房子、砍伐老树以及破坏具有历史印记的地物，塑造古镇的古朴感。其次，新建区域应延续古镇的肌理和文脉特征，新建建筑的风格、色彩、材质等应传承传统风貌，雕塑、小品等构筑物应体现优秀传统文化。最后，传承和保护古镇历史地域建筑风貌，提炼地域特色建筑元素，强化建筑风格设计，明确与古镇发展定位相适宜的建筑风格，塑造地域文化特色，将其贯穿到古镇的各方面，突出自身有别于其他古镇的特色风貌。

3. 丰富项目业态，开发休闲度假产品

项目仅有观光游览，只能吸引观光型游客，业态较为单一。未来还应结合古镇的民俗风情，开发休闲度假产品，延长游客停留时间。尤其是依托古镇所在地的鹅湖镇开展全域旅游，打破古镇以往封闭式状态，将荡口古镇、甘露渔业休闲基地、鹅湖玫瑰园、南青荡兰花园、圆通寺、甘露寺等景点进行串联，加强各景点景区间的联姻，开展联合打包宣传促销，积极主动融入鹅湖镇全域旅游发展中。

三　龙泉铺古镇：全国首个“铺文化”主题古镇的经营困境

（一）龙泉铺古镇概况

龙泉铺古镇坐落于中国白酒名镇宜昌市夷陵区龙泉镇，龙泉镇离宜昌市城中心20公里，是一个“六山一水两分田，一分道路和庄园”的丘陵镇，2016年入选第一批中国特色小城镇。

龙泉铺古镇是稻花香集团“一主三辅”产业格局的一个重要组成部分，是稻花香集团打造的体验式文化旅游胜地，项目占地面积120亩，由38栋独具特色的仿古独栋建筑集群组成，以“三街、九坊、八十一铺”特色布局打造的国内首个“铺文化”主题旅游景区，于2016年“五一”假期开街试运营，首日游客量突破4万人次。

（二）龙泉铺古镇特点

1. 特色镇中镇，政策利好

龙泉镇是中国特色小城镇，龙泉铺古镇是特色小镇。龙泉镇创建中国特色小城镇，享有国家发展改革委等有关部门支持特色小城镇建设项目的专项建设基金支持，能够获得中央财政对特色小城镇奖惩的有效激励。同时，还获得地方政府的政策支持，2016年11月，夷陵区委、区政府下发《关于支持龙泉镇打造中国一流特色小镇的意见》，将全力支持龙泉镇打造产业特色鲜明、功能集成完善、生态环境优美、示范效应明显的中国一流特色小镇。龙泉铺古镇是龙泉镇创建中国一流特色小镇的主打项目，其政策环境尤其利好。

2. 依托特色产业，打造特色小镇

建设特色小镇，需要形成产业化的特色项目，在产业规模、市场份额和特色方面要具有明显的优势，能够发挥产业的集聚效应和叠加效应，并形成带动当地经济发展的完备的产业链条。从这点来看，龙泉镇自身已以“稻花香”牌系列白酒而享誉盛名，成为名酒之乡，龙泉铺古镇则依托稻花香白酒产业，立足于地域具有明显优势的特色产业，将酒文化元素融入古镇建设中，通过建筑元素来反映地方文化风貌，从而找准特色、凸显特色和放大龙泉铺特色，古镇建设具有强大的特色业支撑。

3. 依托大型活动，打响特色小镇

龙泉铺古镇自2016年“五一”假期开街以来，举办过多次大型活动。如2016年6月在龙泉铺古镇举办“稻花香·2016中国龙舟公开赛”，近8万游客观看；2017年10～11月，“第32届菊花展”在龙泉铺古镇举行，游客累计突破150万人次；2018年1月，“宜昌市名优农特产品推介会暨龙泉铺古镇首届年货民俗文化节”在龙泉铺古镇举办，近万市民齐聚龙泉铺；2018年9月，“2018匠心楚韵·第五届全国重点网络媒体湖北行”参观龙泉铺古镇，40 家全国主流网络媒体参与活动。大型活动的举办，给龙泉铺古镇带来各种机遇。除了基本的推动龙泉铺经济发展及促进地区基础设施建设与服务水平提升外，还提升了古镇知名度与影响力。

（三）龙泉铺古镇问题诊断

1. 商铺入驻率开业率“双低”

2017 年 6 月，《长江商报》报道显示，龙泉镇招商困难，计划到 9 月 28 日商户要达到 70% 的入户率，至 6 月只有 20%。2018 年 1 月，《长江商报》报道显示，龙泉铺古镇经营状况惨不忍睹，总共两三百家店铺，入驻的商铺仅 70 家左右，开门迎客的只有二三十家，入驻率不到 1/3，开业率仅为一成，其他的就只是挂了一个招牌，常年不开门，没有人气。

2. 拖欠薪资导致负面影响

龙泉铺古镇由稻花香集团旗下的宜昌龙泉旅游发展有限公司和稻花香宾馆进行运营。然而，2018 年 1 月，《长江商报》披露，两家运营公司共拖欠员工薪资 178.4 万元，已拖欠六七个月之久。

3. 古镇的古朴古韵不足

古镇始于清初的按完粮簿编为龙泉铺，至今约 400 年历史，然而在中国的历史长河中涌现出许多有着千年历史的古镇，在湖北就保存有不少千年古镇。比较之下：首先，400 年左右的历史，使龙泉铺古镇的历史底蕴不显，古感不足；其次，历史遗留下来的遗迹遗址极少，使打造古镇的物质载体缺乏；再次，大型活动主要为现代节事活动，未能依托当地传统特色文化，打造具有彰显地方特色与魅力的传统民俗活动；最后，建筑主要是新建的仿古建筑，类同古镇比比皆是。

（四）龙泉铺古镇发展启示

1. 提升经营管理水平

过低的商铺入驻率开业率和拖欠薪资，均是古镇经营管理不善的突出表现。对于运营方，需要重点解决上述两方面问题。首先，稻花香集团应主动沟通、积极协调，迅速协助运营公司解决薪资拖欠问题，稳住人心、维护声誉、树立良好社会形象。其次，思考如何把现有资源转化为资本，破解招商难题及融资“瓶颈”，古镇现阶段仍处于培育期，需要以更为优厚的租赁条件以吸引商家，尽可能实现较高的商铺入驻率开业率，为项目长期经营奠定基础。如通过专业人员核算各个铺位的标准租金，详细列出租金的依据及各铺位的优劣势，前两年以较低的折扣给予商家优惠，第三年开始逐渐提升，至第四年恢复标准租金。最后，进一步探索古镇运营管理新模式，有效提升古镇运营管理科学化和制度化水平，真正把古镇运出影响、管出成效。

2. 积极融入全域旅游

龙泉铺古镇项目面积较小，旅游产品较为单一，可观光游览时间较短，可体验项目较少。未来可以将龙泉铺古镇作为龙泉镇发展全域旅游的龙头项目，串联周边的旅游资源，形成“古镇 + 观光游览”“古镇 + 休闲体验”“古镇 + 文化创意”“古镇 + 特色产业”的“文旅古镇”，致力于文化崛起、生态保护、乡村复兴、旅游发展、项目带动等方式推动龙泉镇整体旅游市场的提质增效。

3. 打造可原真体验民俗文化

龙泉铺古镇所在的夷陵区民间文化源远流长、种类繁多。未来需要深挖具有彰显地方特色与魅力的传统民俗活动，如民间故事、歌谣、歇后语等口头文化，剪纸、绣花、石雕、木刻等民间美术，皮影戏、花鼓戏等民间戏曲，采莲船、地花鼓、龙灯、高跷等民间舞蹈，丝竹乐、吹打乐、呜音等民间器乐，号子、山歌、小调、儿歌等民间歌曲，打造可原真体验民俗文化。

四　杨桥古镇：江南唯一未被商业化的千年古镇路在何方

（一）杨桥古镇概况

2018 年 9 月 27 日，人民网载文“江苏省所有古镇都在这里了！想去玩的赶紧收藏了”，重点推荐了江苏 29 个古镇，其中将“杨桥古镇”标示为江南一带唯一未被完全商业化开发的千年古镇。事实上，自2008年开始，已引入杨桥古镇旅游开发有限公司对古镇进行旅游开发，然而10年过去了，从古镇目前现状来看，可谓进展缓慢、经营不善、开发乏力，成效亦极为有限。现在许多千年古镇商业化严重，像杨桥古镇这样的地方越来越少，对杨桥古镇发展价值及发展策略的探讨显得尤为必要。

杨桥古镇始于宋朝，是一个千年古村落、六百年的古街市，位于常州市武进区前黄镇境内，地处太湖、西太湖、武进、宜兴的中心地带，是北上常州，南下宜兴及浙江湖州的必经之地。

古镇三面环水的古街老房子面积约有近3万平方米，占地360余亩。现存杨桥北街、南街、东街、桥南西街、桥北西街等五条长约730米、极具中国古典韵味的老街。南杨桥、庄基桥、谢桥、五洞桥、东西虹桥等6座历史悠久的古桥坐落其中。其内另有6座保存完好的寺庙古建筑，更有600多亩渔区水产基地。

（二）杨桥古镇发展价值

1. 历史文化遗存丰富

江南众多古镇，要么历史遗迹荡然无存，主要是新建而来的“假古镇”，要么商业气息过重，掩盖住古镇古朴古韵气氛。对比之下，杨桥古镇拥有丰富的历史文化遗存，能够保持古色古香的历史原貌，得天独厚的古镇遗产使可塑造可开发的潜力巨大。

2. 杨桥庙会已颇具影响力

杨桥古镇历史上遗存下来的节事活动较为丰富，目前最有影响力的是杨桥庙会，从2009年杨桥庙会恢复至今已举办了10届，入选江苏省级非物质文化遗产代表性项目名录。据《新观察》报道，每年农历二月初八杨桥庙会当天，来自全国各地的游客都争相前来观看，现场商贩云集、亲朋满座，游客有3万~5万人。

3. 独特的江南水乡格局

杨桥古镇整体呈现出“三浜四桥环五街多节点”的空间布局，3条水系环绕古镇，4 座石桥跨河连接里外，5 条传统街巷贯穿其中，形成错落有致的江南水乡格局。基于空格格局的保护利用，需要将街巷的曲折变化塑造成妙趣横生、休闲宜人的空间尺度。

（三）杨桥古镇发展问题诊断

1. 古镇“空心化”现象突出

古镇房屋的历史年限由外至内递增，外围主要是 20 世纪 90 年代建的房屋，中间是 80 年代建的房屋，核心区是清朝和民国时期建的房屋。村民多数不愿生活在核心区，普遍在外围建新房，中间和核心区的房屋年久失修、多有破损，仅剩下一些老人、小孩居住，“空心化”现象突出。不仅导致核心区缺乏生产生活气息，而且外围城市化住宅与中间和核心区风貌相去甚远。

2. 公共环境疏于整治

古镇内外的公共卫生和配套设施疏于管理与维护，许多公共空间看不到管理痕迹，黑白斑驳的砖墙、铺地的不整齐不整洁、长满了青草的砖路、锈迹斑斑的八卦锁、堤岸断垣残壁，呈现出一片萧条落寞的情景。此外，缺少基本的公共服务设施，如公厕、垃圾箱、路灯等，缺少绿化，无法汇集人气，使之成为有活力的公共交往空间。

3. 水系管网不畅通

杨桥古镇的公共环境主要体现在以张仙浜为主体的水环境上。在水运为主要交通方式的年代，张仙浜承载着杨桥古镇与外界沟通的重要作用，而陆运的发展使其逐渐丧失了历史地位。如今，因为肆意的房屋建设，部分河道被填埋，导致水系不贯通。在杨桥古镇发展过程中，需要进一步完善管网、梳理水系。

（四）杨桥古镇发展策略

1. 保护核心区基础上适度发展旅游

严格对照《住房城乡建设部关于印发传统村落保护发展规划编制基本

要求（试行）的通知》（建村〔2013〕130号）的总体要求，坚持保护为主、兼顾发展，尊重传统、活态传承，符合实际、农民主体的原则。对于杨桥古镇的保护利用，其核心是让古镇历史遗存的精髓得以传承和发扬，突出古镇的文化性、历史性与地方性。要实现这一点，靠政府的扶持，仅是权宜之计，治标不治本，只有适度开发，才能获得资金，盘活古镇，焕发活力，在发展中实现传承与发扬。基于现有资源基础，发展旅游是较好的出路，以旅游为特色产业，打造打响旅游古镇品牌，实现古镇复兴。

2. 健全村民自治机制

古镇的灵魂是村民，依靠外力保护古镇的房屋、街道、祠堂、庙宇等历史遗存，仅是保护了古镇的静态建筑，只有让村民回到古镇中，让村民在日常生活中实现对古镇的饮食文化、穿着文化、宗族文化、民间信仰、民间技艺、民间歌谣等文化传承，才是保护了古镇的活态文化。各级政府和开发商，需要清醒地认识到，古镇是村民世代居处的场所，是他们生于斯长于斯的所在，只要切实让村民分享古镇旅游发展中的红利，自然就能保护与传承古镇的静态建筑与活态文化。要留住村民，关键要有一套合理可行的利益保障机制，确立“村民主体、政府引导、专家支持、社会参与”的村民自治机制，确保村民在古镇旅游发展中的主人翁地位。

3. 业态的丰富化体验化

目前，杨桥古镇基本处于未开发状态，仅少量游客前往观光游览，未来需丰富业态，开发体验型旅游产品。依托洪家大院、关王阁、南阳楼、杨桥戏楼等历史遗迹，发展民俗博物馆和手工艺博物馆，如展示拥有600多年历史的杨桥非遗捻纸，如何经过设计、选材、裁剪、上浆、刮浆、压制、折叠、捻制、拼装、组合等10道工序组合而成。依托古镇老街两侧，发展特色小吃、传统手工品、文创商品、乡村特产、旅游纪念品等。依托张仙浜两岸现有资源环境，发展具有古镇地方传统与特色的民宿、客栈、酒坊，满足游客居住与餐饮的体验需求。

4. 复兴传统节事活动

杨桥古镇拥有多姿多彩的节事活动，如调三十六行、调犟牛、调龙灯、调大头、舞马车、拗火球、放风筝、踩高跷、赛灯笼和打腰鼓，尤其是通过每年的农历二月初八举办杨桥庙会，再现上述的主要传统民俗活动。基于资源的保护利用视角，未来需要将节事活动系列化、日常化、参与化。

古镇是中国优秀传统文化的重要组成部分，未来的发展要让村民望得见山、看得见水、记得住乡愁。因此，首先要保护好古镇，这种保护，不仅仅意味着古镇静态建筑的保护，更意味着对古镇村民生活方式的保护。

参考文献

丁亚鹏：《无锡一古镇投资逾 10 亿修复，开张 3 年只热闹一阵》，《新华日报》，凤凰网，2018 年 10 月 16 日转载。

王怀、唐泽文、刘星：《成都龙潭水乡 12 日开门迎客》，《四川日报》2013 年 4 月 9 日，第 5 版。

谢锡淡、周凌：《杨桥村保护更新研究》，《城市建筑》2017 年第 4 期。

佚名：《稻花香旗下公司欠薪 178 万 特色小镇商铺仅开业一成》，《长江商报》2018 年 1 月 15 日，第 3 版。

佚名：《深坑！成都龙潭水乡违法用地背后的商业骗局》，《荆楚荆门网》2016 年 12 月 1 日。

佚名：《宜昌龙泉镇探索特色小镇实践路径》，《长江商报》2017 年 6 月 19 日，第 4 版。

广东特色小镇典型案例研究

广东省发展和改革委员会区域经济处

摘 要： 本文以东莞市长安智能手机小镇、佛山市禅城陶谷小镇和潮州市潮安太安堂医养小镇三个具有典型性的广东特色小镇为案例，探讨其相应的创建成效及发展策略。结果表明：(1) 智能手机小镇以“政府指导、名企引领、双创联动、市场运作”为运营模式，以步步高 OPPO、vivo、小天才为特色产业，构建“山湖河海”的城市景观轴线，依托龙狮、粤剧、幼儿基本体操、摄影、书法等发展岭南特色文化，通过创新人才服务和政策扶持等进行政策创新，未来应从区域电子信息产业发展、城市更新和机制创新等推动小镇发展。(2) 陶谷小镇以政府、企业、社会协同为运营模式，以陶瓷产业为特色产业，形成显山露水、小桥流水和多元化的城市景观动线，呈现石湾千年古镇和石湾陶艺历史文化，通过就业扶持、住房保障和创新创业扶持等进行政策创新，未来应从创新产业发展模式、探索城市更新路径和创新企业联盟合作模式等进行提升。(3) 太安堂医养小镇由太安堂集团主导投资建设及运营，以中医药为核心产业，促使小镇的旅游项目与休闲交往空间融为一体，打造独特的中医药文化，基于战略合作框架及双创平台推进机制创新，未来应从驱动传统中医药行业转型升级和空间优化集约发展等推动小镇发展。

关键词： 特色小镇　智能手机小镇　陶谷小镇　太安堂医养小镇

一　东莞市长安智能手机小镇

（一）长安智能手机小镇概况

长安智能手机小镇位于长安镇中心城区东北部，规划范围8平方千米，北依莲花山，南面珠江湾，南部距深圳沙井仅3.5千米，其处在城市繁华和自然的过渡地带，具有城市与山水融合的独特景观。智能手机小镇以发展智能终端（手机）特色产业为重点，以步步高OPPO、vivo智能手机龙头企业为带动，建设全球智能终端（手机）产业创新基地。入驻企业近1400个，其中规模以上工业企业超50个，步步高OPPO、vivo和小天才3家企业入选广东省高新技术企业综合实力百强，入驻企业拥有发明专利量近2000件，占全镇发明专利总量近1/3。

（二）长安智能手机小镇创建成效

1. 运行模式

坚持“政府指导、名企引领、双创联动、市场运作”的模式，由政府、企业和市场合力推进。其中，政府负责总体规划设计、项目立项审批、配套设施建设、政策资源支持等；步步高等知名企业作为具体项目投资方，负责产业创新项目建设落地，推进创新创业；长安镇属企业负责小镇建设运营、统筹协调工作；同时积极引入社会资本、社会力量参与小镇建设，形成多方主体参与的运作方式。

2. 特色产业发展

（1）做强做优智能手机产业。形成了以步步高OPPO、vivo、小天才三大企业为主体，劲胜精密、隆凯模具、金宝电子、光宝电子等模具、电子企业为配套，涵盖研发设计、生产制造、市场营销、电子商务、软件信息服务等环节，相关产值超2000亿元。建成小天才研发总部，入驻研发人员

1200 人；建成 OPPO 人工智能研究院，正在建设 OPPO、vivo 智能手机研发总部，预计未来将有研发人员 3 万名。在智能手机小镇的带动下，2018 年 1 ~8月长安镇专利申请量达 1.45 万件，专利授权量 6683 件，分别同比增长 57.40%、102.33%，其中专利申请量、专利授权量占东莞总量的 20% 和 15%，连续 5 年位居第一。

（2）搭建企业全周期服务创新创业链条。建设公共技术研发平台、质量技术服务平台、企业孵化平台、电子商务平台、投融资服务平台等 9 大创新创业服务平台。2017 年以来，引进并建成香港大学—长安镇联合研究中心、国家模具产品质量监督检验中心、天安数码城产业研究院等 7 家研究机构。其中：国家模具产品质量监督检验中心与国内外 10 多家模具技术供应服务企业建立合作，建成实验室 134 个，成为集检测、中试、标准研究、研发、人才汇聚和培训为一体的中国模具产业综合服务体。

（3）积极推动智能终端产业创新创业。发挥广东（长安）双创示范基地、广深科技创新走廊省级创新节点政策资源优势，建设创新创业载体，改造建设占地 340 亩的长安创业广场，以 OPPO、vivo、小天才研发部门入驻为带动，集聚生产性服务业和战略性新兴产业。

3. 宜居宜游水平

长安智能手机小镇依托长安镇莲花山、珠江湾的独特地形，统筹智能手机小镇周边大岭山森林公园、莲花山郊野公园、白石山和猪公山生态公园资源打造良好的生态环境。建成长安莲花湖绿道公园，建设 4 公里长的环湖绿道，与香港大学建筑学院合作，打造北起莲花山、中贯智能手机小镇中心、南达茅洲河滨海的“长安轴”城市景观轴线，构建“山湖河海”的城市环境，丰富手机小镇景观。

4. 特色文化风貌

依托长安镇龙狮、粤剧、幼儿基本体操、摄影、书法五个“全国文化之乡”的称号，围绕创建广东省公共文化服务体系示范区，建设饶宗颐美术馆，永久落户广东省“南雅奖”书法篆刻展，进一步丰富和发展岭南特色文化；以文化 + 的理念，推动长安制造与文化的结合，开展长安制造影像文化展，建设长安摄影博物馆，打造制造文化之都；举办东莞国际产能双创节、中国（长安）模具制造技能大赛、长安青少年科技创新大赛，进一步丰富创新创业文化。

5. 机制政策创新

（1）推行智慧长安建设。建设智慧长安大数据中心，建成建筑面积1万平方米的行政办事大厅，推行“一门一网式”政务服务，推进创新创业便利化；成立全国首个镇级大数据发展管理局，以建设“智慧长安”推动智能手机小镇智慧化服务设施建设。

（2）创新人才服务机制。在广东省首个推出镇级人才绿卡——“长安优才卡”制度，近年共发卡1000张，使外来高层次人才享受与户籍居民同等待遇的基本公共服务。2017年引进各类人才落户3649名，2018年以来共引进博士9名，硕士174名，高级职称专业人才36名。

（3）创新政策扶持。建立企业服务“直通车”制度，每年安排8000万元创新驱动扶持资金，从土地、人才、金融、技术和政策等方面出台具体扶持措施，全面促进小镇企业进驻发展。

（三）长安智能手机小镇发展策略

1. 以智能手机产业带动区域电子信息产业发展

以步步高智能手机为核心，整合周边镇街智能终端产业资源，建设全球智能终端（手机）产业带，抢占高端电子信息前沿领域，推动广东智能终端（手机）产业的全球品牌建设。

2. 以城市更新方式建设特色小镇

长安智能手机小镇位于长安镇中心区，现状为商住小区、工业厂房、配套设施等建筑业态。通过出台“三旧”改造等相关政策，利用现有生态空间资源，以城市更新、“三旧”改造的方式来建设小镇，在有限空间内集聚高端产业创新要素、生产生活要素、旅游文化要素，建设“产城人”融合区，为珠三角工业镇的城市更新探索路径。

3. 以机制创新推动小镇创新发展

把雄厚的制造产业基础和国际创新创业资源对接起来，与香港大学、麻省理工学院、西南交通大学等建立合作，引进了一批产学研创新平台。以智慧城市建设推动智能手机小镇智慧化建设，以长安“优才卡”制度积极引进外来高层次人才。

二　佛山市禅城陶谷小镇

（一）禅城陶谷小镇概况

禅城陶谷小镇分为“一谷两区”，其中陶美创意区位于石湾西片区，总面积2.6平方公里，是陶文化的发源地和中国现代陶瓷工业化的起点，以陶文化创意产业、陶瓷产业发展扶持服务为主导产业，涵盖文化休闲、文化会展、文化时尚、文创产业等。而建陶创新区则位于南庄镇罗格片区，面积1.7平方公里，是中国建筑陶瓷金融资本、创新技术、物流商贸的聚集地，以建筑陶瓷科技创新及陶瓷产业高端服务为主导产业，涵盖产权交易平台、科技研发与设计、高端制造与服务、陶瓷品牌市场、互联网+全产业链整合平台等。

（二）禅城陶谷小镇创建成效

1. 运行模式

陶谷小镇由禅城区政府指导创建，以市场运作模式，撬动社会资本投入小镇建设，构建政府、企业、社会协同善治的框架，集全社会力量投入陶谷建设。市、区、街道三级政府与国家级文化产业示范园区、国家5A级旅游景区共同构建全面、高效的建设工作组织管理体制。政府以双创资金为引导与企业联盟合作，采取PPP等模式为主，充分发挥市场力量，构建符合陶谷小镇民营经济强劲背景的投资建设及运营机制。同时，利用禅城区“一门式”大数据服务，构建优质的创新创业服务机制，针对陶谷保护性再开发模式，探索和应用城市更新和规划建设管理创新制度，优化产业扶持政策，形成“助融资、促创新、强产业、扶成长”的发展局面。

2. 特色产业发展

佛山是传统陶瓷行业发源地，石湾制陶史可上溯五千年。佛山也是中国建筑陶瓷产业策源地，以石湾为原点，逐步拓展至南庄及周边城市。陶谷孕育了近650家知名建陶品牌企业。石湾及南庄陶瓷销售总量和出口总额分别占全国的一半以上和1/4以上。

陶谷小镇在原有陶瓷产业链基础上，一方面促进陶瓷工艺与互联网产业及文化创意和设计产业的有机融合，以设计助推智造，推动传统陶瓷产业焕发新的生命力；另一方面以创新驱动陶瓷全产业链整合，通过“互联网+陶瓷”拓展延伸产业链，建设陶瓷智造中心、标准化生产基地、陶瓷品牌运营中心，以陶瓷科技创新和高端服务为主导产业，推动文商旅产跨界融合发展，打造成具有全国乃至全球影响力的世界陶瓷新基地。

陶谷小镇陶美创意区入驻企业1800多家，2018年前三季度产值超过15亿元，主导产业占比65%。建成超过30万平方米的孵化平台，集聚创新创业企业1000多家，拥有市级以上陶艺大师84位，拥有高新技术企业72家、市级以上工程研究中心15个，年均发明专利申请量1500件、授权量185件、软件著作权252件。其中，泛家居电商创意园实现100%招商，引进上市公司9家；建陶创新区陶瓷企业在全国7大陶瓷产区拥有产地78亿平方米，占有全国60%的产能，工业总产值达2000多亿元。此外，南庄陶瓷大量出口欧美、东南亚、非洲等100多个国家，出口量占全国的30%。新时期众陶联的崛起带动陶瓷产业转型升级，现已成为中国最大的陶瓷产业链服务平台，加盟供应商590家、服务商31家，平台采购量50亿元，降低平均成本12%，拥有145项专利。

3. 宜居宜游水平

“显山露水”的生态格局。陶美创意区内仍保留着白草岗、宝塔岗、三友岗、小雾岗、羊齿岗、莲子岗、大雾岗、筛箕岗、来翔岗、何岗10处山岗，基本保存山岗环抱的地形特征。通过对现有大雾岗等多处山体进行公园化改造，建设东平水道滨江景观带，微尺度布局景观水系，恢复“显山露水”的生态格局，重现佛山历史上“九龙出洞”的景观。

“小桥流水”的岭南特征。建陶创新区内将城镇、乡村和自然和谐地交织在一起，凸显了城乡统筹发展、岭南水乡特色深厚、都市田园风貌鲜明的宜居小镇特征。

通过水系整治、景观提升，以及村庄活化建设利用，打造吉利河一河两岸滨水景观带、杏吉涌滨水景观带，营造罗园水乡、罗格村、孔家村水乡风貌和高标农田生态基塘景观。

“多元化”的城市景观动线。从小镇客厅出发，通过构建动线和串联机制，把特色产业和景区通过城市走廊串珠成链，整体塑造陶谷形象，提升小镇旅游。

4. 特色文化风貌

作为中国陶瓷文化的发源地和陶瓷产业的策源地，陶谷小镇利用工业遗产凸显陶瓷产业文化，建设陶都旅游景区，彰显陶谷历史文脉，成为中国陶艺文化和建筑陶瓷文化的代表。保护陶谷的历史文脉，活化利用工业遗产。将历史文化核心区和创新创意集聚区划定为“保护性再开发”范围，在发展功能上，利用科技创新进行城市更新与物业改造，坚持少拆多改的原则。在南风古灶4A级景区基础上建设5A级陶都旅游景区。石湾文化旅游区以南风古灶为核心，重点呈现石湾千年古镇和石湾陶艺历史文化。陶瓷文化旅游区以朱紫街文化街区建设重点，打造产业文化旅游。多元文化旅游区是以丘陵地形地貌为特色风貌。建陶创新区则建设融合城市、乡村、产业、农业和自然景观于一体的新型旅游区。此外，以陶文化节庆、学术论坛、交易博览会、媒体传播四个方面推动陶文化盛事，以推动陶谷小镇陶文化的传承和传播。

5. 机制政策创新

（1）提供就业平台和就业扶持政策。实施青年人才扶持计划，提供八大创新孵化平台，四类就业扶持政策，提供就业岗位，加强人才培训。

（2）完善配套设施和加强住房保障。构建高效畅通的交通系统、完善各类公共服务配套设施，提升商业服务水平，加强住房保障，构建生活便捷高效的小镇生活。

（3）凝聚社会共识和重塑陶谷精神。通过小镇的建设，政府、市民、企业达成高度共识，重塑开放、创新、包容、进取、求精的陶谷精神。

（4）颁布创新创业扶持政策。在“佛山四十条”“禅十条”的基础上，禅城区石湾镇街道办于 2016 年 11 月颁布了针对陶谷小镇产业发展的《中国·佛山石湾陶瓷创意谷产业集聚发展专项资金使用管理办法》《中国·佛山石湾陶瓷创意谷产业集聚发展工作方案》。

（三）禅城陶谷小镇发展策略

1. 创新产业发展模式

细分陶瓷产业，创建“一谷两区”，探索陶瓷产业转型升级之路。陶美创意区注重陶瓷创意和配套服务，建陶创新区注重建筑陶瓷的科技创新，构建互竞互助、互利互补、优势加成、错位发展的格局。

2. 探索城市更新路径

陶谷小镇运用园区工业技术改造和完善配套免收土地出让金、园区发展新产业新业态免收土地出让金、园区土地及建筑物使用享受功能临时变更免手续等优惠政策，引导企业参与城市（城镇）更新改造，注入新产业、新业态，焕发小镇活力。

3. 创新企业联盟合作模式

通过政府引导，以市场自身的力量进行产业提升，优化整合产业资源，强强联手，形成各类企业联盟，如陶瓷联盟、跨电商联盟、知识产权联盟等。其中，众陶联平台已经打造为中国最大的陶瓷产业链服务平台，加盟供应商 590 家、服务商 31 家，形成集采购、运输、分装、贸易、服务于一体的综合产业平台。

4. 创新社会共建机制

陶谷小镇制定“陶谷公约”，建立全社区共建共识。在“陶谷公约”的框架下，形成区域党建和片区联系会议两个日常管理机制。区域党建和片区联系会议相互交流、相互监督，为“陶谷公约”的实施提供有力保障。利用政府扶持，撬动社会资本，成立佛山市禅城区谊华投资发展有限公司和佛山南庄建陶小镇发展有限公司等两家小镇运营公司，签订战略协议，调动镇、村、企参与共建。

三　潮州市潮安太安堂医养小镇

（一）潮安太安堂医养小镇概况

太安堂医养小镇位于广东省潮州市高铁新城东山湖现代产业园区，占地面积约5000亩，小镇内拥有国内首个以国家级非物质文化遗产项目为主题的非遗博物院。博物院占地150亩，建筑面积10万平方米，与位于太安堂发源地井里村的“岐黄第一村”，共同形成独具特色的中医药文化、大健康养生、旅游品牌，形成地标名片。

（二）潮安太安堂医养小镇创建成效

1. 运行模式

太安堂医养小镇由太安堂集团主导投资建设并搭建平台，联合高校、科研机构、社会团体等智库，为特色小镇提供规划设计服务，为入驻企业提供投融资方案和管理服务，各方本着平等合作、风险共担、利益共享的市场化原则，共同推进小镇的开发建设。政府与企业签订战略合作框架协议，加强对特色小镇的规划引导和行政服务，形成推动特色小镇建设的强大合力。

2. 特色产业发展

小镇建设围绕中医药核心产业，集聚生命科学、生物医药高端资源要素，加强引领性强、成长性高的项目的引进和培育，不断深化中医药产业布局，建立覆盖中草药加工、中药材贸易、中药研发、中药智能制造、医药物流、电子商务、商务终端、医学教育为一体的中医药全产业链。目前，小镇内已建成国内首个中药丸剂智能化生产无人车间，及粤东地区首个中药自动化智能提取中心。百年老字号宏兴集团在小镇内建成“宏兴制药厂、中药饮片厂、保健品厂和宏兴医药采购供应站”三个生产实体，引进安装现代化中药 GMP 生产线 20 余条全自动生产线，实现产业整体升级。

小镇以中医药优势产业基础为依托，以“大医疗 + 大养生”为抓手，拓展全产业链条，进行医疗健康、康复养生、旅游度假产业建设。以中医药事业来规划大健康产业，用大健康产业来带动生态文旅产业，用生态文旅产业反哺中医药事业发展。

小镇将通过“人工智能 +”及“大数据”为建设高端智慧医疗平台赋能，着力构建内涵丰富的大健康医疗服务集群，引进前沿医疗技术和设备，发展精准医疗、特色医疗、保健康复等医疗服务，完善健康保险、智慧医疗等服务体系，结合网络医院、智慧药房等“互联网 +”产业，逐步打造辐射海内外的高端医疗服务平台。

3. 宜居宜游水平

小镇内水电、道路、通信、交通等各项基础设施建设和市政建设配套完善；生态环境治理、绿化景观建设、小镇水系建设成效显著；同时规划借力“人工智能”与“互联网 +”，让医养文化渗入小镇居民生活的方方面面，建设图书馆、文化广场、博物馆、森林公园、颐年广场等，通过丰富的医疗资源，为小镇居民提供便捷、舒适、长寿的生活环境与医养条件。

小镇按照国家 4A 级景区标准建设，以传统中医药文化为底蕴，配以中华麒麟阁、中医药圣殿、温泉养生谷、龙头山旅游景区等完善旅游度假配套功能，同时采用“互联网 +”服务的旅游模式为游客提供全方位服务，使小镇的旅游项目与休闲交往空间融为一体，实现生产、生活、休闲一体发展。小镇开业运营以来，一期项目太安堂麒麟丸非遗博物院、中华麒麟阁、工业旅游等景点游客峰值达到了 15 万人次/周的规模。

4. 特色文化风貌

小镇所在地历史文物众多，民俗文化独特，工艺巧夺天工，是粤东非物质文化遗产的宝库，拥有国家非物质文化遗产保护名录项目 3 个，省级非物质文化遗产保护名录项目 3 个。现有文物点 500 多处，其中全国重点文物保护单位1处，省级重点文物保护单位1处，市、县两级重点文物保护单位36处。

小镇拥有潮汕地区最具代表性的岭南中医药历史文化和丰富的非物质文化遗产。500年老字号中医药世家太安堂在悠久的传承发展中，将自身沉淀的医药绝技，融合中国传统文化精华与潮汕人文精神，逐渐形成了独特的中医药文化；潮剧、潮乐、歌册、方言、潮菜、工夫茶、潮绣、潮式凉果、木偶戏表演等，更是岭南文化博大精深的缩影。

5. 机制政策创新

当地政府与小镇签订战略合作框架协议，由政府成立专门的组织机构，建立便捷高效的项目行政审批和服务体系，为机构入驻提供良好的硬件环境、政策配套、服务配套。

小镇龙头企业太安堂集团搭建双创平台，并与政府及有关机构谋划设立生物医药产业投资基金，支持在小镇创新创业的企业，推动潮州生物医药产业发展。

（三）太安堂医养小镇发展策略

小镇建设以集聚高端要素为核心，着力搭建双创平台，以智能制造、科技创新驱动传统中医药行业升级转型。在现代化中医药全产业链持续发力的同时，构建内涵丰富的大健康医疗服务集群，高度重视技术创新体系建设和行业前瞻性技术，逐步引领区域产业结构优化调整、带动区域社会经济协调发展。

小镇的整体功能布局遵循“产、城、人、文、旅”五位一体的统筹原则，以实现“宜创、宜业、宜居、宜游、宜享”的新型发展空间为目标，建立完善的空间规划、产业规划、社区规划、旅游规划、生态规划、文化规划，打造动静相生、功能互补、区块链接的独特小镇风貌。

小镇建设以功能区引领区域发展，实现土地、产业链、生产率等要素的空间优化集约发展，同时有助于通过岭南中医药文化，为城市提供“大医疗+大养生”的高品质生活范本，“游、养、居”共同构成良性的自我循环体系，推动小镇可持续发展。

浙江特色小镇典型案例研究

浙江省发展和改革委员会城乡体改处

摘　要： 本文以湖州市德清县地理信息小镇、绍兴诸暨市袜艺小镇和杭州余杭区梦想小镇三个具有典型性的浙江特色小镇为案例，探讨其相应的创建成效及发展策略。结果表明：（1）地理信息小镇以“政府指导、企业主体、市场运作”为运营模式，以卫星导航与位置服务、地理信息软件研发、装备制造等为特色产业，依托地理信息展馆挖掘中外地理信息历史文化，通过政府扶持、试点先行和党建助力等进行政策创新，未来应从产业、文化、旅游和社区“四位一体”推动小镇发展。（2）袜艺小镇坚持政府引导和企业主体的运营模式，以袜艺产业为特色产业，借助袜艺文化体验馆展示大唐袜业文化历史及未来趋势，通过细分政策、优化政务环境等进行机制创新，未来应通过找准定位、精准发力、彰显特色、精致建设等方式推进小镇发展。（3）梦想小镇以“政府主推、市场主体”为运营模式，以互联网和金融为特色产业，打造既具有完备形态的创业社区，又能够宜居宜游的生态空间，未来应从构筑全景式孵化链条和多维度促进项目产业化促进小镇发展。

关键词： 特色小镇　地理信息小镇　袜艺小镇　梦想小镇

一　湖州市德清县地理信息小镇

（一）德清县地理信息小镇概况

浙江省湖州市德清县地理信息小镇是信息服务类小镇。以发展地理信息产业为核心，入驻地理信息企业240家左右，完成特色产业投资42亿元，年缴纳税收8亿元，发明专利拥有量280项。小镇规划用地面积5500亩，其中建设用地2000亩；已建成区域用地面积4500亩。

（二）德清县地理信息小镇创建成效

1. 运行模式

（1）政府搭建平台。小镇建设初期，政府邀请了国际著名咨询公司罗兰·贝格做战略咨询、新加坡CPG集团负责编制控制性详规、南方设计公司完善小镇规划。政府负责道路等公共设施建设，并采取政府垫资代建的方式，帮助企业建设产业用房，为企业搭好"凤巢"后，再由企业以综合成本价购房，为企业分担建房压力。

（2）企业积极参与。随着小镇基础设施及酒店、餐饮、娱乐等配套设施的不断完善，地理信息行业龙头企业纷纷入镇，南方测绘和国遥等行业领军企业、中科院遥感所和武汉大学等科研院所陆续入驻，共同打造地理信息产业的集聚发展示范区、科技创新先行区、服务体验区、文化展示区和新镇区。

2. 特色产业发展

（1）集聚地理信息产业。重点引进卫星导航与位置服务、地理信息软件研发、装备制造等领域的大项目和高层次人才，优化对企业的各项服务，吸引了地理信息相关企业240多家，共同打造地理信息"达沃斯"小镇。

（2）凝聚技术创新力量。建成地理信息科技成果交易市场，吸引了中航通飞研究院浙江分院、浙大遥感与GIS研究中心、中科院遥感所德清研究院等入驻，建成省级重点实验室中科院微波目标特性测量与遥感实验室。

建立从苗圃、孵化器、加速器到产业平台“四维一体”的科技创业孵化链，建成国内首家国家级地理信息众创空间“地信梦工场”，并在北京、杭州成立异地孵化分中心，承接孵化优质项目20多个。开展与测绘地理信息学会、地理信息产业协会、卫星导航定位协会等的合作，多次举办地理信息产品技术发布展示会，推介产品示范应用。

3. 宜居宜游水平

（1）生产空间。累计投资50多亿元进行基础设施建设，投入使用了52幢产业大楼，提升核心区综合配套设施建设。

（2）文旅空间。建设了3.5万平方米的德清国际会议中心、3.5万平方米的展览馆、7000平方米的小镇客厅、330亩的凤栖湖，以及2000亩的树阵、花海等旅游景点，成功创建了国家3A级旅游景区。

（3）生活空间。建设了2000套人才公寓，为入驻企业员工子女建设了幼儿园。引进诺富特酒店、亚朵酒店、机器人餐厅、电影院、酒吧、咖啡吧等商业项目，实现小镇首个商业综合体——德清海洋城投入使用。开通了小镇途经市中心、直通德清高铁站的公交车，方便企业员工日常出行。

4. 特色文化风貌

（1）举办联合国地理信息大会。举办了以“同绘空间蓝图、共建美好世界”为主题的首届联合国世界地理信息大会，近百个国家和地区1000名左右的行业专家、企业代表参展参会。这是经联合国执行局决定、由联合国各成员国参加的国际盛会，是联合国主办的规模最大、级别最高、内容最丰富的地理信息大会，也是测绘地理信息领域在我国举办的层次最高、覆盖面最广的重大国际多边活动。

（2）挖掘地理信息文化。建成全国首个地理信息专业展馆（小镇客厅），在挖掘清代德清籍著名地理学家等中外地理信息历史文化的同时，深入挖掘其高科技特性，衍生出地理信息高科技体验游。由20多家园区企业全程参与升级改造的设计建设，并提供所有展品与体验设备，吸引近3万人次参观。

5. 机制政策创新

（1）政府扶持。出台《地理信息产业发展的若干政策意见》《扶持地理信息产业专项资金管理办法》，每年列支专项资金 2000 万元，打造具有竞争力的政策洼地，助推企业发展。

（2）试点先行。先后承接国家知识产权试点、企业投资项目审批承诺制改革试点、“标准地”和企业投资“一窗服务”试点等，取得初步成果，成功出让全国首块“标准地”，以“店小二”精神提供“菜单式”服务，深入推进“最多跑一次”改革。在浙江省率先实施 EPC 工程总承包模式，推进小镇配套设施和产业项目建设。

（3）党建助力。坚持小镇发展与党建工作一起谋划，在小镇内建立“地信红盟”党建品牌。

（三）德清县地理信息小镇发展策略

1. 走出一条政府前期主导、企业参与的发展之路

政府负责小镇前期的规划建设管理运行等工作，建设完善基础设施，垫资代建或与企业联建产业大楼，再由企业以综合成本价购房入驻，解决企业买地建设的诸多烦恼。随着 52 幢产业大楼和 2000 套人才公寓的投入使用，以及其他建设的不断推进，小镇正在加快实现由政府主导向企业主导、市场化运作的转变。

2. 注重产业、文化、旅游和社区“四位一体”

小镇的国家 3A 级旅游景区独特内涵成为重要吸引力，文艺汇演、小镇青年节、小镇长跑等成为特色文化品牌活动，高科技特性体验游也成为跨界融合发展的重要内容，成为科普、体验高科技的好去处，构成了产城人文融合发展的新型魅力空间。

二　绍兴市诸暨市袜艺小镇

（一）诸暨市袜艺小镇概况

浙江省绍兴市诸暨市袜艺小镇是时尚产业类小镇。以发展袜艺产业为

核心，入驻企业520家左右，吸纳就业2.2万人，完成特色产业投资43亿元，年缴纳税收3.3亿元，发明专利拥有量40项。小镇规划用地面积4400亩，其中建设用地面积1800亩；已建成区域用地面积3400亩，其中建设用地面积890亩。

（二）诸暨市袜艺小镇创建成效

1. 运行模式

紧扣“袜艺”主题，通过与诸暨市发展规划、空间规划、大唐袜业发展规划等有机衔接，突出产业、文化、旅游“三位一体”，生产、生活、生态“三生融合”，工业化、信息化、城镇化“三化驱动”。

第一，坚持政府引导与企业主体相结合。确定了一批产业代表性强又有空间资源的企业，作为小镇投资建设主体。第二，坚持以点带面与整体推进相结合。搭建袜业智库、电商园区、两创企业集聚区等产业平台，建设袜艺主题广场、袜艺文化体验馆、滨水休闲文化长廊等旅游景区，集聚企业、人才和公共服务功能。第三，坚持项目建设与环境整治相结合。把小镇基础设施建设融入到小城镇环境综合整治、精品村建设、五星达标3A级争创等政府重点工作中，综合施策、精益求精。

2. 特色产业发展

自2015年创建以来，以打造供给侧小镇经济新模式为目标，大力推进有效投资，累计实现规模以上工业产值130亿元，形成了“四个+”的发展模式。

（1）“创意+”。组建“1+20”高校合作联盟，运行世界袜业设计中心，举办“大唐杯”袜艺设计大赛，推动大唐袜业公司产品实现时尚化、功能化、国际化。

（2）“创新+”。切实发挥袜业创新服务综合体的主引擎作用，推动“织翻缝检”智能一体袜机、3D彩色打印机、全自动袜子包装机等投放市场，促进超细旦无染色纺锦纶、任意裁剪的防脱丝氨纶等推广应用。

（3）“互联网+”。设立淘宝大学，运营电商园区，建成大数据中心，推进卡拉美拉、童袜王国等线上定制工坊项目，与浙江中邮物流公司达成电商现代供应链项目合作，成为绍兴市首个“中国淘宝镇”。

（4）“资本+”。创新投融资模式，完成股改企业14家、新三板挂牌2家、省股交中心成长板挂牌8家、创业板挂牌9家，帮助企业拓宽了融资渠道。在袜子产量3年减少12亿双的背景下，各项经济指标不降反升，高新技术产值年均增长30%以上，新产品产值年均增长20%以上。

3. 宜居宜游水平

（1）生活空间。重点规划“智造硅谷、时尚市集、众创空间”3大区域，推进“美丽示范街、小镇客厅、镇容镇貌改造、入镇口改造、生态河道治理、公共服务设施改造”等6大工程，开发面积完成率和绿化率分别达到76%、43%，特色VI系统基本实现全覆盖。

（2）生态空间。编制“三纵三横”旅游景区规划，将大唐袜业城、诸暨城市三环线旅游景观带、冠山溪滨水休闲文化长廊等景观串点成线，构筑休闲购物游、创业创新游等4大旅游线路，2017年小镇顺利通过国家AAA级旅游景区评定验收。3年来，累计接待考察调研团组1242批1.5万人次，接待游客158万人次左右。

4. 特色文化风貌

（1）发展“文化+”形态。深挖大唐文化，通过“文化+产业”“文化+旅游”“文化+社区”等多种形态，把袜子的时尚元素融入小镇景观，打造全球唯一的以袜子为图腾的特色小镇。比如，融入唐小艺、唐小乐卡通形象，把旧厂房改造成为袜艺主题广场，把旧袜机、废锅炉变成特色装饰品。

（2）挖掘文化历史脉络。打造大唐袜艺文化体验馆，展示大唐袜业文化历史及未来趋势，将4000多年来袜子的演变通过多维馆藏与“场景故事”的艺术形式展现出来，将书法、诗词和影像、视觉、声音、装置等现代艺术碰撞，大胆跨界探索袜子蕴藏的独特文化内涵和现代美学价值。

5. 机制政策创新

牢牢扭住“最多跑一次”改革这个“牛鼻子”，持续优化政务环境，不断提升企业和群众的改革获得感和满意度。

第一，降低企业成本。通过建成天津股权交易所诸暨运营中心、设立鸿泰嘉富基金公司、推进袜艺小镇综合配套 PPP 项目等，降低小镇运营成本和企业交易成本。第二，鼓励民营经济。结合自身产业优势，在诸暨市工业经济 30 条的基础上，专门出台大唐镇工业经济发展系列政策，2016 年、2017 年、2018 年三年累计奖励企业 3000 多万元，非国有投资达到 45 亿元，占投资总额比例达到 85%。创新外来流动人口管理方式，打造智能化劳动力市场，加速人才集聚。

（三）诸暨市袜艺小镇发展策略

1. 找准定位、 精准发力

围绕一个艺术的“艺”字，持续推进小镇产业结构转型和动力转换，突出智能装备制造、新型原材料研发、创意设计、品牌营销等环节，加快向“微笑曲线”两端延伸。谋划以“唐文化”和“袜文化”为特色的设计思路，统筹推进一批融合产业和文化景观的项目。

2. 彰显特色、 精致建设

紧扣“袜艺”主题，坚持政府主导与市场主体相结合、以点带面与整体推进相结合、项目建设与环境整治相结合。

3. 紧扣主线、 精确转型

紧扣打造供给侧小镇经济新模式这条主线，围绕新旧动能转换，以袜业创新服务综合体建设为新引擎，致力“创意 +”、“创新 +”、“互联网 +”、“资本 +”、“人才 +”。

三　杭州市余杭区梦想小镇

（一）余杭区梦想小镇概况

浙江省杭州市余杭区梦想小镇是信息服务类小镇。以发展创新创意产业为核心，入驻企业3900家左右，完成特色产业投资31亿元，年缴纳税收4亿元，发明专利拥有量30项。小镇规划用地面积4500亩，其中建设用地1000亩；已建成区域用地面积1440亩，其中建设用地1440亩。

（二）余杭区梦想小镇创建成效

1. 运行模式

（1）建设便利创业社区。顺应大众创业、万众创新的时代浪潮，小镇锁定互联网创业和天使基金两大产业门类，确定了“资智融合”的发展路径。看准方向后，小镇边建设、边谋划、边招商，全速推进。互联网村、天使村、创业集市及创业大街建成投用，万兆进区域、千兆进楼宇、百兆到桌面、WIFI全覆盖的网络基础设施建成，居住和商业等配套同步推进，一个低成本、全要素、开放式、便利化的创业社区基本建成。

（2）打造创业生态系统。在此基础上，小镇积极创新服务，通过引进新型创业服务机构、建立天使引导基金、组建创业贷风险池、开发云服务平台等途径，不断完善政策体系和服务链条，着力打造最富激情的创业生态系统。遵循互联网思维和互联网精神，秉承产城融合、资智对接，有核无边、辐射带动，政府主推、市场主体，共生共荣、共享共治理念，着力构建一个自然生态、历史文化、现代科技交相辉映，办公创业空间、职住生活配套空间、精神文化空间一应俱全的众创空间，让创业者们在这里追梦、造梦、圆梦。

2. 特色产业发展

（1）明确产业定位。小镇产业定位是互联网和金融两大类，按照政府谋划、市场导向、整体设计、分步实施的思路推进收尾。互联网产业旨在培育以集聚互联网创业企业为重点，鼓励大学生创办电子商务、软件设计、集成电路、信息服务、大数据、云计算、网络安全、动漫设计等企业。金融产业旨在培育以科技金融为重点的现代科技服务业，重点发展天使基金、私募金融、互联网金融，构建覆盖企业各个不同发展阶段的金融服务体系。

（2）积极招才引智。小镇累计引进上海苏河汇、北京36氪、深圳紫金港创客等知名孵化器以及500Startups、Plug&Play等2家美国硅谷平台落户，集聚创业项目1500余个、创业人才1.5万名，形成了一支以阿里系、浙大系、海归系、浙商系为代表的创业队伍。136个项目获得百万元以上融资，融资总额达94亿元。

3. 宜居宜游水平

（1）打造宜居宜游生态空间。小镇内的古街有880多年历史，保留了章太炎故居、四无粮仓等文保单位以及一大批古建筑，生态环境良好、自然景观质朴，但多年来陷于保护和开发的两难境地。特色小镇和众创空间的提出，为古街提供了除纯旅游开发、工业化带动或房地产驱动之外的另一条城镇化路径，即以信息化为动力、以人的城市化为根本的新型城镇化之路。为此，我们紧紧围绕人的需求，确立了“三生融合、四宜兼具”（先生态、再生活、后生产，宜居、宜业、宜文、宜游）的开发理念。在开发中充分保护自然生态和历史遗存，对文化底蕴进行深入挖掘，对存量空间按照互联网办公要求进行改造提升，从而推动文化、旅游、产业功能的有机叠加、共生共融，让创业者进则坐拥城市配套、创业无忧，出则尽享田园气息、回归自然，造就一方在出世和入世之间自由徜徉的理想家园，成为田园城市的新典范。

（2）打造形态完备创业社区。兼顾创业者工作、生活、商务需求，统筹布局各功能区块，引进各类配套项目，为创业者量身打造宜居宜业、高效便捷的创业创新生态圈。重点搭建社交平台，通过创业咖啡、论坛沙龙等形式，着力引导创业者从分割隔离的办公楼走向极速分享的大社区，促进信息交流和思维碰撞。公交线路得到加密和延伸，杭州萧山国际机场海创园航站楼正式启用，小镇内部及周边公共配套不断完善。众多不同定位的特色创业餐厅建成运行，创意茶馆、创客健身馆、银行网点投入使用。

4. 特色文化风貌

全面塑造互联网特色文化。小镇相继举办中国（杭州）财富管理论坛、中国青年互联网创业大赛、中国互联网品牌盛典、中国研究生电子设计大赛等活动1080余场、参与人数16.6万人次，吸引了中央电视台、德国电视一台、西班牙国家电视台、日本 NHK 电视台、《人民日报》等媒体密集报道，品牌形象和创业氛围不断提升。

5. 机制政策创新

（1）强化“店小二”意识。进一步实施“互联网 + 政务服务”，通过信息化手段使服务更加畅通、更加便捷。加快引进中介服务机构、科技服务机构，推广政府购买服务方式，整合市场资源做好企业服务。同时探索创新，加强对园区运营主体的引导和培育工作，使其成为园区自我管理、自我服务的自治主体，形成一批“经济村”，构筑起“政府—科创园区—中小企业”服务方式。

（2）开发公共技术平台。引进科技文献查询系统和世界专利信息服务平台，集中购买服务器和基础软件，向阿里购买云服务，面向创客免费开放。与浙江大学开展全方位战略合作，会商浙大实验室和技术平台全面开放，重点合作共建健康医疗公共技术平台。

（3）整合利用市场资源。积极引进财务、法务、人力资源、知识产权、商标代理等各类中介服务机构，组成“服务超市”，同时面向初创企业发放“创新券”，支持企业购买中介服务。在省市区扶持下，利用好 5000 万元天使梦想基金、1 亿元天使引导基金、2 亿元创业引导基金、2 亿元创业贷风险池、20 亿元信息产业基金，通过政府基金运作强化资智对接，并有效撬动社会资本。目前，天使梦想基金已为 250 家初创企业注入资金。

（三）余杭区梦想小镇发展策略

1. 构筑全景式孵化链条

按照有核无边、辐射带动的思路，以小镇为点、以周边区域为面，积极打通小镇与周边区域之间在空间、配套、产业、政策、招商方面的隔膜，构筑起全景式展现的“孵化—加速—产业化”接力式产业链条和企业迁徙图。

2. 多维度促进项目产业化

将小镇孵化出来的项目，积极推介到周边科技园和存量空间中加速和产业化，小镇腾退出来的空间继续不断引入新项目孵化，形成滚动开发的产业良性发展路径。现周边 15 个产业园正在申报小镇拓展区，期望在小镇的品牌和政策支撑下向新型孵化器加速器转型，手游村、电商村、健康产业村、物联网村已初步成型。如“遥望网络”是小镇第一个孵化成功的项目，孵化成功后搬入未来科技城内的绿岸科技园进行产业化，目前遥望中国手游基地一期 1.8 万平方米已投入使用，30 余家手游合作伙伴已入驻，初步形成了手游产业集聚中心。

附　录

国家新型城镇化规划（2014~2020年）

国家新型城镇化规划（2014－2020年），根据中国共产党第十八次全国代表大会报告、《中共中央关于全面深化改革若干重大问题的决定》、中央城镇化工作会议精神、《中华人民共和国国民经济和社会发展第十二个五年规划纲要》《全国主体功能区规划》编制，按照走中国特色新型城镇化道路、全面提高城镇化质量的新要求，明确未来城镇化的发展路径、主要目标和战略任务，统筹相关领域制度和政策创新，是指导全国城镇化健康发展的宏观性、战略性、基础性规划。

第一篇　规划背景

我国已进入全面建成小康社会的决定性阶段，正处于经济转型升级、加快推进社会主义现代化的重要时期，也处于城镇化深入发展的关键时期，必须深刻认识城镇化对经济社会发展的重大意义，牢牢把握城镇化蕴含的巨大机遇，准确研判城镇化发展的新趋势新特点，妥善应对城镇化面临的风险挑战。

第一章　重大意义

城镇化是伴随工业化发展，非农产业在城镇集聚、农村人口向城镇集中的自然历史过程，是人类社会发展的客观趋势，是国家现代化的重要标志。按照建设中国特色社会主义五位一体总体布局，顺应发展规律，因势利导，趋利避害，积极稳妥扎实有序推进城镇化，对全面建成小康社会、加快社会主义现代化建设进程、实现中华民族伟大复兴的中国梦，具有重大现实意义和深远历史意义。

——城镇化是现代化的必由之路。工业革命以来的经济社会发展史表明，一国要成功实现现代化，在工业化发展的同时，必须注重城镇化发展。当今中国，城镇化与工业化、信息化和农业现代化同步发展，是现代化建设的核心内容，彼此相辅相成。工业化处于主导地位，是发展的动力；农业现代化是重要基础，是发展的根基；信息化具有后发优势，为发展注入新的活力；城镇化是载体和平台，承载工业化和信息化发展空间，带动农业现代化加快发展，发挥着不可替代的融合作用。

——城镇化是保持经济持续健康发展的强大引擎。内需是我国经济发展的根本动力，扩大内需的最大潜力在于城镇化。目前我国常住人口城镇化率为53.7%，户籍人口城镇化率只有36%左右，不仅远低于发达国家80%的平均水平，也低于人均收入与我国相近的发展中国家60%的平均水平，还有较大的发展空间。城镇化水平持续提高，会使更多农民通过转移就业提高收入，通过转为市民享受更好的公共服务，从而使城镇消费群体不断扩大、消费结构不断升级、消费潜力不断释放，也会带来城市基础设施、公共服务设施和住宅建设等巨大投资需求，这将为经济发展提供持续的动力。

——城镇化是加快产业结构转型升级的重要抓手。产业结构转型升级是转变经济发展方式的战略任务，加快发展服务业是产业结构优化升级的主攻方向。目前我国服务业增加值占国内生产总值比重仅为46.1%，与发达国家74%的平均水平相去甚远，与中等收入国家53%的平均水平也有较大差距。城镇化与服务业发展密切相关，服务业是就业的最大容纳器。城镇化过程中的人口集聚、生活方式的变革、生活水平的提高，都会扩大生活性服务需求；生产要素的优化配置、三次产业的联动、社会分工的细化，也会扩大生产性服务需求。城镇化带来的创新要素集聚和知识传播扩散，有利于增强创新活力，驱动传统产业升级和新兴产业发展。

——城镇化是解决农业农村农民问题的重要途径。我国农村人口过多、农业水土资源紧缺，在城乡二元体制下，土地规模经营难以推行，传统生产方式难以改变，这是“三农”问题的根源。我国人均耕地仅0.1公顷，农户户均土地经营规模约0.6公顷，远远达不到农业规模化经营的门槛。城镇化总体上有利于集约节约利用土地，为发展现代农业腾出宝贵空间。随着农村人口逐步向城镇转移，农民人均资源占有量相应增加，可以促进农业生产规模化和机械化，提高农业现代化水平和农民生活水平。城镇经济实力提升，会进一步增强以工促农、以城带乡能力，加快农村经济社会发展。

——城镇化是推动区域协调发展的有力支撑。改革开放以来，我国东部沿海地区率先开放发展，形成了京津冀、长江三角洲、珠江三角洲等一批城市群，有力推动了东部地区快速发展，成为国民经济重要的增长极。但与此同时，中西部地区发展相对滞后，一个重要原因就是城镇化发展很不平衡，中西部城市发育明显不足。目前东部地区常住人口城镇化率达到62.2%，而中部、西部地区分别只有48.5%、44.8%。随着西部大开发和中部崛起战略的深入推进，东部沿海地区产业转移加快，在中西部资源环境承载能力较强地区，加快城镇化进程，培育形成新的增长极，有利于促进经济增长和市场空间由东向西、由南向北梯次拓展，推动人口经济布局更加合理、区域发展更加协调。

——城镇化是促进社会全面进步的必然要求。城镇化作为人类文明进步的产物，既能提高生产活动效率，又能富裕农民、造福人民，全面提升生活质量。随着城镇经济的繁荣，城镇功能的完善，公共服务水平和生态环境质量的提升，人们的物质生活会更加殷实充裕，精神生活会更加丰富多彩；随着城乡二元体制逐步破除，城市内部二元结构矛盾逐步化解，全体人民将共享现代文明成果。这既有利于维护社会公平正义、消除社会风险隐患，也有利于促进人的全面发展和社会和谐进步。

第二章　发展现状

改革开放以来，伴随着工业化进程加速，我国城镇化经历了一个起点低、速度快的发展过程。1978～2013 年，城镇常住人口从 1.7 亿人增加到 7.3 亿人，城镇化率从 17.9% 提升到 53.7%，年均提高 1.02 个百分点；城市数量从 193 个增加到 658 个，建制镇数量从 2173 个增加到 20113 个。京津冀、长江三角洲、珠江三角洲三大城市群，以 2.8% 的国土面积集聚了 18% 的人口，创造了 36% 的国内生产总值，成为带动我国经济快速增长和参与国际经济合作与竞争的主要平台。城市水、电、路、气、信息网络等基础设施显著改善，教育、医疗、文化体育、社会保障等公共服务水平明显提高，人均住宅、公园绿地面积大幅增加。城镇化的快速推进，吸纳了大量农村劳动力转移就业，提高了城乡生产要素配置效率，推动了国民经济持续快速发展，带来了社会结构深刻变革，促进了城乡居民生活水平全面提升，取得的成就举世瞩目。（见图 1、表 1、表 2，略）

在城镇化快速发展过程中，也存在一些必须高度重视并着力解决的突出矛盾和问题。

——大量农业转移人口难以融入城市社会，市民化进程滞后。目前农民工已成为我国产业工人的主体，受城乡分割的户籍制度影响，被统计为城镇人口的 2.34 亿农民工及其随迁家属，未能在教育、就业、医疗、养老、保障性住房等方面享受城镇居民的基本公共服务，产城融合不紧密，产业集聚与人口集聚不同步，城镇化滞后于工业化。城镇内部出现新的二元矛盾，农村留守儿童、妇女和老人问题日益凸显，给经济社会发展带来诸多风险隐患。（见图 2，略）

——“土地城镇化”快于人口城镇化，建设用地粗放低效。一些城市“摊大饼”式扩张，过分追求宽马路、大广场，新城新区、开发区和工业园区占地过大，建成区人口密度偏低。1996～2012 年，全国建设用地年均增加 724 万亩，其中城镇建设用地年均增加 357 万亩；2010～2012 年，全国建设用地年均增加 953 万亩，其中城镇建设用地年均增加 515 万亩。2000～

2011 年，城镇建成区面积增长 76.4%，远高于城镇人口 50.5% 的增长速度；农村人口减少 1.33 亿人，农村居民点用地却增加了 3045 万亩。一些地方过度依赖土地出让收入和土地抵押融资推进城镇建设，加剧了土地粗放利用，浪费了大量耕地资源，威胁到国家粮食安全和生态安全，也加大了地方政府性债务等财政金融风险。

——城镇空间分布和规模结构不合理，与资源环境承载能力不匹配。东部一些城镇密集地区资源环境约束趋紧，中西部资源环境承载能力较强地区的城镇化潜力有待挖掘；城市群布局不尽合理，城市群内部分工协作不够、集群效率不高；部分特大城市主城区人口压力偏大，与综合承载能力之间的矛盾加剧；中小城市集聚产业和人口不足，潜力没有得到充分发挥；小城镇数量多、规模小、服务功能弱，这些都增加了经济社会和生态环境成本。

——城市管理服务水平不高，“城市病”问题日益突出。一些城市空间无序开发、人口过度集聚，重经济发展、轻环境保护，重城市建设、轻管理服务，交通拥堵问题严重，公共安全事件频发，城市污水和垃圾处理能力不足，大气、水、土壤等环境污染加剧，城市管理运行效率不高，公共服务供给能力不足，城中村和城乡接合部等外来人口集聚区人居环境较差。

——自然历史文化遗产保护不力，城乡建设缺乏特色。一些城市景观结构与所处区域的自然地理特征不协调，部分城市贪大求洋、照搬照抄，脱离实际建设国际大都市，“建设性”破坏不断蔓延，城市的自然和文化个性被破坏。一些农村地区大拆大建，照搬城市小区模式建设新农村，简单用城市元素与风格取代传统民居和田园风光，导致乡土特色和民俗文化流失。

——体制机制不健全，阻碍了城镇化健康发展。现行城乡分割的户籍管理、土地管理、社会保障制度，以及财税金融、行政管理等制度，固化着已经形成的城乡利益失衡格局，制约着农业转移人口市民化，阻碍着城乡发展一体化。

第三章　发展态势

根据世界城镇化发展普遍规律，我国仍处于城镇化率30%～70%的快速发展区间，但延续过去传统粗放的城镇化模式，会带来产业升级缓慢、资源环境恶化、社会矛盾增多等诸多风险，可能落入“中等收入陷阱”，进而影响现代化进程。随着内外部环境和条件的深刻变化，城镇化必须进入以提升质量为主的转型发展新阶段。

——城镇化发展面临的外部挑战日益严峻。在全球经济再平衡和产业格局再调整的背景下，全球供给结构和需求结构正在发生深刻变化，庞大生产能力与有限市场空间的矛盾更加突出，国际市场竞争更加激烈，我国面临产业转型升级和消化严重过剩产能的挑战巨大；发达国家能源资源消费总量居高不下，人口庞大的新兴市场国家和发展中国家对能源资源的需求迅速膨胀，全球资源供需矛盾和碳排放权争夺更加尖锐，我国能源资源和生态环境面临的国际压力前所未有，传统高投入、高消耗、高排放的工业化城镇化发展模式难以为继。

——城镇化转型发展的内在要求更加紧迫。随着我国农业富余劳动力减少和人口老龄化程度提高，主要依靠劳动力廉价供给推动城镇化快速发展的模式不可持续；随着资源环境“瓶颈”制约日益加剧，主要依靠土地等资源粗放消耗推动城镇化快速发展的模式不可持续；随着户籍人口与外来人口公共服务差距造成的城市内部二元结构矛盾日益凸显，主要依靠非均等化基本公共服务压低成本推动城镇化快速发展的模式不可持续。工业化、信息化、城镇化和农业现代化发展不同步，导致农业根基不稳、城乡区域差距过大、产业结构不合理等突出问题。我国城镇化发展由速度型向质量型转型势在必行。

——城镇化转型发展的基础条件日趋成熟。改革开放30多年来我国经济快速增长，为城镇化转型发展奠定了良好物质基础。国家着力推动基本公共服务均等化，为农业转移人口市民化创造了条件。交通运输网络的不断完善、节能环保等新技术的突破应用，以及信息化的快速推进，为优化城镇化空间布局和形态，推动城镇可持续发展提供了有力支撑。各地在城镇化方面的改革探索，为创新体制机制积累了经验。

第二篇　指导思想和发展目标

我国城镇化是在人口多、资源相对短缺、生态环境比较脆弱、城乡区域发展不平衡的背景下推进的，这决定了我国必须从社会主义初级阶段这个最大实际出发，遵循城镇化发展规律，走中国特色新型城镇化道路。

第四章　指导思想

高举中国特色社会主义伟大旗帜，以邓小平理论、“三个代表”重要思想、科学发展观为指导，紧紧围绕全面提高城镇化质量，加快转变城镇化发展方式，以人的城镇化为核心，有序推进农业转移人口市民化；以城市群为主体形态，推动大中小城市和小城镇协调发展；以综合承载能力为支撑，提升城市可持续发展水平；以体制机制创新为保障，通过改革释放城镇化发展潜力，走以人为本、四化同步、优化布局、生态文明、文化传承的中国特色新型城镇化道路，促进经济转型升级和社会和谐进步，为全面建成小康社会、加快推进社会主义现代化、实现中华民族伟大复兴的中国梦奠定坚实基础。

要坚持以下基本原则：

——以人为本，公平共享。以人的城镇化为核心，合理引导人口流动，有序推进农业转移人口市民化，稳步推进城镇基本公共服务常住人口全覆盖，不断提高人口素质，促进人的全面发展和社会公平正义，使全体居民共享现代化建设成果。

——四化同步，统筹城乡。推动信息化和工业化深度融合、工业化和城镇化良性互动、城镇化和农业现代化相互协调，促进城镇发展与产业支撑、就业转移和人口集聚相统一，促进城乡要素平等交换和公共资源均衡配置，形成以工促农、以城带乡、工农互惠、城乡一体的新型工农、城乡关系。

——优化布局，集约高效。根据资源环境承载能力构建科学合理的城镇化宏观布局，以综合交通网络和信息网络为依托，科学规划建设城市群，严格控制城镇建设用地规模，严格划定永久基本农田，合理控制城镇开发边界，优化城市内部空间结构，促进城市紧凑发展，提高国土空间利用效率。

——生态文明，绿色低碳。把生态文明理念全面融入城镇化进程，着力推进绿色发展、循环发展、低碳发展，节约集约利用土地、水、能源等资源，强化环境保护和生态修复，减少对自然的干扰和损害，推动形成绿色低碳的生产生活方式和城市建设运营模式。

——文化传承，彰显特色。根据不同地区的自然历史文化禀赋，体现区域差异性，提倡形态多样性，防止千城一面，发展有历史记忆、文化脉络、地域风貌、民族特点的美丽城镇，形成符合实际、各具特色的城镇化发展模式。

——市场主导，政府引导。正确处理政府和市场关系，更加尊重市场规律，坚持使市场在资源配置中起决定性作用，更好发挥政府作用，切实履行政府制定规划政策、提供公共服务和营造制度环境的重要职责，使城镇化成为市场主导、自然发展的过程，成为政府引导、科学发展的过程。

——统筹规划，分类指导。中央政府统筹总体规划、战略布局和制度安排，加强分类指导；地方政府因地制宜、循序渐进抓好贯彻落实；尊重基层首创精神，鼓励探索创新和试点先行，凝聚各方共识，实现重点突破，总结推广经验，积极稳妥扎实有序推进新型城镇化。

第五章　发展目标

——城镇化水平和质量稳步提升。城镇化健康有序发展，常住人口城镇化率达到60%左右，户籍人口城镇化率达到45%左右，户籍人口城镇化率与常住人口城镇化率差距缩小2个百分点左右，努力实现1亿左右农业转移人口和其他常住人口在城镇落户。

——城镇化格局更加优化。“两横三纵”为主体的城镇化战略格局基本形成，城市群集聚经济、人口能力明显增强，东部地区城市群一体化水平和国际竞争力明显提高，中西部地区城市群成为推动区域协调发展的新的重要增长极。城市规模结构更加完善，中心城市辐射带动作用更加突出，中小城市数量增加，小城镇服务功能增强。

——城市发展模式科学合理。密度较高、功能混用和公交导向的集约紧凑型开发模式成为主导，人均城市建设用地严格控制在100平方米以内，建成区人口密度逐步提高。绿色生产、绿色消费成为城市经济生活的主流，节能节水产品、再生利用产品和绿色建筑比例大幅提高。城市地下管网覆盖率明显提高。

——城市生活和谐宜人。稳步推进义务教育、就业服务、基本养老、基本医疗卫生、保障性住房等城镇基本公共服务覆盖全部常住人口，基础设施和公共服务设施更加完善，消费环境更加便利，生态环境明显改善，空气质量逐步好转，饮用水安全得到保障。自然景观和文化特色得到有效保护，城市发展个性化，城市管理人性化、智能化。

——城镇化体制机制不断完善。户籍管理、土地管理、社会保障、财税金融、行政管理、生态环境等制度改革取得重大进展，阻碍城镇化健康发展的体制机制障碍基本消除。（见专栏1，略）

第三篇　有序推进农业转移人口市民化

按照尊重意愿、自主选择，因地制宜、分步推进，存量优先、带动增量的原则，以农业转移人口为重点，兼顾高校和职业技术院校毕业生、城镇间异地就业人员和城区城郊农业人口，统筹推进户籍制度改革和基本公共服务均等化。

第六章　推进符合条件农业转移人口落户城镇

逐步使符合条件的农业转移人口落户城镇，不仅要放开小城镇落户限制，也要放宽大中城市落户条件。

第一节　健全农业转移人口落户制度

各类城镇要健全农业转移人口落户制度，根据综合承载能力和发展潜力，以就业年限、居住年限、城镇社会保险参保年限等为基准条件，因地制宜制定具体的农业转移人口落户标准，并向全社会公布，引导农业转移人口在城镇落户的预期和选择。

第二节 实施差别化落户政策

以合法稳定就业和合法稳定住所（含租赁）等为前置条件，全面放开建制镇和小城市落户限制，有序放开城区人口 50 万～100 万的城市落户限制，合理放开城区人口 100 万～300 万的大城市落户限制，合理确定城区人口 300 万～500 万的大城市落户条件，严格控制城区人口 500 万以上的特大城市人口规模。大中城市可设置参加城镇社会保险年限的要求，但最高年限不得超过 5 年。特大城市可采取积分制等方式设置阶梯式落户通道调控落户规模和节奏。

第七章 推进农业转移人口享有城镇基本公共服务

农村劳动力在城乡间流动就业是长期现象，按照保障基本、循序渐进的原则，积极推进城镇基本公共服务由主要对本地户籍人口提供向对常住人口提供转变，逐步解决在城镇就业居住但未落户的农业转移人口享有城镇基本公共服务问题。

第一节 保障随迁子女平等享有受教育权利

建立健全全国中小学生学籍信息管理系统，为学生学籍转接提供便捷服务。将农民工随迁子女义务教育纳入各级政府教育发展规划和财政保障范畴，合理规划学校布局，科学核定教师编制，足额拨付教育经费，保障农民工随迁子女以公办学校为主接受义务教育。对未能在公办学校就学的，采取政府购买服务等方式，保障农民工随迁子女在普惠性民办学校接受义务教育的权利。逐步完善农民工随迁子女在流入地接受中等职业教育免学费和普惠性学前教育的政策，推动各地建立健全农民工随迁子女接受义务教育后在流入地参加升学考试的实施办法。

第二节 完善公共就业创业服务体系

加强农民工职业技能培训，提高就业创业能力和职业素质。整合职业教育和培训资源，全面提供政府补贴职业技能培训服务。强化企业开展农民工岗位技能培训责任，足额提取并合理使用职工教育培训经费。鼓励高等学校、各类职业院校和培训机构积极开展职业教育和技能培训，推进职业技能实训基地建设。鼓励农民工取得职业资格证书和专项职业能力证书，并按规定给予职业技能鉴定补贴。加大农民工创业政策扶持力度，健全农民工劳动权益保护机制。实现就业信息全国联网，为农民工提供免费的就业信息和政策咨询。（见专栏2，略）

第三节　扩大社会保障覆盖面

扩大参保缴费覆盖面，适时适当降低社会保险费率。完善职工基本养老保险制度，实现基础养老金全国统筹，鼓励农民工积极参保、连续参保。依法将农民工纳入城镇职工基本医疗保险，允许灵活就业农民工参加当地城镇居民基本医疗保险。完善社会保险关系转移接续政策，在农村参加的养老保险和医疗保险规范接入城镇社保体系，建立全国统一的城乡居民基本养老保险制度，整合城乡居民基本医疗保险制度。强化企业缴费责任，扩大农民工参加城镇职工工伤保险、失业保险、生育保险比例。推进商业保险与社会保险衔接合作，开办各类补充性养老、医疗、健康保险。

第四节　改善基本医疗卫生条件

根据常住人口配置城镇基本医疗卫生服务资源，将农民工及其随迁家属纳入社区卫生服务体系，免费提供健康教育、妇幼保健、预防接种、传染病防控、计划生育等公共卫生服务。加强农民工聚居地疾病监测、疫情处理和突发公共卫生事件应对。鼓励有条件的地方将符合条件的农民工及其随迁家属纳入当地医疗救助范围。

第五节　拓宽住房保障渠道

采取廉租住房、公共租赁住房、租赁补贴等多种方式改善农民工居住条件。完善商品房配建保障性住房政策，鼓励社会资本参与建设。农民工集中的开发区和产业园区可以建设单元型或宿舍型公共租赁住房，农民工数量较多的企业可以在符合规定标准的用地范围内建设农民工集体宿舍。

审慎探索由集体经济组织利用农村集体建设用地建设公共租赁住房。把进城落户农民完全纳入城镇住房保障体系。

第八章 建立健全农业转移人口市民化推进机制

强化各级政府责任，合理分担公共成本，充分调动社会力量，构建政府主导、多方参与、成本共担、协同推进的农业转移人口市民化机制。

第一节 建立成本分担机制

建立健全由政府、企业、个人共同参与的农业转移人口市民化成本分担机制，根据农业转移人口市民化成本分类，明确成本承担主体和支出责任。

政府要承担农业转移人口市民化在义务教育、劳动就业、基本养老、基本医疗卫生、保障性住房以及市政设施等方面的公共成本。企业要落实农民工与城镇职工同工同酬制度，加大职工技能培训投入，依法为农民工缴纳职工养老、医疗、工伤、失业、生育等社会保险费用。农民工要积极参加城镇社会保险、职业教育和技能培训等，并按照规定承担相关费用，提升融入城市社会的能力。

第二节 合理确定各级政府职责

中央政府负责统筹推进农业转移人口市民化的制度安排和政策制定，省级政府负责制定本行政区农业转移人口市民化总体安排和配套政策，市县政府负责制定本行政区城市和建制镇农业转移人口市民化的具体方案和实施细则。各级政府根据基本公共服务的事权划分，承担相应的财政支出责任，增强农业转移人口落户较多地区政府的公共服务保障能力。

第三节 完善农业转移人口社会参与机制

推进农民工融入企业、子女融入学校、家庭融入社区、群体融入社会，建设包容性城市。提高各级党代会代表、人大代表、政协委员中农民工的比例，积极引导农民工参加党组织、工会和社团组织，引导农业转移人口有序参政议政和参加社会管理。加强科普宣传教育，提高农民工科学文化和文明素质，营造农业转移人口参与社区公共活动、建设和管理的氛围。

城市政府和用工企业要加强对农业转移人口的人文关怀，丰富其精神文化生活。

第四篇　优化城镇化布局和形态

根据土地、水资源、大气环流特征和生态环境承载能力，优化城镇化空间布局和城镇规模结构，在《全国主体功能区规划》确定的城镇化地区，按照统筹规划、合理布局、分工协作、以大带小的原则，发展集聚效率高、辐射作用大、城镇体系优、功能互补强的城市群，使之成为支撑全国经济增长、促进区域协调发展、参与国际竞争合作的重要平台。构建以陆桥通道、沿长江通道为两条横轴，以沿海、京哈京广、包昆通道为三条纵轴，以轴线上城市群和节点城市为依托、其他城镇化地区为重要组成部分，大中小城市和小城镇协调发展的“两横三纵”城镇化战略格局。（见图3，略）

第九章　优化提升东部地区城市群

东部地区城市群主要分布在优化开发区域，面临水土资源和生态环境压力加大、要素成本快速上升、国际市场竞争加剧等制约，必须加快经济转型升级、空间结构优化、资源永续利用和环境质量提升。

京津冀、长江三角洲和珠江三角洲城市群，是我国经济最具活力、开放程度最高、创新能力最强、吸纳外来人口最多的地区，要以建设世界级城市群为目标，继续在制度创新、科技进步、产业升级、绿色发展等方面走在全国前列，加快形成国际竞争新优势，在更高层次参与国际合作和竞争，发挥其对全国经济社会发展的重要支撑和引领作用。科学定位各城市功能，增强城市群内中小城市和小城镇的人口经济集聚能力，引导人口和产业由特大城市主城区向周边和其他城镇疏散转移。依托河流、湖泊、山峦等自然地理格局建设区域生态网络。

东部地区其他城市群，要根据区域主体功能定位，在优化结构、提高效益、降低消耗、保护环境的基础上，壮大先进装备制造业、战略性新兴产业和现代服务业，推进海洋经济发展。充分发挥区位优势，全面提高开放水平，集聚创新要素，增强创新能力，提升国际竞争力。统筹区域、城乡基础设施网络和信息网络建设，深化城市间分工协作和功能互补，加快一体化发展。

第十章　培育发展中西部地区城市群

中西部城镇体系比较健全、城镇经济比较发达、中心城市辐射带动作用明显的重点开发区域，要在严格保护生态环境的基础上，引导有市场、有效益的劳动密集型产业优先向中西部转移，吸纳东部返乡和就近转移的农民工，加快产业集群发展和人口集聚，培育发展若干新的城市群，在优化全国城镇化战略格局中发挥更加重要作用。

加快培育成渝、中原、长江中游、哈长等城市群，使之成为推动国土空间均衡开发、引领区域经济发展的重要增长极。加大对内对外开放力度，有序承接国际及沿海地区产业转移，依托优势资源发展特色产业，加快新型工业化进程，壮大现代产业体系，完善基础设施网络，健全功能完备、布局合理的城镇体系，强化城市分工合作，提升中心城市辐射带动能力，形成经济充满活力、生活品质优良、生态环境优美的新型城市群。依托陆桥通道上的城市群和节点城市，构建丝绸之路经济带，推动形成与中亚乃至整个欧亚大陆的区域大合作。

中部地区是我国重要粮食主产区，西部地区是我国水源保护区和生态涵养区。培育发展中西部地区城市群，必须严格保护耕地特别是基本农田，严格保护水资源，严格控制城市边界无序扩张，严格控制污染物排放，切实加强生态保护和环境治理，彻底改变粗放低效的发展模式，确保流域生态安全和粮食生产安全。

第十一章　建立城市群发展协调机制

统筹制定实施城市群规划，明确城市群发展目标、空间结构和开发方向，明确各城市的功能定位和分工，统筹交通基础设施和信息网络布局，加快推进城市群一体化进程。加强城市群规划与城镇体系规划、土地利用规划、生态环境规划等的衔接，依法开展规划环境影响评价。中央政府负责跨省级行政区的城市群规划编制和组织实施，省级政府负责本行政区内的城市群规划编制和组织实施。

建立完善跨区域城市发展协调机制。以城市群为主要平台，推动跨区域城市间产业分工、基础设施、环境治理等协调联动。重点探索建立城市群管理协调模式，创新城市群要素市场管理机制，破除行政壁垒和垄断，促进生产要素自由流动和优化配置。建立城市群成本共担和利益共享机制，加快城市公共交通“一卡通”服务平台建设，推进跨区域互联互通，促进基础设施和公共服务设施共建共享，促进创新资源高效配置和开放共享，推动区域环境联防联控联治，实现城市群一体化发展。

第十二章　促进各类城市协调发展

优化城镇规模结构，增强中心城市辐射带动功能，加快发展中小城市，有重点地发展小城镇，促进大中小城市和小城镇协调发展。

第一节　增强中心城市辐射带动功能

直辖市、省会城市、计划单列市和重要节点城市等中心城市，是我国城镇化发展的重要支撑。沿海中心城市要加快产业转型升级，提高参与全球产业分工的层次，延伸面向腹地的产业和服务链，加快提升国际化程度和国际竞争力。内陆中心城市要加大开发开放力度，健全以先进制造业、战略性新兴产业、现代服务业为主的产业体系，提升要素集聚、科技创新、高端服务能力，发挥规模效应和带动效应。区域重要节点城市要完善城市功能，壮大经济实力，加强协作对接，实现集约发展、联动发展、互补发展。特大城市要适当疏散经济功能和其他功能，推进劳动密集型加工业向外转移，加强与周边城镇基础设施连接和公共服务共享，推进中心城区功能向 1 小时交通圈地区扩散，培育形成通勤高效、一体发展的都市圈。

第二节　加快发展中小城市

把加快发展中小城市作为优化城镇规模结构的主攻方向，加强产业和公共服务资源布局引导，提升质量，增加数量。鼓励引导产业项目在资源环境承载力强、发展潜力大的中小城市和县城布局，依托优势资源发展特色产业，夯实产业基础。加强市政基础设施和公共服务设施建设，教育医疗等公共资源配置要向中小城市和县城倾斜，引导高等学校和职业院校在中小城市布局、优质教育和医疗机构在中小城市设立分支机构，增强集聚要素的吸引力。完善设市标准，严格审批程序，对具备行政区划调整条件的县可有序改市，把有条件的县城和重点镇发展成为中小城市。培育壮大陆路边境口岸城镇，完善边境贸易、金融服务、交通枢纽等功能，建设国际贸易物流节点和加工基地。（见专栏 3，略）

第三节 有重点地发展小城镇

按照控制数量、提高质量，节约用地、体现特色的要求，推动小城镇发展与疏解大城市中心城区功能相结合、与特色产业发展相结合、与服务“三农”相结合。大城市周边的重点镇，要加强与城市发展的统筹规划与功能配套，逐步发展成为卫星城。具有特色资源、区位优势的小城镇，要通过规划引导、市场运作，培育成为文化旅游、商贸物流、资源加工、交通枢纽等专业特色镇。远离中心城市的小城镇和林场、农场等，要完善基础设施和公共服务，发展成为服务农村、带动周边的综合性小城镇。对吸纳人口多、经济实力强的镇，可赋予同人口和经济规模相适应的管理权。（见专栏 4，略）

第十三章 强化综合交通运输网络支撑

完善综合运输通道和区际交通骨干网络，强化城市群之间交通联系，加快城市群交通一体化规划建设，改善中小城市和小城镇对外交通，发挥综合交通运输网络对城镇化格局的支撑和引导作用。到 2020 年，普通铁路网覆盖 20 万以上人口城市，快速铁路网基本覆盖 50 万以上人口城市；普通国道基本覆盖县城，国家高速公路基本覆盖 20 万以上人口城市；民用航空网络不断扩展，航空服务覆盖全国 90% 左右的人口。

第一节 完善城市群之间综合交通运输网络

依托国家“五纵五横”综合运输大通道，加强东中部城市群对外交通骨干网络薄弱环节建设，加快西部城市群对外交通骨干网络建设，形成以铁路、高速公路为骨干，以普通国省道为基础，与民航、水路和管道共同组成的连接东西、纵贯南北的综合交通运输网络，支撑国家“两横三纵”城镇化战略格局。

第二节　构建城市群内部综合交通运输网络

按照优化结构的要求，在城市群内部建设以轨道交通和高速公路为骨干，以普通公路为基础，有效衔接大中小城市和小城镇的多层次快速交通运输网络。提升东部地区城市群综合交通运输一体化水平，建成以城际铁路、高速公路为主体的快速客运和大能力货运网络。推进中西部地区城市群内主要城市之间的快速铁路、高速公路建设，逐步形成城市群内快速交通运输网络。

第三节　建设城市综合交通枢纽

建设以铁路、公路客运站和机场等为主的综合客运枢纽，以铁路和公路货运场站、港口和机场等为主的综合货运枢纽，优化布局，提升功能。依托综合交通枢纽，加强铁路、公路、民航、水运与城市轨道交通、地面公共交通等多种交通方式的衔接，完善集疏运系统与配送系统，实现客运“零距离”换乘和货运无缝衔接。

第四节　改善中小城市和小城镇交通条件

加强中小城市和小城镇与交通干线、交通枢纽城市的连接，加快国省干线公路升级改造，提高中小城市和小城镇公路技术等级、通行能力和铁路覆盖率，改善交通条件，提升服务水平。（见图4，略）

第五篇　提高城市可持续发展能力

加快转变城市发展方式，优化城市空间结构，增强城市经济、基础设施、公共服务和资源环境对人口的承载能力，有效预防和治理“城市病”，建设和谐宜居、富有特色、充满活力的现代城市。

第十四章　强化城市产业就业支撑

调整优化城市产业布局和结构，促进城市经济转型升级，改善营商环境，增强经济活力，扩大就业容量，把城市打造成为创业乐园和创新摇篮。

第一节　优化城市产业结构

根据城市资源环境承载能力、要素禀赋和比较优势，培育发展各具特色的城市产业体系。改造提升传统产业，淘汰落后产能，壮大先进制造业和节能环保、新一代信息技术、生物、新能源、新材料、新能源汽车等战略性新兴产业。适应制造业转型升级要求，推动生产性服务业专业化、市场化、社会化发展，引导生产性服务业在中心城市、制造业密集区域集聚；适应居民消费需求多样化，提升生活性服务业水平，扩大服务供给，提高服务质量，推动特大城市和大城市形成以服务经济为主的产业结构。强化城市间专业化分工协作，增强中小城市产业承接能力，构建大中小城市和小城镇特色鲜明、优势互补的产业发展格局。推进城市污染企业治理改造和环保搬迁。支持资源枯竭城市发展接续替代产业。

第二节　增强城市创新能力

顺应科技进步和产业变革新趋势，发挥城市创新载体作用，依托科技、教育和人才资源优势，推动城市走创新驱动发展道路。营造创新的制度环境、政策环境、金融环境和文化氛围，激发全社会创新活力，推动技术创新、商业模式创新和管理创新。建立产学研协同创新机制，强化企业在技术创新中的主体地位，发挥大型企业创新骨干作用，激发中小企业创新活力。建设创新基地，集聚创新人才，培育创新集群，完善创新服务体系，发展创新公共平台和风险投资机构，推进创新成果资本化、产业化。加强知识产权运用和保护，健全技术创新激励机制。推动高等学校提高创新人才培养能力，加快现代职业教育体系建设，系统构建从中职、高职、本科层次职业教育到专业学位研究生教育的技术技能人才培养通道，推进中高职衔接和职普沟通。引导部分地方本科高等学校转型发展为应用技术类型高校。试行普通高校、高职院校、成人高校之间的学分转换，为学生多样化成才提供选择。

第三节　营造良好就业创业环境

发挥城市创业平台作用，充分利用城市规模经济产生的专业化分工效应，放宽政府管制，降低交易成本，激发创业活力。完善扶持创业的优惠政策，形成政府激励创业、社会支持创业、劳动者勇于创业新机制。运用财政支持、税费减免、创业投资引导、政策性金融服务、小额贷款担保等手段，为中小企业特别是创业型企业发展提供良好的经营环境，促进以创业带动就业。促进以高校毕业生为重点的青年就业和农村转移劳动力、城镇困难人员、退役军人就业。结合产业升级开发更多适合高校毕业生的就业岗位，实行激励高校毕业生自主创业政策，实施离校未就业高校毕业生就业促进计划。合理引导高校毕业生就业流向，鼓励其到中小城市创业就业。

第十五章　优化城市空间结构和管理格局

按照统一规划、协调推进、集约紧凑、疏密有致、环境优先的原则，统筹中心城区改造和新城新区建设，提高城市空间利用效率，改善城市人居环境。

第一节　改造提升中心城区功能

推动特大城市中心城区部分功能向卫星城疏散，强化大中城市中心城区高端服务、现代商贸、信息中介、创意创新等功能。完善中心城区功能组合，统筹规划地上地下空间开发，推动商业、办公、居住、生态空间与交通站点的合理布局与综合利用开发。制定城市市辖区设置标准，优化市辖区规模和结构。按照改造更新与保护修复并重的要求，健全旧城改造机制，优化提升旧城功能。加快城区老工业区搬迁改造，大力推进棚户区改造，稳步实施城中村改造，有序推进旧住宅小区综合整治、危旧住房和非成套住房改造，全面改善人居环境。（见专栏 5，略）

第二节　严格规范新城新区建设

严格新城新区设立条件，防止城市边界无序蔓延。因中心城区功能过度叠加、人口密度过高或规避自然灾害等原因，确需规划建设新城新区，必须以人口密度、产出强度和资源环境承载力为基准，与行政区划相协调，科学合理编制规划，严格控制建设用地规模，控制建设标准过度超前。统筹生产区、办公区、生活区、商业区等功能区规划建设，推进功能混合和产城融合，在集聚产业的同时集聚人口，防止新城新区“空心化”。加强现有开发区城市功能改造，推动单一生产功能向城市综合功能转型，为促进人口集聚、发展服务经济拓展空间。

第三节　改善城乡接合部环境

提升城乡接合部规划建设和管理服务水平，促进社区化发展，增强服务城市、带动农村、承接转移人口功能。加快城区基础设施和公共服务设施向城乡接合部地区延伸覆盖，规范建设行为，加强环境整治和社会综合治理，改善生活居住条件。保护生态用地和农用地，形成有利于改善城市生态环境质量的生态缓冲地带。

第十六章　提升城市基本公共服务水平

加强市政公用设施和公共服务设施建设，增加基本公共服务供给，增强对人口集聚和服务的支撑能力。

第一节　优先发展城市公共交通

将公共交通放在城市交通发展的首要位置，加快构建以公共交通为主体的城市机动化出行系统，积极发展快速公共汽车、现代有轨电车等大容量地面公共交通系统，科学有序推进城市轨道交通建设。优化公共交通站点和线路设置，推动形成公共交通优先通行网络，提高覆盖率、准点率和运行速度，基本实现100万人口以上城市中心城区公共交通站点500米全覆盖。强化交通综合管理，有效调控、合理引导个体机动化交通需求。推动各种交通方式、城市道路交通管理系统的信息共享和资源整合。

第二节　加强市政公用设施建设

建设安全高效便利的生活服务和市政公用设施网络体系。优化社区生活设施布局，健全社区养老服务体系，完善便民利民服务网络，打造包括物流配送、便民超市、平价菜店、家庭服务中心等在内的便捷生活服务圈。

加强无障碍环境建设。合理布局建设公益性菜市场、农产品批发市场。统筹电力、通信、给排水、供热、燃气等地下管网建设，推行城市综合管廊，新建城市主干道路、城市新区、各类园区应实行城市地下管网综合管廊模式。加强城镇水源地保护与建设和供水设施改造与建设，确保城镇供水安全。加强防洪设施建设，完善城市排水与暴雨外洪内涝防治体系，提高应对极端天气能力。建设安全可靠、技术先进、管理规范的新型配电网络体系，加快推进城市清洁能源供应设施建设，完善燃气输配、储备和供应保障系统，大力发展热电联产，淘汰燃煤小锅炉。加强城镇污水处理及再生利用设施建设，推进雨污分流改造和污泥无害化处置。提高城镇生活垃圾无害化处理能力。合理布局建设城市停车场和立体车库，新建大中型商业设施要配建货物装卸作业区和停车场，新建办公区和住宅小区要配建地下停车场。

第三节　完善基本公共服务体系

根据城镇常住人口增长趋势和空间分布，统筹布局建设学校、医疗卫生机构、文化设施、体育场所等公共服务设施。优化学校布局和建设规模，合理配置中小学和幼儿园资源。加强社区卫生服务机构建设，健全与医院分工协作、双向转诊的城市医疗服务体系。完善重大疾病防控、妇幼保健等专业公共卫生和计划生育服务网络。加强公共文化、公共体育、就业服务、社保经办和便民利民服务设施建设。创新公共服务供给方式，引入市场机制，扩大政府购买服务规模，实现供给主体和方式多元化，根据经济社会发展状况和财力水平，逐步提高城镇居民基本公共服务水平，在学有所教、劳有所得、病有所医、老有所养、住有所居上持续取得新进展。

第十七章　提高城市规划建设水平

适应新型城镇化发展要求，提高城市规划科学性，加强空间开发管制，健全规划管理体制机制，严格建筑规范和质量管理，强化实施监督，提高城市规划管理水平和建筑质量。

第一节　创新规划理念

把以人为本、尊重自然、传承历史、绿色低碳理念融入城市规划全过程。城市规划要由扩张性规划逐步转向限定城市边界、优化空间结构的规划，科学确立城市功能定位和形态，加强城市空间开发利用管制，合理划定城市“三区四线”，合理确定城市规模、开发边界、开发强度和保护性空间，加强道路红线和建筑红线对建设项目的定位控制。统筹规划城市空间功能布局，促进城市用地功能适度混合。合理设定不同功能区土地开发利用的容积率、绿化率、地面渗透率等规范性要求。建立健全城市地下空间开发利用协调机制。统筹规划市区、城郊和周边乡村发展。（见专栏6，略）

第二节　完善规划程序

完善城市规划前期研究、规划编制、衔接协调、专家论证、公众参与、审查审批、实施管理、评估修编等工作程序，探索设立城市总规划师制度，提高规划编制科学化、民主化水平。推行城市规划政务公开，加大公开公示力度。加强城市规划与经济社会发展、主体功能区建设、国土资源利用、生态环境保护、基础设施建设等规划的相互衔接。推动有条件地区的经济社会发展总体规划、城市规划、土地利用规划等“多规合一”。

第三节　强化规划管控

保持城市规划权威性、严肃性和连续性，坚持一本规划、一张蓝图持之以恒加以落实，防止换一届领导改一次规划。加强规划实施全过程监管，确保依规划进行开发建设。健全国家城乡规划督察员制度，以规划强制性内容为重点，加强规划实施督察，对违反规划行为进行事前事中监管。严格实行规划实施责任追究制度，加大对政府部门、开发主体、居民个人违法违规行为的责任追究和处罚力度。制定城市规划建设考核指标体系，加强地方人大对城市规划实施的监督检查，将城市规划实施情况纳入地方党政领导干部考核和离任审计。运用信息化等手段，强化对城市规划管控的技术支撑。

第四节　严格建筑质量管理

强化建筑设计、施工、监理和建筑材料、装修装饰等全流程质量管控。严格执行先勘察、后设计、再施工的基本建设程序，加强建筑市场各类主体的资质资格管理，推行质量体系认证制度，加大建筑工人职业技能培训力度。坚决打击建筑工程招投标、分包转包、材料采购、竣工验收等环节的违法违规行为，惩治擅自改变房屋建筑主体和承重结构等违规行为。健全建筑档案登记、查询和管理制度，强化建筑质量责任追究和处罚，实行建筑质量责任终身追究制度。

第十八章　推动新型城市建设

顺应现代城市发展新理念新趋势，推动城市绿色发展，提高智能化水平，增强历史文化魅力，全面提升城市内在品质。

第一节　加快绿色城市建设

将生态文明理念全面融入城市发展，构建绿色生产方式、生活方式和消费模式。严格控制高耗能、高排放行业发展。节约集约利用土地、水和能源等资源，促进资源循环利用，控制总量，提高效率。加快建设可再生能源体系，推动分布式太阳能、风能、生物质能、地热能多元化、规模化应用，提高新能源和可再生能源利用比例。实施绿色建筑行动计划，完善绿色建筑标准及认证体系、扩大强制执行范围，加快既有建筑节能改造，大力发展绿色建材，强力推进建筑工业化。合理控制机动车保有量，加快新能源汽车推广应用，改善步行、自行车出行条件，倡导绿色出行。实施大气污染防治行动计划，开展区域联防联控联治，改善城市空气质量。完善废旧商品回收体系和垃圾分类处理系统，加强城市固体废弃物循环利用和无害化处置。合理划定生态保护红线，扩大城市生态空间，增加森林、湖泊、湿地面积，将农村废弃地、其他污染土地、工矿用地转化为生态用地，在城镇化地区合理建设绿色生态廊道。（见专栏7，略）

第二节　推进智慧城市建设

统筹城市发展的物质资源、信息资源和智力资源利用，推动物联网、云计算、大数据等新一代信息技术创新应用，实现与城市经济社会发展深度融合。强化信息网络、数据中心等信息基础设施建设。促进跨部门、跨行业、跨地区的政务信息共享和业务协同，强化信息资源社会化开发利用，推广智慧化信息应用和新型信息服务，促进城市规划管理信息化、基础设施智能化、公共服务便捷化、产业发展现代化、社会治理精细化。增强城市要害信息系统和关键信息资源的安全保障能力。（见专栏8，略）

第三节　注重人文城市建设

发掘城市文化资源，强化文化传承创新，把城市建设成为历史底蕴厚重、时代特色鲜明的人文魅力空间。注重在旧城改造中保护历史文化遗产、民族文化风格和传统风貌，促进功能提升与文化文物保护相结合。注重在新城新区建设中融入传统文化元素，与原有城市自然人文特征相协调。加强历史文化名城名镇、历史文化街区、民族风情小镇文化资源挖掘和文化生态的整体保护，传承和弘扬优秀传统文化，推动地方特色文化发展，保存城市文化记忆。培育和践行社会主义核心价值观，加快完善文化管理体制和文化生产经营机制，建立健全现代公共文化服务体系、现代文化市场体系。鼓励城市文化多样化发展，促进传统文化与现代文化、本土文化与外来文化交融，形成多元开放的现代城市文化。（见专栏9，略）

第十九章　加强和创新城市社会治理

树立以人为本、服务为先理念，完善城市治理结构，创新城市治理方式，提升城市社会治理水平。

第一节　完善城市治理结构

顺应城市社会结构变化新趋势，创新社会治理体制，加强党委领导，发挥政府主导作用，鼓励和支持社会各方面参与，实现政府治理和社会自我调节、居民自治良性互动。坚持依法治理，加强法治保障，运用法治思维和法治方式化解社会矛盾。坚持综合治理，强化道德约束，规范社会行为，调节利益关系，协调社会关系，解决社会问题。坚持源头治理，标本兼治、重在治本，以网格化管理、社会化服务为方向，健全基层综合服务管理平台，及时反映和协调人民群众各方面各层次利益诉求。加强城市社会治理法律法规、体制机制、人才队伍和信息化建设。激发社会组织活力，加快实施政社分开，推进社会组织明确权责、依法自治、发挥作用。适合由社会组织提供的公共服务和解决的事项，交由社会组织承担。

第二节　强化社区自治和服务功能

健全社区党组织领导的基层群众自治制度，推进社区居民依法民主管理社区公共事务和公益事业。加快公共服务向社区延伸，整合人口、劳动就业、社保、民政、卫生计生、文化以及综治、维稳、信访等管理职能和服务资源，加快社区信息化建设，构建社区综合服务管理平台。发挥业主委员会、物业管理机构、驻区单位积极作用，引导各类社会组织、志愿者参与社区服务和管理。加强社区社会工作专业人才和志愿者队伍建设，推进社区工作人员专业化和职业化。加强流动人口服务管理。

第三节　创新社会治安综合治理

建立健全源头治理、动态协调、应急处置相互衔接、相互支撑的社会治安综合治理机制。创新立体化社会治安防控体系，改进治理方式，促进多部门城市管理职能整合，鼓励社会力量积极参与社会治安综合治理。及时解决影响人民群众安全的社会治安问题，加强对城市治安复杂部位的治安整治和管理。理顺城管执法体制，提高执法和服务水平。加大依法管理网络力度，加快完善互联网管理领导体制，确保国家网络和信息安全。

第四节　健全防灾减灾救灾体制

完善城市应急管理体系，加强防灾减灾能力建设，强化行政问责制和责任追究制。着眼抵御台风、洪涝、沙尘暴、冰雪、干旱、地震、山体滑坡等自然灾害，完善灾害监测和预警体系，加强城市消防、防洪、排水防涝、抗震等设施和救援救助能力建设，提高城市建筑灾害设防标准，合理规划布局和建设应急避难场所，强化公共建筑物和设施应急避难功能。完善突发公共事件应急预案和应急保障体系。加强灾害分析和信息公开，开展市民风险防范和自救互救教育，建立巨灾保险制度，发挥社会力量在应急管理中的作用。

第六篇　推动城乡发展一体化

坚持工业反哺农业、城市支持农村和多予少取放活方针，加大统筹城乡发展力度，增强农村发展活力，逐步缩小城乡差距，促进城镇化和新农村建设协调推进。

第二十章　完善城乡发展一体化体制机制

加快消除城乡二元结构的体制机制障碍，推进城乡要素平等交换和公共资源均衡配置，让广大农民平等参与现代化进程、共同分享现代化成果。

第一节　推进城乡统一要素市场建设

加快建立城乡统一的人力资源市场，落实城乡劳动者平等就业、同工同酬制度。建立城乡统一的建设用地市场，保障农民公平分享土地增值收益。建立健全有利于农业科技人员下乡、农业科技成果转化、先进农业技术推广的激励和利益分享机制。创新面向“三农”的金融服务，统筹发挥政策性金融、商业性金融和合作性金融的作用，支持具备条件的民间资本依法发起设立中小型银行等金融机构，保障金融机构农村存款主要用于农业农村。加快农业保险产品创新和经营组织形式创新，完善农业保险制度。鼓励社会资本投向农村建设，引导更多人才、技术、资金等要素投向农业农村。

第二节　推进城乡规划、基础设施和公共服务一体化

统筹经济社会发展规划、土地利用规划和城乡规划，合理安排市县域城镇建设、农田保护、产业集聚、村落分布、生态涵养等空间布局。扩大公共财政覆盖农村范围，提高基础设施和公共服务保障水平。统筹城乡基础设施建设，加快基础设施向农村延伸，强化城乡基础设施连接，推动水电路气等基础设施城乡联网、共建共享。加快公共服务向农村覆盖，推进公共就业服务网络向县以下延伸，全面建成覆盖城乡居民的社会保障体系，推进城乡社会保障制度衔接，加快形成政府主导、覆盖城乡、可持续的基

本公共服务体系，推进城乡基本公共服务均等化。率先在一些经济发达地区实现城乡一体化。

第二十一章　加快农业现代化进程

坚持走中国特色新型农业现代化道路，加快转变农业发展方式，提高农业综合生产能力、抗风险能力、市场竞争能力和可持续发展能力。

第一节　保障国家粮食安全和重要农产品有效供给

确保国家粮食安全是推进城镇化的重要保障。严守耕地保护红线，稳定粮食播种面积。加强农田水利设施建设和土地整理复垦，加快中低产田改造和高标准农田建设。继续加大中央财政对粮食主产区投入，完善粮食主产区利益补偿机制，健全农产品价格保护制度，提高粮食主产区和种粮农民的积极性，将粮食生产核心区和非主产区产粮大县建设成为高产稳产商品粮生产基地。支持优势产区棉花、油料、糖料生产，推进畜禽水产品标准化规模养殖。坚持“米袋子”省长负责制和“菜篮子”市长负责制。完善主要农产品市场调控机制和价格形成机制。积极发展都市现代农业。

第二节　提升现代农业发展水平

加快完善现代农业产业体系，发展高产、优质、高效、生态、安全农业。提高农业科技创新能力，做大做强现代种业，健全农技综合服务体系，完善科技特派员制度，推广现代化农业技术。鼓励农业机械企业研发制造先进实用的农业技术装备，促进农机农艺融合，改善农业设施装备条件，耕种收综合机械化水平达到70%左右。创新农业经营方式，坚持家庭经营在农业中的基础性地位，推进家庭经营、集体经营、合作经营、企业经营等共同发展。鼓励承包经营权在公开市场上向专业大户、家庭农场、农民合作社、农业企业流转，发展多种形式规模经营。鼓励和引导工商资本到农村发展适合企业化经营的现代种养业，向农业输入现代生产要素和经营模式。加快构建公益性服务与经营性服务相结合、专项服务与综合服务相协调的新型农业社会化服务体系。

第三节　完善农产品流通体系

统筹规划农产品市场流通网络布局，重点支持重要农产品集散地、优势农产品产地批发市场建设，加强农产品期货市场建设。加快推进以城市便民菜市场（菜店）、生鲜超市、城乡集贸市场为主体的农产品零售市场建设。实施粮食收储供应安全保障工程，加强粮油仓储物流设施建设，发展农产品低温仓储、分级包装、电子结算。健全覆盖农产品收集、存储、加工、运输、销售各环节的冷链物流体系。加快培育现代流通方式和新型流通业态，大力发展快捷高效配送。积极推进“农批对接”“农超对接”等多种形式的产销衔接，加快发展农产品电子商务，降低流通费用。强化农产品商标和地理标志保护。

第二十二章　建设社会主义新农村

坚持遵循自然规律和城乡空间差异化发展原则，科学规划县域村镇体系，统筹安排农村基础设施建设和社会事业发展，建设农民幸福生活的美好家园。

第一节　提升乡镇村庄规划管理水平

适应农村人口转移和村庄变化的新形势，科学编制县域村镇体系规划和镇、乡、村庄规划，建设各具特色的美丽乡村。按照发展中心村、保护特色村、整治“空心村”的要求，在尊重农民意愿的基础上，科学引导农村住宅和居民点建设，方便农民生产生活。在提升自然村落功能基础上，保持乡村风貌、民族文化和地域文化特色，保护有历史、艺术、科学价值的传统村落、少数民族特色村寨和民居。

第二节　加强农村基础设施和服务网络建设

加快农村饮水安全建设，因地制宜采取集中供水、分散供水和城镇供水管网向农村延伸的方式解决农村人口饮用水安全问题。继续实施农村电网改造升级工程，提高农村供电能力和可靠性，实现城乡用电同网同价。加强以太阳能、生物沼气为重点的清洁能源建设及相关技术服务。基本完成农村危房改造。完善农村公路网络，实现行政村通班车。加强乡村旅游服务网络、农村邮政设施和宽带网络建设，改善农村消防安全条件。继续实施新农村现代流通网络工程，培育面向农村的大型流通企业，增加农村商品零售、餐饮及其他生活服务网点。深入开展农村环境综合整治，实施乡村清洁工程，开展村庄整治，推进农村垃圾、污水处理和土壤环境整治，加快农村河道、水环境整治，严禁城市和工业污染向农村扩散。

第三节　加快农村社会事业发展

合理配置教育资源，重点向农村地区倾斜。推进义务教育学校标准化建设，加强农村中小学寄宿制学校建设，提高农村义务教育质量和均衡发展水平。积极发展农村学前教育。加强农村教师队伍建设。建立健全新型职业化农民教育、培训体系。优先建设发展县级医院，完善以县级医院为龙头、乡镇卫生院和村卫生室为基础的农村三级医疗卫生服务网络，向农民提供安全价廉可及的基本医疗卫生服务。加强乡镇综合文化站等农村公共文化和体育设施建设，提高文化产品和服务的有效供给能力，丰富农民精神文化生活。完善农村最低生活保障制度。健全农村留守儿童、妇女、老人关爱服务体系。

第七篇　改革完善城镇化发展体制机制

加强制度顶层设计，尊重市场规律，统筹推进人口管理、土地管理、财税金融、城镇住房、行政管理、生态环境等重点领域和关键环节体制机制改革，形成有利于城镇化健康发展的制度环境。

第二十三章　推进人口管理制度改革

在加快改革户籍制度的同时，创新和完善人口服务和管理制度，逐步消除城乡区域间户籍壁垒，还原户籍的人口登记管理功能，促进人口有序流动、合理分布和社会融合。

——建立居住证制度。全面推行流动人口居住证制度，以居住证为载体，建立健全与居住年限等条件相挂钩的基本公共服务提供机制，并作为申请登记居住地常住户口的重要依据。城镇流动人口暂住证持有年限累计进居住证。

——健全人口信息管理制度。加强和完善人口统计调查制度，进一步改进人口普查方法，健全人口变动调查制度。加快推进人口基础信息库建设，分类完善劳动就业、教育、收入、社保、房产、信用、计生、税务等信息系统，逐步实现跨部门、跨地区信息整合和共享，在此基础上建设覆盖全国、安全可靠的国家人口综合信息库和信息交换平台，到2020年在全国实行以公民身份证号码为唯一标识，依法记录、查询和评估人口相关信息制度，为人口服务和管理提供支撑。

第二十四章　深化土地管理制度改革

实行最严格的耕地保护制度和集约节约用地制度，按照管住总量、严控增量、盘活存量的原则，创新土地管理制度，优化土地利用结构，提高土地利用效率，合理满足城镇化用地需求。

——建立城镇用地规模结构调控机制。严格控制新增城镇建设用地规模，严格执行城市用地分类与规划建设用地标准，实行增量供给与存量挖潜相结合的供地、用地政策，提高城镇建设使用存量用地比例。探索实行城镇建设用地增加规模与吸纳农业转移人口落户数量挂钩政策。有效控制特大城市新增建设用地规模，适度增加集约用地程度高、发展潜力大、吸纳人口多的卫星城、中小城市和县城建设用地供给。适当控制工业用地，优先安排和增加住宅用地，合理安排生态用地，保护城郊菜地和水田，统筹安排基础设施和公共服务设施用地。建立有效调节工业用地和居住用地合理比价机制，提高工业用地价格。

——健全节约集约用地制度。完善各类建设用地标准体系，严格执行土地使用标准，适当提高工业项目容积率、土地产出率门槛，探索实行长期租赁、先租后让、租让结合的工业用地供应制度，加强工程建设项目用地标准控制。建立健全规划统筹、政府引导、市场运作、公众参与、利益共享的城镇低效用地再开发激励约束机制，盘活利用现有城镇存量建设用地，建立存量建设用地退出激励机制，推进老城区、旧厂房、城中村的改造和保护性开发，发挥政府土地储备对盘活城镇低效用地的作用。加强农村土地综合整治，健全运行机制，规范推进城乡建设用地增减挂钩，总结推广工矿废弃地复垦利用等做法。禁止未经评估和无害化治理的污染场地进行土地流转和开发利用。完善土地租赁、转让、抵押二级市场。

——深化国有建设用地有偿使用制度改革。扩大国有土地有偿使用范围，逐步对经营性基础设施和社会事业用地实行有偿使用。减少非公益性用地划拨，对以划拨方式取得用于经营性项目的土地，通过征收土地年租金等多种方式纳入有偿使用范围。

——推进农村土地管理制度改革。全面完成农村土地确权登记颁证工作，依法维护农民土地承包经营权。在坚持和完善最严格的耕地保护制度前提下，赋予农民对承包地占有、使用、收益、流转及承包经营权抵押、担保权能。保障农户宅基地用益物权，改革完善农村宅基地制度，在试点基础上慎重稳妥推进农民住房财产权抵押、担保、转让，严格执行宅基地使用标准，严格禁止一户多宅。在符合规划和用途管制前提下，允许农村集体经营性建设用地出让、租赁、入股，实行与国有土地同等入市、同权同价。建立农村产权流转交易市场，推动农村产权流转交易公开、公正、规范运行。

——深化征地制度改革。缩小征地范围，规范征地程序，完善对被征地农民合理、规范、多元保障机制。建立兼顾国家、集体、个人的土地增值收益分配机制，合理提高个人收益，保障被征地农民长远发展生计。健全争议协调裁决制度。

——强化耕地保护制度。严格土地用途管制，统筹耕地数量管控和质量、生态管护，完善耕地占补平衡制度，建立健全耕地保护激励约束机制。落实地方各级政府耕地保护责任目标考核制度，建立健全耕地保护共同责任机制；加强基本农田管理，完善基本农田永久保护长效机制，强化耕地占补平衡和土地整理复垦监管。

第二十五章　创新城镇化资金保障机制

加快财税体制和投融资机制改革，创新金融服务，放开市场准入，逐步建立多元化、可持续的城镇化资金保障机制。

——完善财政转移支付制度。按照事权与支出责任相适应的原则，合理确定各级政府在教育、基本医疗、社会保障等公共服务方面的事权，建立健全城镇基本公共服务支出分担机制。建立财政转移支付同农业转移人口市民化挂钩机制，中央和省级财政安排转移支付要考虑常住人口因素。依托信息化管理手段，逐步完善城镇基本公共服务补贴办法。

——完善地方税体系。培育地方主体税种，增强地方政府提供基本公共服务能力。加快房地产税立法并适时推进改革。加快资源税改革，逐步将资源税征收范围扩展到占用各种自然生态空间。推动环境保护费改税。

——建立规范透明的城市建设投融资机制。在完善法律法规和健全地方政府债务管理制度基础上，建立健全地方债券发行管理制度和评级制度，允许地方政府发行市政债券，拓宽城市建设融资渠道。创新金融服务和产品，多渠道推动股权融资，提高直接融资比重。发挥现有政策性金融机构的重要作用，研究制定政策性金融专项支持政策，研究建立城市基础设施、住宅政策性金融机构，为城市基础设施和保障性安居工程建设提供规范透明、成本合理、期限匹配的融资服务。理顺市政公用产品和服务价格形成机制，放宽准入，完善监管，制定非公有制企业进入特许经营领域的办法，鼓励社会资本参与城市公用设施投资运营。鼓励公共基金、保险资金等参与项目自身具有稳定收益的城市基础设施项目建设和运营。

第二十六章　健全城镇住房制度

建立市场配置和政府保障相结合的住房制度，推动形成总量基本平衡、结构基本合理、房价与消费能力基本适应的住房供需格局，有效保障城镇常住人口的合理住房需求。

——健全住房供应体系。加快构建以政府为主提供基本保障、以市场为主满足多层次需求的住房供应体系。对城镇低收入和中等偏下收入住房困难家庭，实行租售并举、以租为主，提供保障性安居工程住房，满足基本住房需求。稳定增加商品住房供应，大力发展二手房市场和住房租赁市场，推进住房供应主体多元化，满足市场多样化住房需求。

——健全保障性住房制度。建立各级财政保障性住房稳定投入机制，扩大保障性住房有效供给。完善租赁补贴制度，推进廉租住房、公共租赁住房并轨运行。制定公平合理、公开透明的保障性住房配租政策和监管程序，严格准入和退出制度，提高保障性住房物业管理、服务水平和运营效率。

——健全房地产市场调控长效机制。调整完善住房、土地、财税、金融等方面政策，共同构建房地产市场调控长效机制。各城市要编制城市住房发展规划，确定住房建设总量、结构和布局。确保住房用地稳定供应，完善住房用地供应机制，保障性住房用地应保尽保，优先安排政策性商品住房用地，合理增加普通商品住房用地，严格控制大户型高档商品住房用地。实行差别化的住房税收、信贷政策，支持合理自住需求，抑制投机投资需求。依法规范市场秩序，健全法律法规体系，加大市场监管力度。建立以土地为基础的不动产统一登记制度，实现全国住房信息联网，推进部门信息共享。

第二十七章　强化生态环境保护制度

完善推动城镇化绿色循环低碳发展的体制机制，实行最严格的生态环境保护制度，形成节约资源和保护环境的空间格局、产业结构、生产方式和生活方式。

——建立生态文明考核评价机制。把资源消耗、环境损害、生态效益纳入城镇化发展评价体系，完善体现生态文明要求的目标体系、考核办法、奖惩机制。对限制开发区域和生态脆弱的国家扶贫开发工作重点县取消地区生产总值考核。

——建立国土空间开发保护制度。建立空间规划体系，坚定不移实施主体功能区制度，划定生态保护红线，严格按照主体功能区定位推动发展，加快完善城镇化地区、农产品主产区、重点生态功能区空间开发管控制度，建立资源环境承载能力监测预警机制。强化水资源开发利用控制、用水效率控制、水功能区限制纳污管理。对不同主体功能区实行差别化财政、投资、产业、土地、人口、环境、考核等政策。

——实行资源有偿使用制度和生态补偿制度。加快自然资源及其产品价格改革，全面反映市场供求、资源稀缺程度、生态环境损害成本和修复效益。建立健全居民生活用电、用水、用气等阶梯价格制度。制定并完善生态补偿方面的政策法规，切实加大生态补偿投入力度，扩大生态补偿范围，提高生态补偿标准。

——建立资源环境产权交易机制。发展环保市场，推行节能量、碳排放权、排污权、水权交易制度，建立吸引社会资本投入生态环境保护的市场化机制，推行环境污染第三方治理。

——实行最严格的环境监管制度。建立和完善严格监管所有污染物排放的环境保护管理制度，独立进行环境监管和行政执法。完善污染物排放许可制，实行企事业单位污染物排放总量控制制度。加大环境执法力度，严格环境影响评价制度，加强突发环境事件应急能力建设，完善以预防为主的环境风险管理制度。对造成生态环境损害的责任者严格实行赔偿制度，依法追究刑事责任。建立陆海统筹的生态系统保护修复和污染防治区域联动机制。开展环境污染强制责任保险试点。

第八篇　规划实施

本规划由国务院有关部门和地方各级政府组织实施。各地区各部门要高度重视、求真务实、开拓创新、攻坚克难，确保规划目标和任务如期完成。

第二十八章　加强组织协调

合理确定中央与地方分工，建立健全城镇化工作协调机制。中央政府要强化制度顶层设计，统筹重大政策研究和制定，协调解决城镇化发展中的重大问题。国家发展改革委要牵头推进规划实施和相关政策落实，监督检查工作进展情况。各有关部门要切实履行职责，根据本规划提出的各项任务和政策措施，研究制定具体实施方案。地方各级政府要全面贯彻落实本规划，建立健全工作机制，因地制宜研究制定符合本地实际的城镇化规划和具体政策措施。加快培养一批专家型城市管理干部，提高城镇化管理水平。

第二十九章　强化政策统筹

根据本规划制定配套政策，建立健全相关法律法规、标准体系。加强部门间政策制定和实施的协调配合，推动人口、土地、投融资、住房、生态环境等方面政策和改革举措形成合力、落到实处。城乡规划、土地利用规划、交通规划等要落实本规划要求，其他相关专项规划要加强与本规划的衔接协调。

第三十章　开展试点示范

本规划实施涉及诸多领域的改革创新，对已经形成普遍共识的问题，如长期进城务工经商的农业转移人口落户、城市棚户区改造、农民工随迁子女义务教育、农民工职业技能培训和中西部地区中小城市发展等，要加大力度，抓紧解决。对需要深入研究解决的难点问题，如建立农业转移人口市民化成本分担机制，建立多元化、可持续的城镇化投融资机制，建立创新行政管理、降低行政成本的设市设区模式，改革完善农村宅基地制度等，要选择不同区域不同城市分类开展试点。继续推进创新城市、智慧城市、低碳城镇试点。深化中欧城镇化伙伴关系等现有合作平台，拓展与其他国家和国际组织的交流，开展多形式、多领域的务实合作。

第三十一章　健全监测评估

加强城镇化统计工作，顺应城镇化发展态势，建立健全统计监测指标体系和统计综合评价指标体系，规范统计口径、统计标准和统计制度方法。加快制定城镇化发展监测评估体系，实施动态监测与跟踪分析，开展规划中期评估和专项监测，推动本规划顺利实施。

住房城乡建设部、国家发展改革委、财政部关于开展特色小镇培育工作的通知

建村〔2016〕147 号

各省、自治区、直辖市住房城乡建设厅（建委）、发展改革委、财政厅，北京市农委、上海市规划和国土资源管理局：

为贯彻党中央、国务院关于推进特色小镇、小城镇建设的精神，落实《国民经济和社会发展第十三个五年规划纲要》关于加快发展特色镇的要求，住房城乡建设部、国家发展改革委、财政部（以下简称三部委）决定在全国范围开展特色小镇培育工作，现通知如下。

一　指导思想、原则和目标

（一）指导思想

全面贯彻党的十八大和十八届三中、四中、五中全会精神，牢固树立和贯彻落实创新、协调、绿色、开放、共享的发展理念，因地制宜、突出特色，充分发挥市场主体作用，创新建设理念，转变发展方式，通过培育特色鲜明、产业发展、绿色生态、美丽宜居的特色小镇，探索小镇建设健康发展之路，促进经济转型升级，推动新型城镇化和新农村建设。

（二）基本原则

——坚持突出特色。从当地经济社会发展实际出发，发展特色产业，

传承传统文化，注重生态环境保护，完善市政基础设施和公共服务设施，防止千镇一面。依据特色资源优势和发展潜力，科学确定培育对象，防止一哄而上。

——坚持市场主导。尊重市场规律，充分发挥市场主体作用，政府重在搭建平台、提供服务，防止大包大揽。以产业发展为重点，依据产业发展确定建设规模，防止盲目造镇。

——坚持深化改革。加大体制机制改革力度，创新发展理念，创新发展模式，创新规划建设管理，创新社会服务管理。推动传统产业改造升级，培育壮大新兴产业，打造创业创新新平台，发展新经济。

（三）目标

到2020年，培育1000个左右各具特色、富有活力的休闲旅游、商贸物流、现代制造、教育科技、传统文化、美丽宜居等特色小镇，引领带动全国小城镇建设，不断提高建设水平和发展质量。

二 培育要求

（一）特色鲜明的产业形态

产业定位精准，特色鲜明，战略新兴产业、传统产业、现代农业等发展良好、前景可观。产业向做特、做精、做强发展，新兴产业成长快，传统产业改造升级效果明显，充分利用“互联网+”等新兴手段，推动产业链向研发、营销延伸。产业发展环境良好，产业、投资、人才、服务等要素集聚度较高。通过产业发展，小镇吸纳周边农村剩余劳动力就业的能力明显增强，带动农村发展效果明显。

（二）和谐宜居的美丽环境

空间布局与周边自然环境相协调，整体格局和风貌具有典型特征，路网合理，建设高度和密度适宜。居住区开放融合，提倡街坊式布局，住房舒适美观。建筑彰显传统文化和地域特色。公园绿地贴近生活、贴近工作。店铺布局有管控。镇区环境优美，干净整洁。土地利用集约节约，小镇建设与产业发展同步协调。美丽乡村建设成效突出。

（三）彰显特色的传统文化

传统文化得到充分挖掘、整理、记录，历史文化遗存得到良好保护和利用，非物质文化遗产活态传承。形成独特的文化标识，与产业融合发展。优秀传统文化在经济发展和社会管理中得到充分弘扬。公共文化传播方式方法丰富有效。居民思想道德和文化素质较高。

（四）便捷完善的设施服务

基础设施完善，自来水符合卫生标准，生活污水全面收集并达标排放，垃圾无害化处理，道路交通停车设施完善便捷，绿化覆盖率较高，防洪、排涝、消防等各类防灾设施符合标准。公共服务设施完善、服务质量较高，教育、医疗、文化、商业等服务覆盖农村地区。

（五）充满活力的体制机制

发展理念有创新，经济发展模式有创新。规划建设管理有创新，鼓励多规协调，建设规划与土地利用规划合一，社会管理服务有创新。省、市、县支持政策有创新。镇村融合发展有创新。体制机制建设促进小镇健康发展，激发内生动力。

三　组织领导和支持政策

三部委负责组织开展全国特色小镇培育工作，明确培育要求，制定政策措施，开展指导检查，公布特色小镇名单。省级住房城乡建设、发展改革、财政部门负责组织开展本地区特色小镇培育工作，制定本地区指导意见和支持政策，开展监督检查，组织推荐。县级人民政府是培育特色小镇的责任主体，制定支持政策和保障措施，整合落实资金，完善体制机制，统筹项目安排并组织推进。镇人民政府负责做好实施工作。

国家发展改革委等有关部门支持符合条件的特色小镇建设项目申请专项建设基金，中央财政对工作开展较好的特色小镇给予适当奖励。

三部委依据各省小城镇建设和特色小镇培育工作情况，逐年确定各省推荐数量。省级住房城乡建设、发展改革、财政部门按推荐数量，于每年8月底前将达到培育要求的镇向三部委推荐。特色小镇原则上为建制镇（县城关镇除外），优先选择全国重点镇。

2016年各省（区、市）特色小镇推荐数量及有关要求另行通知。

联系单位：住房城乡建设部村镇建设司

联 系 人：林岚岚、贾一石

电　　话：010－58934432、58934431

传　　真：010－58933123

中华人民共和国住房和城乡建设部

中华人民共和国国家发展和改革委员会

中华人民共和国财政部

2016年7月1日

国家发展改革委关于加快美丽特色小（城）镇建设的指导意见

发改规划〔2016〕2125 **号**

各省、自治区、直辖市、计划单列市发展改革委，新疆生产建设兵团发展改革委：

特色小（城）镇包括特色小镇、小城镇两种形态。特色小镇主要指聚焦特色产业和新兴产业，集聚发展要素，不同于行政建制镇和产业园区的创新创业平台。特色小城镇是指以传统行政区划为单元，特色产业鲜明、具有一定人口和经济规模的建制镇。特色小镇和小城镇相得益彰、互为支撑。发展美丽特色小（城）镇是推进供给侧结构性改革的重要平台，是深入推进新型城镇化的重要抓手，有利于推动经济转型升级和发展动能转换，有利于促进大中小城市和小城镇协调发展，有利于充分发挥城镇化对新农村建设的辐射带动作用。为深入贯彻落实习近平总书记、李克强总理等党中央、国务院领导同志关于特色小镇、小城镇建设的重要批示指示精神，现就加快美丽特色小（城）镇建设提出如下意见。

一　总体要求

全面贯彻党的十八大和十八届三中、四中、五中全会精神，深入学习贯彻习近平总书记系列重要讲话精神，牢固树立和贯彻落实创新、协调、绿色、开放、共享的发展理念，按照党中央、国务院的部署，深入推进供给侧结构性改革，以人为本、因地制宜、突出特色、创新机制，夯实城镇产业基础，完善城镇服务功能，优化城镇生态环境，提升城镇发展品质，建设美丽特色新型小（城）镇，有机对接美丽乡村建设，促进城乡发展一体化。

——坚持创新探索。创新美丽特色小（城）镇的思路、方法、机制，着力培育供给侧小镇经济，防止“新瓶装旧酒”“穿新鞋走老路”，努力走出一条特色鲜明、产城融合、惠及群众的新型小城镇之路。

——坚持因地制宜。从各地实际出发，遵循客观规律，挖掘特色优势，体现区域差异性，提倡形态多样性，彰显小（城）镇独特魅力，防止照搬照抄、“东施效颦”、一哄而上。

——坚持产业建镇。根据区域要素禀赋和比较优势，挖掘本地最有基础、最具潜力、最能成长的特色产业，做精做强主导特色产业，打造具有持续竞争力和可持续发展特征的独特产业生态，防止千镇一面。

——坚持以人为本。围绕人的城镇化，统筹生产、生活、生态空间布局，完善城镇功能，补齐城镇基础设施、公共服务、生态环境“短板”，打造宜居宜业环境，提高人民群众获得感和幸福感，防止形象工程。

——坚持市场主导。按照政府引导、企业主体、市场化运作的要求，创新建设模式、管理方式和服务手段，提高多元化主体共同推动美丽特色小（城）镇发展的积极性。发挥好政府制定规划政策、提供公共服务等作用，防止大包大揽。

二　分类施策，探索城镇发展新路径

总结推广浙江等地特色小镇发展模式，立足产业“特而强”、功能“聚而合”、形态“小而美”、机制“新而活”，将创新性供给与个性化需求有效对接，打造创新创业发展平台和新型城镇化有效载体。

按照控制数量、提高质量，节约用地、体现特色的要求，推动小（城）镇发展与疏解大城市中心城区功能相结合、与特色产业发展相结合、与服务“三农”相结合。大城市周边的重点镇，要加强与城市发展的统筹规划与功能配套，逐步发展成为卫星城。具有特色资源、区位优势的小城镇，要通过规划引导、市场运作，培育成为休闲旅游、商贸物流、智能制造、科技教育、民俗文化传承的专业特色镇。远离中心城市的小城镇，要完善基础设施和公共服务，发展成为服务农村、带动周边的综合性小城镇。

统筹地域、功能、特色三大重点，以镇区常住人口 5 万以上的特大镇、镇区常住人口 3 万以上的专业特色镇为重点，兼顾多类型多形态的特色小镇，因地制宜建设美丽特色小（城）镇。

三　突出特色，打造产业发展新平台

产业是小城镇发展的生命力，特色是产业发展的竞争力。要立足资源禀赋、区位环境、历史文化、产业集聚等特色，加快发展特色优势主导产业，延伸产业链、提升价值链，促进产业跨界融合发展，在差异定位和领域细分中构建小镇大产业，扩大就业，集聚人口，实现特色产业立镇、强镇、富镇。

有条件的小城镇特别是中心城市和都市圈周边的小城镇，要积极吸引高端要素集聚，发展先进制造业和现代服务业。鼓励外出农民工回乡创业定居。强化校企合作、产研融合、产教融合，积极依托职业院校、成人教育学院、继续教育学院等院校建设就业技能培训基地，培育特色产业发展所需各类人才。

四　创业创新，培育经济发展新动能

创新是小城镇持续健康发展的根本动力。要发挥小城镇创业创新成本低、进入门槛低、各项束缚少、生态环境好的优势，打造大众创业、万众创新的有效平台和载体。鼓励特色小（城）镇发展面向大众、服务小微企业的低成本、便利化、开放式服务平台，构建富有活力的创业创新生态圈，集聚创业者、风投资本、孵化器等高端要素，促进产业链、创新链、人才链的耦合；依托互联网拓宽市场资源、社会需求与创业创新对接通道，推进专业空间、网络平台和企业内部众创，推动新技术、新产业、新业态蓬勃发展。

营造吸引各类人才、激发企业家活力的创新环境，为初创期、中小微企业和创业者提供便利、完善的“双创”服务；鼓励企业家构筑创新平台、集聚创新资源；深化投资便利化、商事仲裁、负面清单管理等改革创新，打造有利于创新创业的营商环境，推动形成一批集聚高端要素、新兴产业和现代服务业特色鲜明、富有活力和竞争力的新型小城镇。

五 完善功能，强化基础设施新支撑

便捷完善的基础设施是小城镇集聚产业的基础条件。要按照适度超前、综合配套、集约利用的原则，加强小城镇道路、供水、供电、通信、污水垃圾处理、物流等基础设施建设。建设高速通畅、质优价廉、服务便捷的宽带网络基础设施和服务设施，以人为本推动信息惠民，加强小城镇信息基础设施建设，加速光纤入户进程，建设智慧小镇。加强步行和自行车等慢行交通设施建设，做好慢行交通系统与公共交通系统的衔接。

强化城镇与交通干线、交通枢纽城市的连接，提高公路技术等级和通行能力，改善交通条件，提升服务水平。推进大城市市域（郊）铁路发展，形成多层次轨道交通骨干网络，高效衔接大中小城市和小城镇，促进互联互通。鼓励综合开发，形成集交通、商业、休闲等为一体的开放式小城镇功能区。推进公共停车场建设。鼓励建设开放式住宅小区，提升微循环能力。鼓励有条件的小城镇开发利用地下空间，提高土地利用效率。

六 提升质量，增加公共服务新供给

完善的公共服务特别是较高质量的教育医疗资源供给是增强小城镇人

口集聚能力的重要因素。要推动公共服务从按行政等级配置向按常住人口规模配置转变，根据城镇常住人口增长趋势和空间分布，统筹布局建设学校、医疗卫生机构、文化体育场所等公共服务设施，大力提高教育卫生等公共服务的质量和水平，使群众在特色小（城）镇能够享受更有质量的教育、医疗等公共服务。要聚焦居民日常需求，提升社区服务功能，加快构建便捷“生活圈”、完善“服务圈”和繁荣“商业圈”。

镇区人口10万以上的特大镇要按同等城市标准配置教育和医疗资源，其他城镇要不断缩小与城市基本公共服务差距。实施医疗卫生服务能力提升计划，参照县级医院水平提高硬件设施和诊疗水平，鼓励在有条件的小城镇布局三级医院。大力提高教育质量，加快推进义务教育学校标准化建设，推动市县知名中小学和城镇中小学联合办学，扩大优质教育资源覆盖面。

七　绿色引领，建设美丽宜居新城镇

优美宜居的生态环境是人民群众对城镇生活的新期待。要牢固树立“绿水青山就是金山银山”的发展理念，保护城镇特色景观资源，加强环境综合整治，构建生态网络。深入开展大气污染、水污染、土壤污染防治行动，溯源倒逼、系统治理，带动城镇生态环境质量全面改善。有机协调城镇内外绿地、河湖、林地、耕地，推动生态保护与旅游发展互促共融、新型城镇化与旅游业有机结合，打造宜居宜业宜游的优美环境。鼓励有条件的小城镇按照不低于3A级景区的标准规划建设特色旅游景区，将美丽资源转化为“美丽经济”。

加强历史文化名城名镇名村、历史文化街区、民族风情小镇等的保护，保护独特风貌，挖掘文化内涵，彰显乡愁特色，建设有历史记忆、文化脉络、地域风貌、民族特点的美丽小（城）镇。

八 主体多元，打造共建共享新模式

创新社会治理模式是建设美丽特色小（城）镇的重要内容。要统筹政府、社会、市民三大主体积极性，推动政府、社会、市民同心同向行动。充分发挥社会力量作用，最大限度激发市场主体活力和企业家创造力，鼓励企业、其他社会组织和市民积极参与城镇投资、建设、运营和管理，成为美丽特色小（城）镇建设的主力军。积极调动市民参与美丽特色小（城）镇建设热情，促进其致富增收，让发展成果惠及广大群众。逐步形成多方主体参与、良性互动的现代城镇治理模式。

政府主要负责提供美丽特色小（城）镇制度供给、设施配套、要素保障、生态环境保护、安全生产监管等管理和服务，营造更加公平、开放的市场环境，深化“放管服”改革，简化审批环节，减少行政干预。

九 城乡联动，拓展要素配置新通道

美丽特色小（城）镇是辐射带动新农村的重要载体。要统筹规划城乡基础设施网络，健全农村基础设施投入长效机制，促进水电路气信等基础设施城乡联网、生态环保设施城乡统一布局建设。推进城乡配电网建设改造，加快农村宽带网络和快递网络建设，以美丽特色小（城）镇为节点，推进农村电商发展和“快递下乡”。推动城镇公共服务向农村延伸，逐步实现城乡基本公共服务制度并轨、标准统一。

搭建农村第一、第二、第三产业融合发展服务平台，推进农业与旅游、教育、文化、健康养老等产业深度融合，大力发展农业新型业态。依托优势资源，积极探索承接产业转移新模式，引导城镇资金、信息、人才、管理等要素向农村流动，推动城乡产业链双向延伸对接。促进城乡劳动力、土地、资本和创新要素高效配置。

十　创新机制，激发城镇发展新活力

释放美丽特色小（城）镇的内生动力关键要靠体制机制创新。要全面放开小城镇落户限制，全面落实居住证制度，不断拓展公共服务范围。积极盘活存量土地，建立低效用地再开发激励机制。建立健全进城落户农民农村土地承包权、宅基地使用权、集体收益分配权自愿有偿流转和退出机制。创新特色小（城）镇建设投融资机制，大力推进政府和社会资本合作，鼓励利用财政资金撬动社会资金，共同发起设立美丽特色小（城）镇建设基金。研究设立国家新型城镇化建设基金，倾斜支持美丽特色小（城）镇开发建设。鼓励开发银行、农业发展银行、农业银行和其他金融机构加大金融支持力度。鼓励有条件的小城镇通过发行债券等多种方式拓宽融资渠道。

按照“小政府、大服务”模式，推行大部门制，降低行政成本，提高行政效率。深入推进强镇扩权，赋予镇区人口10万以上的特大镇县级管理职能和权限，强化事权、财权、人事权和用地指标等保障。推动具备条件的特大镇有序设市。

各级发展改革部门要把加快建设美丽特色小（城）镇作为落实新型城镇化战略部署和推进供给侧结构性改革的重要抓手，坚持用改革的思路、创新的举措发挥统筹协调作用，借鉴浙江等地采取创建制培育特色小镇的经验，整合各方面力量，加强分类指导，结合地方实际研究出台配套政策，努力打造一批新兴产业集聚、传统产业升级、体制机制灵活、人文气息浓厚、生态环境优美的美丽特色小（城）镇。国家发展改革委将加强统筹协调，加大项目、资金、政策等的支持力度，及时总结推广各地典型经验，推动美丽特色小（城）镇持续健康发展。

国家发展改革委

2016年10月8日

关于规范推进特色小镇和特色小城镇建设的若干意见

发改规划〔2017〕2084 **号**

各省、自治区、直辖市人民政府，新疆生产建设兵团：

特色小镇是在几平方公里土地上集聚特色产业、生产生活生态空间相融合、不同于行政建制镇和产业园区的创新创业平台。特色小城镇是拥有几十平方公里以上土地和一定人口经济规模、特色产业鲜明的行政建制镇。近年来，各地区各有关部门认真贯彻落实党中央国务院决策部署，积极稳妥推进特色小镇和小城镇建设，取得了一些进展，积累了一些经验，涌现出一批产业特色鲜明、要素集聚、宜居宜业、富有活力的特色小镇。但在推进过程中，也出现了概念不清、定位不准、急于求成、盲目发展以及市场化不足等问题，有些地区甚至存在政府债务风险加剧和房地产化的苗头。为深入贯彻落实党中央国务院领导同志重要批示指示精神，现就规范推进各地区特色小镇和小城镇建设提出以下意见。

一　总体要求

（一）指导思想。深入学习贯彻党的十九大精神，以习近平新时代中国特色社会主义思想为指导，坚持以人民为中心，坚持贯彻新发展理念，把特色小镇和小城镇建设作为供给侧结构性改革的重要平台，因地制宜、改革创新，发展产业特色鲜明、服务便捷高效、文化浓郁深厚、环境美丽宜人、体制机制灵活的特色小镇和小城镇，促进新型城镇化建设和经济转型升级。

（二）基本原则。坚持创新探索。创新工作思路、方法和机制，着力培育供给侧小镇经济，努力走出一条特色鲜明、产城融合、惠及群众的新路子，防止“新瓶装旧酒”“穿新鞋走老路”。

坚持因地制宜。从各地区实际出发，遵循客观规律，实事求是、量力而行、控制数量、提高质量，体现区域差异性，提倡形态多样性，不搞区域平衡、产业平衡、数量要求和政绩考核，防止盲目发展、一哄而上。

坚持产业建镇。立足各地区要素禀赋和比较优势，挖掘最有基础、最具潜力、最能成长的特色产业，做精做强主导特色产业，打造具有核心竞争力和可持续发展特征的独特产业生态，防止千镇一面和房地产化。

坚持以人为本。围绕人的城镇化，统筹生产生活生态空间布局，提升服务功能、环境质量、文化内涵和发展品质，打造宜居宜业环境，提高人民获得感和幸福感，防止政绩工程和形象工程。

坚持市场主导。按照政府引导、企业主体、市场化运作的要求，创新建设模式、管理方式和服务手段，推动多元化主体同心同向、共建共享，发挥政府制定规划政策、搭建发展平台等作用，防止政府大包大揽和加剧债务风险。

二　重点任务

（三）准确把握特色小镇内涵。各地区要准确理解特色小镇内涵特质，立足产业“特而强”、功能“聚而合”、形态“小而美”、机制“新而活”，推动创新性供给与个性化需求有效对接，打造创新创业发展平台和新型城镇化有效载体。不能把特色小镇当成“筐”、什么都往里“装”，不能盲目把产业园区、旅游景区、体育基地、美丽乡村、田园综合体以及行政建制镇“戴”上特色小镇“帽子”。各地区可结合产业空间布局优化和产城融合，循序渐进发展“市郊镇”“市中镇”“园中镇”“镇中镇”等不同类型特色小镇；依托大城市周边的重点镇培育发展卫星城，依托有特色资源的重点镇培育发展专业特色小城镇。

（四）遵循城镇化发展规律。浙江特色小镇是经济发展到一定阶段的产物，具备相应的要素和产业基础。各地区发展很不平衡，要按规律办事，树立正确政绩观和功成不必在我的理念，科学把握浙江经验的可复制和不可复制内容，合理借鉴其理念方法、精神实质和创新精神，追求慢工出细活出精品，避免脱离实际照搬照抄。特别是中西部地区要从实际出发，科学推进特色小镇和小城镇建设布局，走少而特、少而精、少而专的发展之路，避免盲目发展、过度追求数量目标和投资规模。

（五）注重打造鲜明特色。各地区在推进特色小镇和小城镇建设过程中，要立足区位条件、资源禀赋、产业积淀和地域特征，以特色产业为核心，兼顾特色文化、特色功能和特色建筑，找准特色、凸显特色、放大特色，防止内容重复、形态雷同、特色不鲜明和同质化竞争。聚焦高端产业和产业高端方向，着力发展优势主导特色产业，延伸产业链、提升价值链、创新供应链，吸引人才、技术、资金等高端要素集聚，打造特色产业集群。

（六）有效推进“三生融合”。各地区要立足以人为本，科学规划特色小镇的生产、生活、生态空间，促进产城人文融合发展，营造宜居宜业环境，提高集聚人口能力和人民群众获得感。留存原住居民生活空间，防止将原住居民整体迁出。增强生活服务功能，构建便捷“生活圈”、完善“服务圈”和繁荣“商业圈”。提炼文化经典元素和标志性符号，合理应用于建设运营及公共空间。保护特色景观资源，将美丽资源转化为“美丽经济”。

（七）厘清政府与市场边界。各地区要以企业为特色小镇和小城镇建设主力军，引导企业有效投资、对标一流、扩大高端供给，激发企业家创造力和人民消费需求。鼓励大中型企业独立或牵头打造特色小镇，培育特色小镇投资运营商，避免项目简单堆砌和碎片化开发。发挥政府强化规划引导、营造制度环境、提供设施服务等作用，顺势而为、因势利导，不要过度干预。鼓励利用财政资金联合社会资本，共同发起特色小镇建设基金。

（八）实行创建达标制度。各地区要控制特色小镇和小城镇建设数量，避免分解指标、层层加码。统一实行宽进严定、动态淘汰的创建达标制度，取消一次性命名制，避免各地区只管前期申报、不管后期发展。

（九）严防政府债务风险。各地区要注重引入央企、国企和大中型民企等作为特色小镇主要投资运营商，尽可能避免政府举债建设进而加重债务包袱。县级政府综合债务率超过100%的风险预警地区，不得通过融资平台公司变相举债立项建设。统筹考虑综合债务率、现有财力、资金筹措和还款来源，稳妥把握配套设施建设节奏。

（十）严控房地产化倾向。各地区要综合考虑特色小镇和小城镇吸纳就业和常住人口规模，从严控制房地产开发，合理确定住宅用地比例，并结合所在市县商品住房库存消化周期确定供应时序。适度提高产业及商业用地比例，鼓励优先发展产业。科学论证企业创建特色小镇规划，对产业内容、盈利模式和后期运营方案进行重点把关，防范“假小镇真地产”项目。

（十一）严格节约集约用地。各地区要落实最严格的耕地保护制度和最严格的节约用地制度，在符合土地利用总体规划和城乡规划的前提下，划定特色小镇和小城镇发展边界，避免另起炉灶、大拆大建。鼓励盘活存量和低效建设用地，严控新增建设用地规模，全面实行建设用地增减挂钩政策，不得占用永久基本农田。合理控制特色小镇四至范围，规划用地面积控制在3平方公里左右，其中建设用地面积控制在1平方公里左右，旅游、体育和农业类特色小镇可适当放宽。

（十二）严守生态保护红线。各地区要按照《关于划定并严守生态保护红线的若干意见》要求，依据应划尽划、应保尽保原则完成生态保护红线划定工作。严禁以特色小镇和小城镇建设名义破坏生态，严格保护自然保护区、文化自然遗产、风景名胜区、森林公园和地质公园等区域，严禁挖山填湖、破坏山水田园。严把特色小镇和小城镇产业准入关，防止引入高污染高耗能产业，加强环境治理设施建设。

三　组织实施

（十三）提高思想认识。各地区要深刻认识特色小镇和小城镇建设的重要意义，将其作为深入推进供给侧结构性改革的重要平台，以及推进经济转型升级和新型城镇化建设的重要抓手，切实抓好组织实施。

（十四）压实省级责任。各省级人民政府要强化主体责任意识，按照本意见要求，整合各方力量，及时规范纠偏，调整优化实施方案、创建数量和配套政策，加强统计监测。

（十五）加强部门统筹。充分发挥推进新型城镇化工作部际联席会议机制的作用，由国家发展改革委牵头，会同国土资源、环境保护、住房城乡建设等有关部门，共同推进特色小镇和小城镇建设工作，加强对各地区的监督检查评估。国务院有关部门对已公布的两批 403 个全国特色小城镇、96 个全国运动休闲特色小镇等，开展定期测评和优胜劣汰。

（十六）做好宣传引导。发挥主流媒体舆论宣传作用，持续跟踪报道建设进展，发现新“短板”新问题，总结好样板好案例，形成全社会关注关心的良好氛围。

国家发展改革委
国土资源部
环境保护部
住房城乡建设部
2017 年 12 月 4 日

国家发展改革委办公厅关于建立特色小镇和特色小城镇高质量发展机制的通知

发改办规划〔2018〕1041 **号**

各省、自治区、直辖市及计划单列市、新疆生产建设兵团发展改革委，住房城乡建设部、国家体育总局、国家开发银行、中国农业发展银行、中国光大银行办公厅（室）：

特色小镇和特色小城镇是新型城镇化与乡村振兴的重要结合点，也是促进经济高质量发展的重要平台。党中央、国务院高度重视，国家发展改革委等部门先后印发实施《关于加快美丽特色小（城）镇建设的指导意见》《关于规范推进特色小镇和特色小城镇建设的若干意见》，引导特色小镇和特色小城镇发展取得一定成效，概念不清、盲目发展及房地产化苗头得到一定纠正。为进一步对标对表党的十九大精神，巩固纠偏成果、有力有序有效推动高质量发展，现通知如下。

一 总体要求

（一）指导思想。全面贯彻党的十九大精神，以习近平新时代中国特色社会主义思想为指导，坚持以人民为中心，坚持稳中求进工作总基调，坚持新发展理念，坚持使市场在资源配置中起决定性作用和更好发挥政府作用，以引导特色产业发展为核心，以严格遵循发展规律、严控房地产化倾向、严防政府债务风险为底线，以建立规范纠偏机制、典型引路机制、服务支撑机制为重点，加快建立特色小镇和特色小城镇高质量发展机制，释放城乡融合发展和内需增长新空间，促进经济高质量发展。

（二）基本原则。

——坚持遵循规律。立足各地区发展阶段，遵循经济规律和城镇化规律，实事求是、因地制宜、量力而行，使特色小镇和特色小城镇建设成为市场主导、自然发展的过程。

——坚持产业立镇。立足各地区比较优势，全面优化营商环境，引导企业扩大有效投资，发展特色小镇投资运营商，打造宜业宜居宜游的特色小镇和特色小城镇，培育供给侧小镇经济。

——坚持规范发展。统筹规范特色小镇和特色小城镇创建工作，把握内涵、纠正偏差、正本清源，坚决淘汰一批缺乏产业前景、变形走样异化的小镇和小城镇。

——坚持典型引路。逐步挖掘特色小镇和特色小城镇典型案例，总结提炼、树立标杆、推广经验、正面引导，以少带多引领面上高质量发展，确保沿正确轨道健康前行。

——坚持优化服务。明确政府角色定位，顺势而为、因势利导，重在理念引导、规划制定、平台搭建和政策创新，使特色小镇和特色小城镇建设成为政府引导、高质量发展的过程。

二　建立规范纠偏机制

以正确把握、合理布局、防范变形走样为导向，统筹调整优化有关部门和省级现有创建机制，强化年度监测评估和动态调整，确保数量服从于质量。

（三）规范省级创建机制。各地区要依据特色小镇与特色小城镇本质内涵的差异性，调整并分列现有省级特色小镇和特色小城镇创建名单，分类明确功能定位和发展模式；在创建名单中，逐年淘汰住宅用地占比过高、有房地产化倾向的不实小镇，政府综合债务率超过100%市县通过国有融资平台公司变相举债建设的风险小镇，以及特色不鲜明、产镇不融合、破坏生态环境的问题小镇；对创建名单外的小镇和小城镇，加强监督检查整改。省级发展改革委于每年 12 月，将调整淘汰后的省级特色小镇和特色小城镇创建名单、数据（表 2、表 3），报送国家发展改革委。

（四）优化部门创建机制。发挥推进新型城镇化工作部际联席会议机制作用，国家发展改革委会同国务院有关部门优化现有创建机制，统一实行有进有退的创建达标制，避免一次性命名制，防止各地区只管前期申报、不管后期发展与纠偏。有关部门按照《关于规范推进特色小镇和特色小城镇建设的若干意见》要求，在已公布的 96 个全国运动休闲特色小镇、两批 403 个全国特色小城镇创建名单中，持续开展评估督导和优胜劣汰，适时公布整改名单，有关情况及时送国家发展改革委。对创建名单外的小镇和小城镇加强监测，视情况动态公布警示名单。

三 建立典型引路机制

以正面引领高质量发展为导向，持续挖掘典型案例、总结有益经验、树立示范性标杆，引导处于发展过程中的小镇和小城镇对标典型、学习先进。

（五）建立典型经验推广机制。逐年组织各地区挖掘并推荐模式先进、成效突出、经验普适的特色小镇和特色小城镇，按少而精原则从中分批选择典型案例，总结提炼特色产业发展、产镇人文融合和机制政策创新等典型经验，以有效方式在全国范围推广，发挥引领示范带动作用。2018 年 9 月底前，省级发展改革委将第一批特色小镇推荐案例（2 个以内，表 1），报送国家发展改革委。

（六）明确典型特色小镇条件。基本条件是：立足一定资源禀赋或产业基础，区别于行政建制镇和产业园区，利用 3 平方公里左右国土空间（其中建设用地 1 平方公里左右），在差异定位和领域细分中构建小镇大产业，集聚高端要素和特色产业，兼具特色文化、特色生态和特色建筑等鲜明魅力，打造高效创业圈、宜居生活圈、繁荣商业圈、美丽生态圈，形成产业

“特而强”、功能“聚而合”、形态“小而美”、机制“新而活”的创新创业平台。

（七）明确典型特色小城镇条件。基本条件是：立足工业化城镇化发展阶段和发展潜力，打造特色鲜明的产业形态、便捷完善的设施服务、和谐宜居的美丽环境、底蕴深厚的传统文化、精简高效的体制机制，实现特色支柱产业在镇域经济中占主体地位、在国内国际市场占一定份额，拥有一批知名品牌和企业，镇区常住人口达到一定规模，带动乡村振兴能力较强，形成具有核心竞争力的行政建制镇排头兵和经济发达镇升级版。

（八）探索差异化多样化经验。鼓励各地区挖掘多种类型小镇案例，避免模式雷同、难以推广。立足不同产业门类，挖掘先进制造类、农业田园类及信息、科创、金融、教育、商贸、文旅、体育等现代服务类案例。立足不同地理区位，挖掘“市郊镇”“市中镇”“园中镇”“镇中镇”等特色小镇案例，以及卫星型、专业型等特色小城镇案例。立足不同运行模式，挖掘在机制政策创新、政企合作、投融资模式等方面的先进经验。

四　建立服务支撑机制

以政府引导、企业主体、市场化运作为导向，稳步推动符合规律、富有潜力的特色小镇和特色小城镇高质量发展，为产生更多先进典型提供制度土壤。

（九）鼓励地方机制政策创新。鼓励全面优化营商环境，加强指导、优化服务、开放资源。创新财政资金支持方式，由事前补贴转为事中、事后弹性奖补。优化供地用地模式，合理安排建设用地指标，依法依规组织配置农业用地和生态用地，鼓励点状供地、混合供地和建筑复合利用。合理配套公用设施，切实完善小镇功能、降低交易成本。推行特色小镇项目综合体立项，允许子项目灵活布局。鼓励商业模式先进、经营业绩优异、资产负债率合理的企业牵头打造特色小镇，培育特色小镇投资运营商。

（十）搭建政银对接服务平台。引导金融机构逐年为符合高质量发展要求的特色小镇和特色小城镇，在债务风险可控前提下提供长周期低成本融资服务，支持产业发展及基础设施、公共服务设施、智慧化设施等建设。2018 年 12 月底前，省级发展改革委组织收集特色小镇信息（表 4），汇总印送省级开发银行、农业发展银行和光大银行，并会同省行将完成尽调小镇信息报送总行，抄送国家发展改革委。各总行开辟“绿色通道”，2019 年 1 月底前完成评审和融资服务，将批复投放情况报送国家发展改革委。

五　组织保障

（十一）强化上下联动。依托推进新型城镇化工作部际联席会议机制，国家发展改革委强化统筹协调和跟踪督导，建立数据共享平台；各有关部门统一行动、合理参与、把握节奏、精益求精。省级发展改革委要增强责任意识，会同有关部门以“钉钉子”精神抓好落实。

（十二）加强宣传引导。逐年组织现场经验交流会，指导有关方面开展培训和论坛，引导社会各界学习典型、防范风险。发挥主流媒体舆论导向作用，持续报道建设进展，宣传好案例好经验，形成良好舆论氛围。

附件：特色小镇和特色小城镇有关表格（略）

国家发展改革委办公厅

2018 年 8 月 30 日

图书在版编目(CIP)数据

中国特色小镇研究报告. 2019 / 曾国军, 陈旭, 余构雄主编. -- 北京 : 社会科学文献出版社, 2019.3
ISBN 978-7-5201-4328-8

Ⅰ.①中… Ⅱ.①曾… ②陈… ③余… Ⅲ.①小城镇-发展-研究报告-中国-2019 Ⅳ.①F299.21

中国版本图书馆CIP数据核字(2019)第028317号

中国特色小镇研究报告(2019)

主　　编 / 曾国军　陈　旭　余构雄

出 版 人 / 谢寿光
责任编辑 / 范　迎

出　　版 / 社会科学文献出版社·人文分社 (010) 59367215
地址: 北京市北三环中路甲29号院华龙大厦　邮编: 100029
网址: www.ssap.com.cn
发　　行 / 市场营销中心 (010) 59367081　59367083
印　　装 / 三河市龙林印务有限公司

规　　格 / 开　本: 787mm×1092mm　1/16
印　张: 18.75　字　数: 274千字
版　　次 / 2019年3月第1版　2019年3月第1次印刷
书　　号 / ISBN 978-7-5201-4328-8
定　　价 / 128.00元

本书如有印装质量问题，请与读者服务中心 (010-59367028) 联系

版权所有 翻印必究